PRAXIS ideen
Schriftenreihe für Bewegung, Spiel und Sport

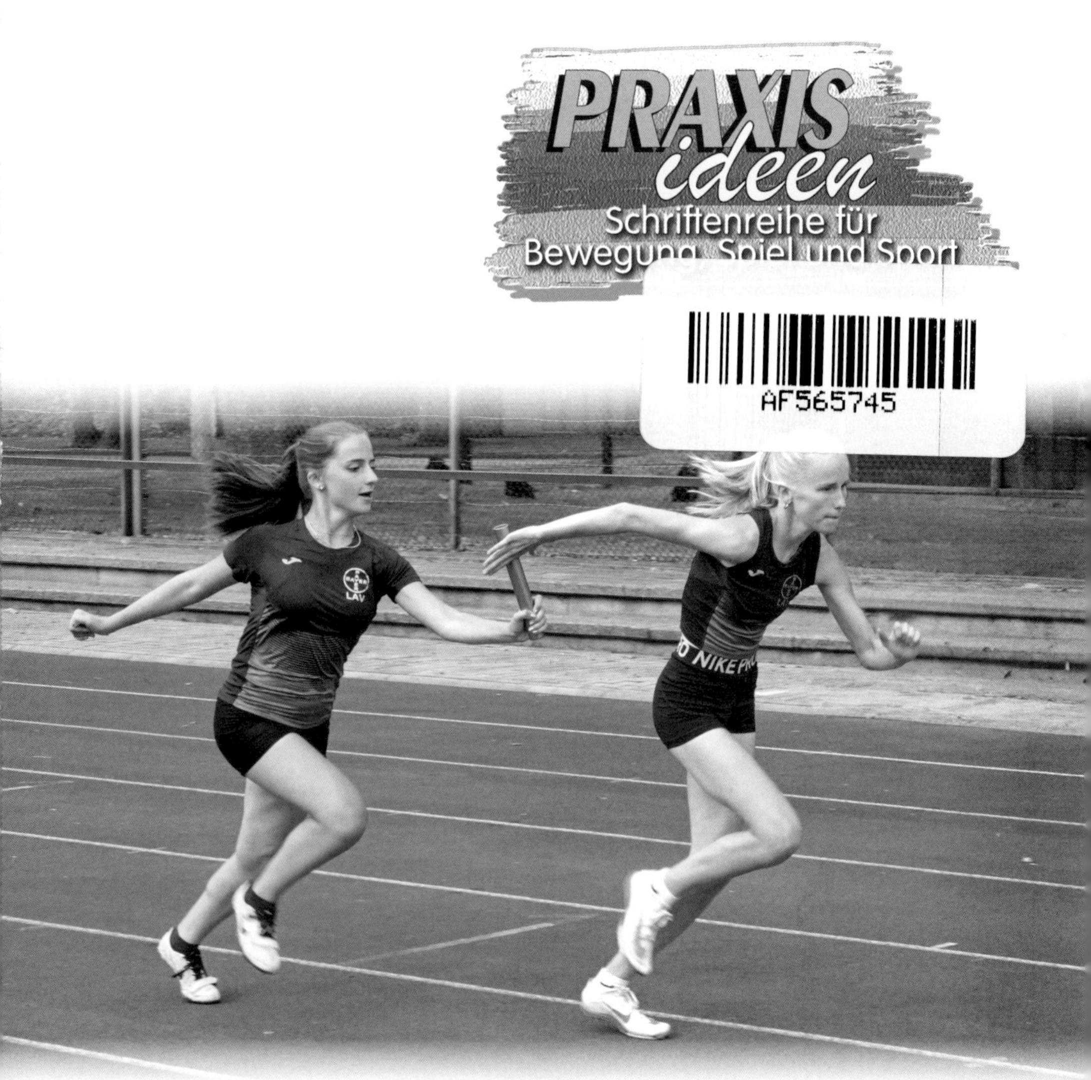

Band 1

Laufen

Leichtathletik in Schule und Verein

Peter Wastl und Rainer Wollny

hofmann.

Bibliografische Information der Deutschen Nationalbibliothek
Die Deutsche Nationalbibliothek verzeichnet diese Publikation in der Deutschen Nationalbibliografie; detaillierte bibliografische Daten sind im Internet über http://dnb.d-nb.de abrufbar.

Bestellnummer 2741

Erschienen als Band 74
der PRAXISIDEEN – Schriftenreihe für Bewegung, Spiel und Sport.

Fotoaufnahmen und Bildbearbeitung: Daniel Hübler
(Daniel Hübler Bildgestaltung, Neuss, Deutschland)
Grafikvorlagen: Peter Wastl und Rainer Wollny
Grafikgestaltung: Angelique Chami und Manuel Schenk

Druck und Verarbeitung: Druck- und Kalender-Marketing Sosset GmbH, Kißlegg
Printed in Germany · ISBN 978-3-7780-2741-7

INHALT

Im vorliegenden Buch wurde auf die Nennung beider Geschlechter (Lehrerinnen/Lehrer – Schülerinnen/Schüler) oder die Verbindung in einem Wort (LehrerInnen bzw. Lehrer*innen) zugunsten einer möglichst einfachen Leseart verzichtet. Allgemeine Personenbezeichnungen schließen daher immer alle Geschlechter ein.

Einführung

Ausgangsüberlegungen

Die Leichtathletik verliert in der Sportpraxis in Deutschland aufgrund gravierender gesellschaftlicher Veränderungen zunehmend an Bedeutung. Selbst im Schulsport werden die grundlegenden leichtathletischen Fertigkeiten nur noch auszugsweise vermittelt. Im Sportverein ist die Kinderleichtathletik zwar weit verbreitet und findet mit großer Begeisterung statt. Die Jugendleichtathletik kennzeichnet jedoch seit einigen Jahren der große Verlust an Vereinssportlern. Offensichtlich eröffnen neue Bewegungskulturen, kommerzielle Sportanbieter und Trendsportarten – wie Fun- oder Abenteuersport, Mountainbiken, Spikeball, Padel-Tennis oder Breakdance – zahlreiche Bewegungsangebote, die für Heranwachsende eine größere Faszination und Attraktivität besitzen als die traditionellen leichtathletischen Sinngebungen wie Anstrengung, individuelle Leistungen und Wettkampf. Dies befreit den Schulsport und den Vereinssport aber nicht von der Aufgabe, die Persönlichkeitsentwicklung von Heranwachsenden durch leichtathletische Zielsetzungen zu fördern.

In der aktuellen Diskussion werden die klassischen Inhalte der Kinder- und Jugendleichtathletik ebenso kritisch betrachtet wie deren wenig motivierenden Vermittlungsformen. Angemahnt werden kindgerechte Konzepte, welche die Freude an leichtathletischen Bewegungen, Leistungen und Wettkämpfen fördern sowie die individuellen Bewegungsmöglichkeiten berücksichtigen. In diesem Sinne muss die *moderne Kinder- und Jugendleichtathletik* von den idealisierten Technikleitbildern des Spitzensports abrücken, verschiedene funktionelle Bewegungslösungen zulassen, individuelle Handlungskompetenzen fördern und nachhaltige Körper- sowie Bewegungserfahrungen vermitteln.

Inhaltliche Ausrichtung der drei Bände *Leichtathletik in Schule und Verein*

Die aus drei Einzelbänden bestehende Reihe *Leichtathletik in Schule und Verein – Laufen* (Bd. 1), *Springen* (Bd. 2) *Werfen und Stoßen* (Bd. 3) – stellt die Aktualisierung und die inhaltliche Erweiterung des im Jahre 2012 im Hofmann Verlag veröffentlichten Einzelbandes zur Kinderleichtathletik dar (Wastl & Wollny, 2012). Im Mittelpunkt steht die *moderne Kinderleichtathletik* (10–14 Jahre) mit Rückblick auf das frühe Schulkindalter (6–9 Jahre) und mit Ausblick auf die *Jugendleichtathletik* (15–18 Jahre). Der Fokus richtet sich – in Anlehnung an Frey, Kurz und Hildenbrandt (1995) – nicht nur auf begabte Kinder und Jugendliche, sondern ebenso auf diejenigen mit geringer Begabung oder wenig Interesse für leichtathletische Disziplinen. Neben den natürlichen Bewegungsabläufen des Laufens, Springens, Werfens und Stoßens werden anfängerorientierte leichtathletische Techniken

sowie erlebnisreiche Bewegungserfahrungen *vor und neben der Leichtathletik* praxisnah und für den Nicht-Leichtathleten verständlich erläutert.
Im Einzelnen thematisiert die dreibändige Reihe *Leichtathletik in Schule und Verein* folgende disziplinspezifische Inhalte:

Disziplinspezifische Inhalte

- ***Laufen*** (Bd. 1)
  Wissenswertes zum Laufen, Ausdauerndes Laufen, Schnelles Laufen (Sprinten), Starten, Hürdensprinten und Sprint-Staffel.
- ***Springen*** (Bd. 2)
  Wissenswertes zum Springen, Weitspringen, Dreispringen, Hochspringen und Stabspringen.
- ***Werfen und Stoßen*** (Bd. 3)
  Wissenswertes zum Werfen und Stoßen, Schlagballwerfen, Speerwerfen, Schleuderballwerfen, Diskuswerfen sowie Kugelstoßen.

Zielgruppen

Des Weiteren werden den an der vielseitigen leichtathletischen Ausbildung von Kindern im Alter von 10 bis 14 Jahren interessierten Sportlehrern, Vereinstrainern, Sportstudierenden und Referendaren die notwendigen sportwissenschaftlichen sowie leichtathletischen Kenntnisse vermittelt. Den Leser erwarten verständliche Bewegungsbeschreibungen, differenzierte Antworten auf seine Fragen, vielfältige Praxisideen und Anregungen sowie zuverlässige Tipps, die keine detaillierten Vorkenntnisse erfordern.

Genereller Aufbau der Buchreihe

Die drei *Einzelbände* der Reihe *Leichtathletik in Schule und Verein* gliedern sich jeweils in zwei Hauptteile. Der kurzgefasste *Theorieteil* (Kap. 1) thematisiert aus Sicht der Kinder- und Jugendleichtathletik aktuelle sportwissenschaftliche Grundlagenkenntnisse.

- Band 1 *Schulung motorischer Fähigkeiten und Fertigkeiten*
- Band 2 *Ontogenetische Bedingungen des sportlichen Trainings im Schulkind- und Jugendalter*
- Band 3 *Aspekte des Trainings in der Kinder- und Jugendleichtathletik*

Der ausführliche *Praxisteil* der drei Einzelbände stellt zunächst im Kapitel 2 das Wissenswerte über die jeweilige leichtathletische Disziplingruppe dar: Vielfalt (Kap. 2.1), Gemeinsamkeiten und Unterschiede der Einzeltechniken (Kap. 2.2), Gestaltung der Lern- sowie Lehrprozesse (Kap. 2.3) und geeignete Wettkampfformen (2.4). Der Fokus der nachfolgenden Kapitel richtet sich zum einen auf die Vermittlung typischer disziplinspezifischer Ergebnisorientierungen und nachhaltiger Bewegungserfahrungen vor und neben der Leichtathletik und zum anderen auf die anfängerorientierte leichtathletische Ausbildung der Einzeltechniken der jeweiligen Disziplingruppe.

Band 1 Laufen – Einführung

Kapitel 1

Der kurze *Theorieteil* (Kap. 1) des 1. Bandes *Laufen* der Reihe *Leichtathletik in Schule und Verein* thematisiert aus der Sicht der Sportart Leichtathletik grundlegende bewegungswissenschaftliche und trainingswissenschaftliche Kenntnisse sowohl zu den psychischen und motorischen Grundvoraussetzungen der menschlichen Motorik (1.1) als auch zur Beantwortung der beiden Fragen: *Was ist über motorische Fähigkeiten bekannt?* (Kap. 1.2) und *Wie werden sportmotorische Fertigkeiten erlernt und optimiert?* (Kap. 1.3).

Kapitel 2–7

Allgemeines zum Laufen

Ergebnisorientierungen

Ausdauernd und schnell

Der umfangreiche *Praxisteil* (Kap. 2–7) zentriert sich auf die anfängerorientierte leichtathletische Schulung der Einzeltechniken der Disziplingruppe *Laufen*. Der *erste inhaltliche Schwerpunkt des Praxisteils* thematisiert die typischen leichtathletischen Ergebnisorientierungen *ausdauernd* und *schnell laufen*. Näher dargestellt werden neben den physischen Voraussetzungen der Heranwachsenden und den zentralen Technikmerkmalen der Disziplingruppe *Laufen* eine Vielzahl didaktisch-methodischer Anregungen, Bewegungsformen, Übungsgeräte, Spiel-, Übungs- und Wettkampfformen für die Schulung der leichtathletischen Lauf- sowie Starttechniken. Besonders hervorgehoben werden die Aneignung, die Erprobung und die Eigenwahrnehmung leichtathletischer Varianten des Laufens sowie des Startens in der unmittelbaren Auseinandersetzung mit der Umwelt und dem Ziel der Förderung der Anpassungsfähigkeit an neue Bewegungstechniken. Auf die vertiefende Darstellung der Trainingsgesetzmäßigkeiten und der Ausbildung der motorischen Fähigkeiten muss aus Platzgründen ebenso verzichtet werden wie auf die Ausdifferenzierung spezieller Stundenbeispiele. Diese Aspekte können den in den Text eingefügten Leseempfehlungen entnommen werden.

Vielfältiges Laufen

Der *zweite inhaltliche Schwerpunkt des Praxisteils* richtet sich auf die problemorientierte Vermittlung vielfältiger, nachhaltiger motorischer Erlebnisse sowie Erfahrungen durch das Laufen *vor und neben der Leichtathletik*. Im Mittelpunkt stehen das problemorientierte Lernen und Üben sowie die Freude an leichtathletischen Bewegungen, Leistungen und Wettkämpfen. Die Vielfalt des Laufens wird zum Thema gemacht, indem die Autoren – ohne rezeptartig zu wirken – zum Nachdenken anregen und versuchen

Anliegen der Autoren

- die Vielfältigkeit des Laufens aufzuzeigen
- sich von idealisierten Technikleitbildern mit Bedacht zu lösen
- die Akzeptanz für individuelle Bewegungsformen zu stärken
- das Bewegungsrepertoire auszubauen
- die Übungsaufgaben mit erweiterten Lösungswegen zu versehen
- individuelle Lernwege auszuschöpfen
- Aufgaben für das selbstständige Experimentieren zu entwickeln
- bekannte und neue Geräte sowie Wettkampfideen einzusetzen
- Partner- und Gruppenarbeitsformen zu berücksichtigen
- in die Sprache, die Fachtermini und die Metaphern der leichtathletischen Praxis wie „Weiches Laufen" einzuführen

Kapitel 2–7

Im Einzelnen geht Kapitel 2 des Praxisteils auf das Wissenswerte zum Laufen ein (Vielfalt, Gemeinsamkeiten sowie Unterschiede des ausdauernden und schnellen Laufens, Gestaltung der Lern- sowie Lehrprozesse, geeignete Wettkampfformen). Die anschließenden fünf Kapitel – Ausdauerndes Laufen (Kap. 3), Schnelles Laufen (Kap. 4), Starten (Kap. 5), Hürdensprinten (Kap. 6) und Sprint-Staffel (Kap. 7) – gliedern sich vergleichbar mit dem Band 2 *Springen* sowie dem Band 3 *Werfen und Stoßen* in jeweils sieben Abschnitte:

- Voraussetzungen schaffen
- Grundlegende Technikmerkmale erkennen
- Techniken aneignen, variieren und optimieren
- Fehler erkennen und Übungsaufgaben entwickeln
- Lernen und Trainieren organisieren
- Wettkämpfe (Pädagogisch orientierte Wettkampfformen, DLV Wettkampfsystem Kinderleichtathletik, Wettkampfbestimmungen)
- Leseempfehlungen

Danksagungen

Bei der Erstellung der Fotos des Bandes 1 *Laufen* haben uns die Athleten und die Trainer der Leichtathletikabteilung des TSV Bayer Dormagen in hervorragender Art und Weise unterstützt. Hierfür möchten sich die Autoren an dieser Stelle recht herzlich bedanken.

Fotos und Grafiken

Fotoaufnahmen und Bildbearbeitung: *Daniel Hübler*
(Daniel Hübler Bildgestaltung, Neuss, Deutschland)

Grafikvorlagen: *Peter Wastl und Rainer Wollny*

Grafikgestaltung: *Angelique Chami und Manuel Schenk*

Liebe Leserinnen …

Wenn in diesem Buch die maskuline Form von Personen- und Funktionsbeschreibungen (z. B. Trainer, Athlet, Sportler, Schüler) oder generische Begriffe verwendet werden, dann sind aus Gründen der stilistischen Vereinfachung und der Lesefreundlichkeit generell Frauen, Männer und Diverse gemeint. Die Autoren bitten hierfür um Verständnis.

Kapitel

1

Schulung motorischer Fähigkeiten und Fertigkeiten

1.1 Welche psychischen und motorischen Basiskompetenzen setzt die menschliche Motorik voraus?

Wahrnehmung und Informationsverarbeitung

Motorische Fähigkeiten und Fertigkeiten

1.2 Was ist über motorische Fähigkeiten bekannt?

Konditionell-energetische Fähigkeiten

Gemischt konditionell-koordinativ determinierte Fähigkeiten

1.3 Wie werden sporttypische Fertigkeiten erlernt und optimiert?

Wie funktioniert die Bewegungskoordination?

Inhaltsbereiche des Techniktrainings

Welche methodisch-didaktischen Maßnahmen fördern das Techniktraining?

Überdurchschnittlich intelligente Kinder und Jugendliche besitzen gegenüber weniger Intelligenten neurophysiologisch nachweisbare Vorteile, indem diese komplexe kognitive Aufgaben mit geringerer Hirnaktivität lösen und das Hirn offenbar effizienter nutzen. Derartige Befunde verleiten zu der vorschnellen Schlussfolgerung: *Lernen und Üben bringt nichts*. Dem ist jedoch nicht so. Neurowissenschaftliche und psychologische Studien mit Grundschülern belegen, dass bei vertrauten kognitiven Aufgaben weniger intelligente Menschen gleich gute Leistungen erbringen wie Hochintelligente und dass Lernfortschritte nicht ausschließlich von der Intelligenz, sondern auch von der Anzahl der Wiederholungen und den Vorerfahrungen abhängen. Auch im Sport korrelieren die Exzellenz komplexer Bewegungstechniken in bemerkenswerter Weise mit den individuellen sportmotorische Vorerfahrungen und den Umfängen des motorischen Übens. Spitzenturner gelten als Menschen mit außergewöhnlichen motorischen Begabungen. Damit aus dieser besonderen Begabung ein überragender Turner wird, ist umfangreiches Üben unentbehrlich (Wollny, 2022).

Nach Roth und Kröger (2015) stellen die wichtigen Entwicklungsaspekte im Kindes- und Jugendalter das frühe Erkennen und die anfängliche ganzheitliche, nicht spezialisierte Förderung sowie Ausbildung der individuellen Eigenschaften und Begabungen dar. Für die Praxis des Lehrens und Lernens in der Leichtathletik besteht – wie in anderen Sportarten – das bislang unvollständig gelöste Problem, dass die sporttypischen Bewegungstechniken vielfach nicht direkt und nur schwer ganzheitlich vermittelt und geübt werden können, da der Sportler zahlreichen Überforderungen ausgesetzt ist: Kurze Bewegungszeit, großer Krafteinsatz, große Komplexität und hohe Organisation leichtathletischer Techniken.

Zur Beantwortung der Frage *Wie funktioniert die Organisation und der Neuerwerb motorischer Fertigkeiten?* liegen zwar zahlreiche plausibel erscheinende motorische Koordinations- und Lerntheorien sowie differenzierte neuroanatomische Befunde über das menschliche Hirn vor. Widerspruchsfreie Vorstellungen zur Lösung des „Rätsels der Motorik" bestehen jedoch nicht. Im Sinne einer ersten Orientierung werden nachfolgend ausgewählte Kenntnisse über die psychischen und motorischen Voraussetzungen der menschlichen Motorik (Kap. 1.1), die fünf motorischen Basisfähigkeiten (Ausdauer-, Kraft-, Schnelligkeits-, Beweglichkeitsfähigkeit, koordinative Fähigkeiten; Kap. 1.2) und das Techniktraining im Sport thematisiert (Kap. 1.3).

1.1 Welche psychischen und motorischen Basiskompetenzen setzt die menschliche Motorik voraus?

Voraussetzung der Motorik

Psychische und motorische Kompetenzen

Differenzierte psychische und motorische Kompetenzen zählen zu den Grundvoraussetzungen der menschlichen Motorik. Kapitel 1.1 thematisiert zunächst die physiologische und psychologische Wahrnehmung, den Auswahlprozess bewegungsrelevanter Reizinformationen anhand des Dreispeichermodells von Atkinson und Shiffrin (1968) sowie die Dreistufigkeit der Informationsverarbeitung. Anschließend werden die körperinternen Voraussetzungen für die Bewältigung alltäglicher und sporttypischer Bewegungsaufgaben, die sogenannten motorischen Merkmale nach technikübergreifenden motorischen Fähigkeiten und technikgebundenen Fertigkeiten abgegrenzt (Roth, 1999).

Wahrnehmung und Informationsverarbeitung

Physiologische und psychologische Wahrnehmung

Die Wahrnehmung und Verarbeitung von Informationen über die äußeren sowie körperinneren Bedingungen zählen zu den psychischen Grundvoraussetzungen der Bewegungsorganisation. Von entscheidender Bedeutung sind zwei funktionelle Wahrnehmungsprozesse: Die physiologische und die psychologische Wahrnehmung. Die *physiologische Wahrnehmung* zielt auf die bewusste und unbewusste Sammlung von Informationen über die aktuelle Umwelt und den Verlauf sowie das Ergebnis der Bewegungsausführung. Beispielsweise muss sich der Trailläufer ständig über die Laufgeschwindigkeit, die Körperposition, die Bodenbeschaffenheit und die Entfernung zu potentiellen Hindernissen informieren. Die auf spezielle Reizmodalitäten ausgerichteten visuellen, akustischen, vestibulären und kinästhetischen Sinnesrezeptoren dienen der Registrierung physikochemischer Reizsignale (z. B. Licht, Schall, Druck). Sporttypische Bewegungen erzeugen charakteristische Geräusche, welche für die Bewegungskontrolle von großer Bedeutung sind. Beim Traillauf informiert das Aufsetzen der Füße über die Art des Untergrunds und die Schrittfrequenz.

Die registrierten physikochemischen Reizsignale werden durch spezialisierte sensorische Wahrnehmungssysteme in bioelektrische Spannungsänderungen umgewandelt und als Aktionspotenziale über die sensorischen Nervenbahnen speziellen Hirnarealen übermittelt. Hier entstehen aufgrund subjektiver Erfahrungen *psychologische Wahrnehmungen*. Beispielsweise wird der elektromagnetische Wellenlängenbereich oberhalb von 600 Nanometern als Farbreiz „rot“ wahrgenommen.

Für die effiziente Planung und Kontrolle der Bewegungsausführung benötigt der Mensch zum einen umfassende Informationen über die aktuellen Umweltbedingungen sowie die Ausgangsstellung der Bewegungsorgane in Raum und Zeit (Afferenzen) und zum anderen sensorische Rückmeldungen über den Verlauf und das Ergebnis der Bewegungsausführung (Reafferenzen). Diese Informationen verbleiben zwischen 100 ms und 400 ms im *Ultrakurzzeitgedächtnis* (s. Abb. 1).

Afferenzen und Reafferenzen

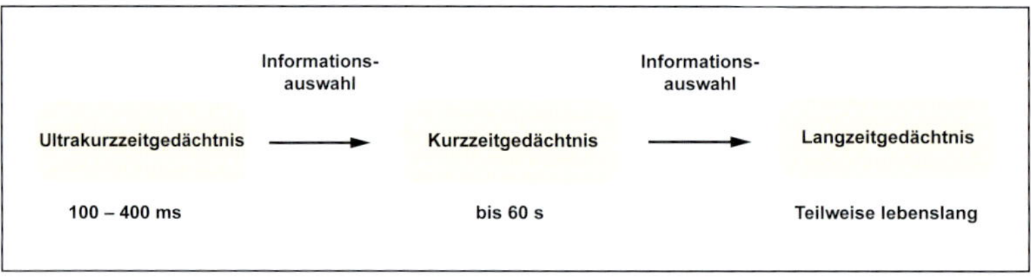

Abb. 1: Dreispeichermodell von Atkinson und Shiffrin (1968)

Dreispeichermodell

Die als relevant angesehenen Informationen werden zum temporären *Kurzzeitgedächtnis* weitergeleitet. Durch die Verknüpfung der Informationen des Kurzzeit- und Langzeitgedächtnisses entstehen subjektiv geprägte psychologische Wahrnehmungen. Das Kurzzeitgedächtnis löscht nach ca. 60 s die Speicherinhalte, um die Verarbeitung der kontinuierlich neu einfließenden afferenten und reafferenten Informationen zu garantieren. Die aktuellen Speicherinhalte des Kurzzeitgedächtnisses gelangen nur bei aktiver Verarbeitung bedingt in das *Langzeitgedächtnis*.

Im Rahmen der Bewegungsorganisation unterliegt die *Informationsverarbeitung* der Afferenzen und der Reafferenzen einem dreistufigen Prozess (s. Abb. 2). Auf der *ersten Stufe* erfolgt die *Wahrnehmung bewegungsrelevanter äußerer und körperinterner Reize*. Der Zeitbedarf für die Reizidentifikation hängt von der Anzahl der Reiz-Reaktions-Möglichkeiten ab. Die Zeitspanne wird desto länger, je größer die Komplexität oder je kleiner die Intensität des Reizes ist.

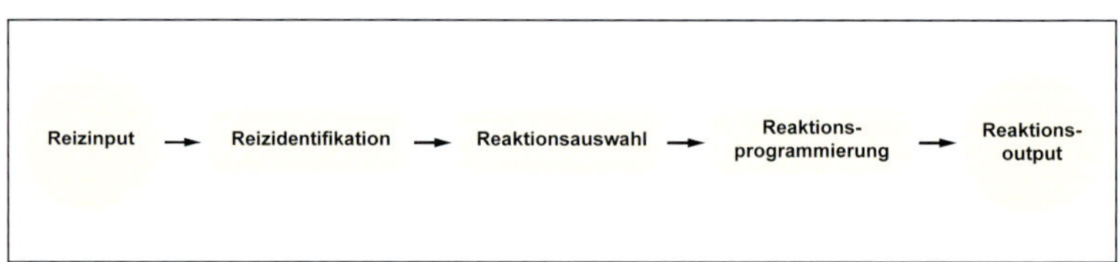

Abb. 2: Dreistufigkeit der Informationsverarbeitung (mod. nach Schmidt, 1988, S. 77)

Dreistufige Informationsverarbeitung

Die *zweite Stufe der Informationsverarbeitung* betrifft die Reaktionsauswahl. Die Zeitdauer für die Selektion des Bewegungsprogramms aus dem motorischen Gedächtnis nimmt nach dem *Gesetz von Hick* (1952) mit der Anzahl der Antwortalternativen nahezu linear zu. Auf der *dritten Stufe der Informationsverarbeitung* erfolgt die Umsetzung des ausgewählten Bewegungsprogramms durch das Zentralnervensystem und die Muskulatur. Der Zeitbedarf für die Reaktionsprogrammierung steigt nach dem *Gesetz von Fitts* (1954) mit der Bewegungskomplexität und den jeweiligen Präzisions- sowie Geschwindigkeitsanforderungen der Bewegungstechnik.

Motorische Fähigkeiten und Fertigkeiten

Die bereits bei Kindern zu beobachtenden interindividuellen Unterschiede in der motorischen Lern- und Leistungsfähigkeit werden von Bewegungswissenschaftlern üblicherweise auf den spezifischen Ausprägungsgrad personenübergreifender motorischer Merkmale zurückgeführt. Motorikmerkmale stellen die Basis für die Bewältigung alltäglicher, beruflicher, künstlerischer und leichtathletischer Bewegungen wie das Brot schneiden, das Fliesen verlegen, das Klavier spielen oder das Kugelstoßen dar. Motorikmerkmale besitzen zum einen eine gewisse querschnittliche Beständigkeit, d. h. unter ähnlichen situativen Bedingungen zeigt der Sportler ein vergleichbares Bewegungsverhalten. Zum anderen kennzeichnen motorische Merkmale eine relative zeitliche Stabilität. Die Motorikmerkmale können nach Roth (1999) auf einem zweigeteilten Kontinuum in die technikungebundenen *motorischen Fähigkeiten* gegliedert werden (Abb. 3, rechter Abschnitt). Diese bilden die Grundlage für die zu erlernenden technikgebundenen *motorischen Fertigkeiten* (s. Abb. 3, linker Abschnitt).

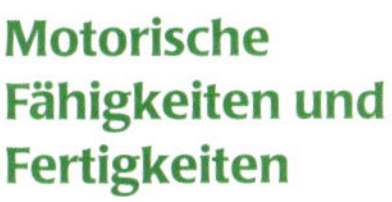

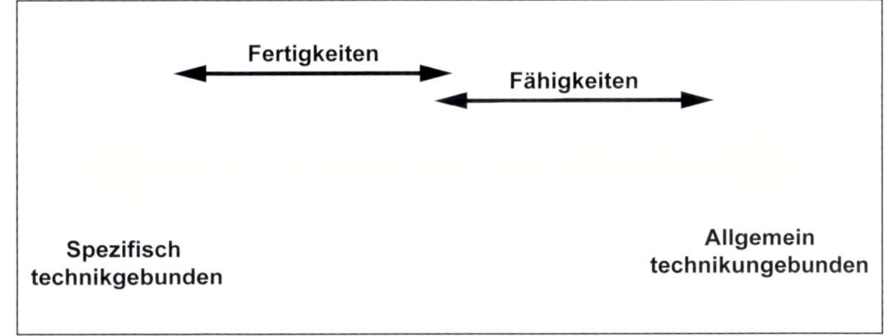

Abb. 3: Gliederung motorischer Fähigkeiten und Fertigkeiten (mod. nach Roth, 1999, S. 231)

Ziele der Kinder- und Jugendleichtathletik

Die zentralen *Ziele der Kinder- und Jugendleichtathletik* bestehen darin, die leichtathletischen Fertigkeiten und deren strukturellen konditionellen sowie koordinativen Leistungsvoraussetzungen (Fähigkeiten) altersangemessen auszubilden, um das Aufbau- und Leistungstraining vorzubereiten (Deutscher Leichtathletik-Verband (DLV), 2008; 2018; 2020).

Die *fertigkeitsorientierte Ausbildung* muss die Grundtechniken des Laufens, Springens, Werfens und Stoßens zunächst in die speziellen leichtathletischen Disziplinen überführen und anschließend festigen, ausbauen und individualisieren. Die *fähigkeitsorientierte Ausbildung* zielt auf die allgemeine und leichtathletikspezifische Entwicklung der motorischen Fähigkeiten, um den im Kindes- und Jugendalter aktuell zunehmenden motorischen Defiziten entgegenzuwirken, sowie ein tragfähiges Fundament für den sportlichen Leistungsaufbau zu schaffen.

Die auffälligste Ausdifferenzierung der für die Leichtathletik bedeutsamen motorischen Fähigkeiten und Fertigkeiten beginnt aufgrund der gut entwickelten motorischen Systeme im Schulkindalter (weiblich: 7. bis 11./12. Lebensjahr, männlich: 7. bis 12./13. Lebensjahr) und erstreckt sich bis in das frühe Erwachsenenalter (18./19. bis 30. Lebensjahr). Zur Klärung der Frage, *was von einem Menschen in welchem Alter hinsichtlich der Ausprägung der sportmotorischen Fähigkeiten und Fertigkeiten erwartet werden kann*, wird klassischerweise nahezu ausschließlich der Einfluss des kalendarischen Alters, seltener des Geschlechts, der Bewegungsbiografie, der breiten- und leistungssportlichen Motivation oder anderer Entwicklungsfaktoren untersucht. Die Ursache-Wirkungs-Beziehungen werden traditionell anhand grob gemittelter altersbezogener Entwicklungskurven veranschaulicht.

Entwicklungsbedingungen

Die moderne Entwicklungsforschung und kritische Sportpraktiker gehen berechtigterweise davon aus, dass die motorische Entwicklung nicht altersgebunden und universell ist, sondern aus dem Wechselspiel verschiedener Einflusssysteme resultiert. Dies verdeutlicht die Redewendung *Derselbe Wind lässt verschiedene Drachen steigen*, nach der dieselben Trainingsmaßnahmen zu interindividuellen Motorikdifferenzen führen und demnach Personen gleichen Alters über unterschiedlich ausgeprägte motorische Fähigkeiten und Fertigkeiten verfügen.

Für die motorische Entwicklung sind nach dem Drei-Faktoren-Modell der menschlichen Entwicklung von Baltes (1990; 1997) drei verschiedene Einflusssysteme bedeutsam, die zu vorhersagbaren Verhaltensänderungen führen (s. Abb. 4). Hierzu zählen die *altersbezogenen perso-*

nalen Faktoren (organismische und umweltbezogene Einflüsse), die *evolutionär-historischen Faktoren* ohne feste Bindung an geschichtliche Zeitdimensionen und kulturwandelbezogene Einflüsse sowie die lebensbegleitenden *nichtnormativen Faktoren*, die im Lebenslauf unerwartet auftreten und die individuelle Lebensgeschichte nachhaltig beeinflussen (Überblick: Wollny, 2002; 2022).

Drei-Faktoren-Modell

Prädiktorvariablen der menschlichen Ontogenese und Motorik

Normative evolutionärhistorische Prädiktorvariablen	**Normative altersbezogene, lebenslaufzyklische Prädikorvariablen**	**Nichtnormative akzidentelle Prädiktorvariablen**
Kulturkreis	Kalendarisches Alter	Veränderung des Gesundheitszustandes
Gruppenzugehörigkeit	Individuell- und allgemein-genetische Faktoren	Unfälle
Lebensbedingungen	Wachstum und Reifung	Zufälle mit biografischer Tragweite
...	Geschlecht	...
	Phsychische und kognitive Faktoren	
	Koordinatives und informationell determiniertes Fähigkeitsniveau	
	Sozialkulturelle und materiale Umweltfaktoren	
	Bewegungsbiografie	
	...	

Abb. 4: Potenzielle Einflussfaktoren der motorischen Entwicklung (mod. nach Wollny, 2022, S. 263)

1.2 Was ist über motorische Fähigkeiten bekannt?

Motorische Fähigkeiten werden in der Bewegungswissenschaft als gefestigte technikübergreifende motorische Leistungsvoraussetzungen für die ökonomische Bewegungsausführung angesehen. Die motorischen Fähigkeiten sind nicht genetisch festgelegt, sondern lediglich dispositioniert und in jedem Lebensalter lohnend trainierbar. Im Gegensatz zu motorischen Fertigkeiten verschlechtert sich das motorische Fähigkeitsniveau ohne Training deutlich auffälliger.

Systematisierung motorischer Basisfähigkeiten

Favorisiert wird die Dreiteilung der motorischen Basisfähigkeiten nach Zimmermann (1998, s. Abb. 5). Unterschieden werden die durch energetische Prozesse bestimmten *konditionellen Fähigkeiten – Ausdauerfähigkeit* und *Kraftfähigkeit* – und die durch zentralnervösbedingte, informationsorientierte Kontrollvorgänge gekennzeichneten *koordinativen Fähigkeiten*. Darüber hinaus bestehen zwei „Mischformen“: *Schnelligkeitsfähigkeit* und *Beweglichkeitsfähigkeit*. Diese beruhen mit nicht exakt bestimmbaren Anteilen auf energetisch-konditionellen und koordinativen Leistungskomponenten. In der Leichtathletik treten die fünf Basisfähigkeiten selten in der Reinform auf, sondern in Kombination einzelner Grundfähigkeiten wie der Kraftausdauerfähigkeit oder der Schnellkraftfähigkeit.

Technikübergreifende motorische Leistungsvoraussetzungen

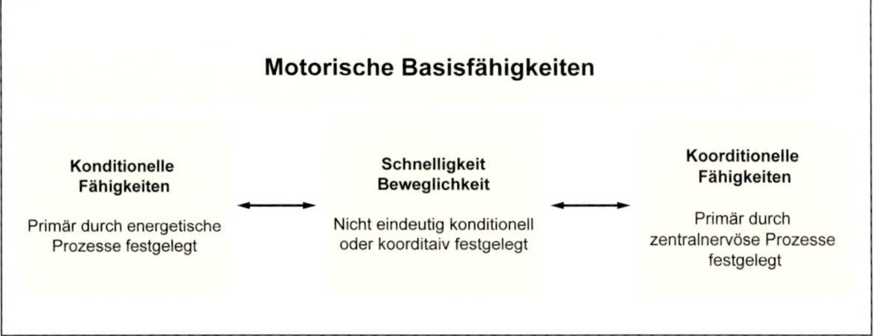

Abb. 5: Motorische Basisfähigkeiten (mod. nach Zimmermann, 1998, S. 207)

Kapitel 1.2 skizziert den Kenntnisstand über die motorischen Fähigkeiten. Aus „lesedidaktischen“ Gründen werden für die fünf motorischen Basisfähigkeiten getrennt voneinander deren *Definition, Leistungsvoraussetzungen* und *Erscheinungsformen* sowie für das *Schulkindalter* und das *frühe Jugendalter* (weiblich: 11./12. bis 13./14. Lebensjahr, männlich: 12./13. bis 14./15. Lebensjahr) grob vereinfachte, *durchschnittliche Entwicklungsverläufe* der motorischen Fähigkeiten dargestellt. Der Mehrwert des 1. Bandes *Laufen* der Reihe *Leichtathletik in*

Schule und Verein soll durch die am Ende der einzelnen Unterkapitel aufgezeigten Praxiskonsequenzen und Literaturempfehlungen weiter gesteigert werden.

Konditionell-energetische Fähigkeiten

Ausdauer- und Kraftfähigkeit

Die *konditionell-energetischen Fähigkeiten* stellen die technikübergreifenden energetischen Leistungsvoraussetzungen der leichtathletiktypischen Fertigkeiten dar. Unterschieden werden die *Ausdauerfähigkeit* und die *Kraftfähigkeit*.

Ausdauerfähigkeit

Definition

Die *Ausdauerfähigkeit* als zentraler Bestandteil des leichtathletischen Grundlagen- und Spezialtrainings beschreibt die psychophysische Widerstandsfähigkeit des Menschen gegenüber der körperlichen und physischen Ermüdung. Oder anders ausgedrückt, die spezielle Fähigkeit eine leichtathletische Belastung (z. B. Laufgeschwindigkeit) über eine möglichst lange Zeitspanne ohne körperliche oder geistige Ermüdung auszuführen, den Intensitätsverlust gering zu halten und sich nach der Trainings- oder Wettkampfbelastung schnell erholen zu können (Grosser, Starischka & Zimmermann, 2012). Die Ermüdung äußert sich in der Verschlechterung der Leistung, der Störung der Bewegungskoordination und der zunehmenden Hautrötung.

Leistungsvoraussetzungen

Aerobe und anaerobe Ausdauerfähigkeit

Die Ausdauerfähigkeit wird durch das Leistungsniveau des Herz-Kreislauf-Systems (Herzgröße, Herzminutenvolumen), des Atmungssystems (Lungenvolumen, Sauerstoffaufnahmevermögen) und des Energiestoffwechsels bestimmt. Unter Berücksichtigung sportmedizinischer Kenntnisse zur Art der *Energiebereitstellung unter Wettkampfbelastungen* werden die aerobe und anaerobe Ausdauerfähigkeit unterschieden (Hollmann & Hettinger, 2000). Hinsichtlich der *aeroben Ausdauerfähigkeit* steht bei geringer Belastungsintensität ausreichend Sauerstoff für die „Verbrennung“ der sekundären Energiestoffe zur Verfügung. Demgegenüber ist bei der *anaeroben Ausdauerfähigkeit* die Sauerstoffzufuhr aufgrund der hohen Intensität nicht hinreichend, so dass die Energiegewinnung ohne die Verwendung von Sauerstoff durch anaerob-laktazide Stoffwechselprozesse erfolgt und den Anstieg des Laktatspiegels bedingt. Bei Kindern und Jugendlichen besitzt die *aerobe Ausdauerfähigkeit* im Hinblick auf die Vervollkommnung der physischen und psychischen Leistungsfähigkeit eine zentrale Funktion.

Trainingsbedingte Anpassungen der aeroben Ausdauerfähigkeit

Die *aerobe Ausdauerfähigkeit* ist im *frühen Schulkindalter* (7. und 8. Lebensjahr) gut trainierbar. Auffällig sind die großen interindividuellen Leistungsdifferenzen. In der *ersten trainingsbedingten Anpassungsphase* erfolgen die Vergrößerung der zellulären Energiespeicher und die Ökonomisierung des muskulären Energiestoffwechsels, des Wasser- und des Elektrolythaushaltes. Die *zweite Anpassungsphase* charakterisieren die vermehrte Muskeldurchblutung (Kapillarisierung), das vergrößerte Blutvolumen und die Vervollkommnung der zellulären Enzymaktivität sowie der Sauerstoffaufnahmefähigkeit. Die *dritte Anpassungsphase* steht für die Verbesserung der Organfunktionen.

Bedeutung der Ausdauerfähigkeit in der Leichtathletik

Die Ausdauerfähigkeit besitzt in der Leichtathletik eine zentrale Funktion hinsichtlich der Vervollkommnung der physischen und psychischen Leistungs- und Belastungsfähigkeit des Sportlers im Training sowie Wettkampf, der Optimierung der körperlichen Wiederherstellung nach sportlicher Belastung, der Gesundheits- und Verletzungsprophylaxe sowie der Verringerung ermüdungsbedingter Fehlleistungen.

Entwicklung der aeroben Ausdauerfähigkeit

Das *Schulkindalter* und das *frühe Jugendalter* kennzeichnen im Hinblick auf die *aerobe Ausdauerfähigkeit* große interindividuelle (Früh- und Spätentwickler) und geschlechtsspezifische Differenzen. Die aerobe Kapazität bleibt bei den Jungen bis zum 16. Lebensalter weitgehend konstant, während bei den Mädchen ab dem 14. Lebensalter die allmähliche Abnahme der aeroben Kapazität typisch erscheint. Schulkinder und Jugendliche sind zwar für aerobe Ausdauerbelastungen geeignet, berücksichtigt werden muss aber der ausgewogene Bau- und Energiestoffwechsel. Der *menschliche Baustoffwechsel* dient unter Energieverbrauch dem Aufbau von Körperbestandteilen, während der *Energiestoffwechsel* zur Energiegewinnung genutzt wird.

Entwicklung der anaeroben Ausdauerfähigkeit

Die *anaerobe Leistungsfähigkeit* ist im Schulkindalter im Vergleich mit dem Erwachsenenalter deutlich herabgesetzt. Ab dem frühen Jugendalter nimmt die anaerobe Kapazität reifungsbedingt zu. In der trainingswissenschaftlichen Literatur wird eine plausible Begründung der verminderten anaeroben Leistungsfähigkeit des kindlichen Organismus darin gesehen, dass Schulkinder im Gegensatz zu Jugendlichen und Erwachsenen bei intensiven Belastungen weniger in der Lage sind, über einen längeren Zeitraum ohne Sauerstoffzufuhr zu arbeiten und das anfallende Laktat (Milchsäure) zu kompensieren.

Laktat

Das *Laktat* stellt ein saures Endprodukt des anaeroben Stoffwechsels dar, das bei der anaeroben Energiebereitstellung in der Muskulatur entsteht.

Praxis-konsequenzen

Schulkindalter und frühes Jugendalter

Die *Dauermethode* stellt für das *Schulkindalter* und das *frühe Jugendalter* (Pubeszenz) die bevorzugte *Form der aeroben Ausdauerbelastung* dar (Belastung: 5–20 min, keine Pausen, gleichmäßige Beanspruchung). Die Steigerung der aeroben Ausdauerfähigkeit kann bereits durch ein einmaliges wöchentliches moderates Training erzielt werden (Weineck, 2019). Zur umfassenden Ausbildung der Leistungsfähigkeit des Herz-Kreislauf- und Atmungssystems sowie des Stütz- und Bindegewebes sind im leichtathletischen Grundlagentraining vielfältige entwicklungsfördernde Reiz- und Belastungswechsel durch Radfahren, Schwimmen, Skilanglauf oder Inlineskating unerlässlich (Details s. Bd. 2, Kap. 1).

Leseempfehlung

Das Buch *Ausdauertraining in Schule und Verein* von Hottenrott und Gronwald (2009) informiert über den Kenntnisstand der Ausdauerschulung im Kindes- und Jugendalter. Der Praxisteil enthält variantenreiche Ausdauerübungen mit didaktisch-methodischen Hinweisen.

Kraftfähigkeit

Die muskuläre Kraft gilt zum einen als unabdingbare biologische Voraussetzung für die Realisierung motorischer Handlungen. Zum anderen stellen alltägliche, berufliche und sporttypische Fertigkeiten sehr unterschiedliche Anforderungen an die Krafterzeugung. In den Präzisionssportarten wie Dartwerfen oder Poolbillard muss der Krafteinsatz präzise dosiert werden, damit der Pfeil oder die Billardkugel das anvisierte Ziel exakt trifft. Beim Kugelstoßen oder Speerwerfen müssen zur Beschleunigung der Sportgeräte in einer kurzen Zeitspanne große Muskelkräfte erzeugt werden, während bei den Bergetappen der Tour de France die muskuläre Kraft über eine lange Zeit benötigt wird. Nach Weineck (2019) bündelt der Begriff *Kraftfähigkeit* die Befähigung des Nerv-Muskel-Systems, äußere und körperinterne Widerstände durch Muskelkontraktionen zu überwinden, entgegenzuwirken oder zu halten. Das Leistungsniveau der Muskelkraft beeinflussen der Muskelquerschnitt, die intra- und intermuskuläre Koordination, die Nervenleitgeschwindigkeit, die Energiebereitstellung, das Geschlecht, die Sexualhormone und die Psyche der Athleten.

Kraft = äußere und innere Widerstände bewältigen

Definition

Maximalkraft-fähigkeit

Schnellkraft-fähigkeit

In der Leichtathletik tritt die motorische Kraftleistungsfähigkeit nicht in der abstrakten Reinform auf, sondern in Abhängigkeit von den disziplinspezifischen Anforderungen in Kombination mit anderen konditionellen Fähigkeiten. Beispielsweise stellt die *Maximalkraftfähigkeit* die höchste willkürlich zu erzeugende Muskelkraft dar. Die *Schnellkraftfähigkeit* beschreibt die Befähigung des Nerven-Muskel-systems unterschiedliche Widerstände mit schnellstmöglicher Kontraktionsgeschwindigkeit zu überwinden. Die Schnellkraftfähigkeit wird in den Sprint-, Sprung, Wurf- und Stoßdisziplinen benötigt, damit der Körper des Sportlers, die Körperteile oder die Sportgeräte eine maximale Endgeschwindigkeit erreichen. Die *Reaktivkraftfähigkeit* bezeichnet die Fähigkeit, aus einer abbremsenden Bewegung heraus in kurzer Zeit (< 200 ms) den größtmöglichen überwindenden Kraftstoß zu erzeugen (z. B. Absprünge mit Anlauf, Schmidtbleicher & Gollhofer, 1985).

Reaktivkraftfähigkeit

Bedeutung der Kraftfähigkeit in der Leichtathletik

Die besondere Bedeutung der Kraftfähigkeiten in der Leichtathletik betrifft den langfristigen Leistungsaufbau disziplinspezifischer Maximal- und Schnellkraftfähigkeiten sowie die Verletzungs- und Gesundheitsprophylaxe. Die Kraftausdauerfähigkeit ist weniger relevant.

Entwicklung der Kraftfähigkeiten

Im *Schulkindalter* sind für beide Geschlechter nur geringe Leistungsanstiege in den Kraftfähigkeiten beobachtbar. Im *frühen Jugendalter* nehmen die Kraftfähigkeiten bei den männlichen Heranwachsenden aufgrund des Hormons Testosteron deutlich zu. Hohe Zuwachsraten zeigen die Muskeln der Extremitäten und die Maximal-, Sprung-, Stoß- sowie Sprintkraft. Ein einheitlicher Entwicklungsverlauf kann für die verschiedenen Kraftfähigkeiten nicht belegt werden. Im *Schulkindalter* zielt das leichtathletische Training auf die allgemeine Kraftentwicklung der Skelettmuskulatur, um Haltungsschwächen, Verletzungen oder Entwicklungsstörungen vorzubeugen und die physischen Leistungsvoraussetzungen für die Bewältigung leichtathletischer Anforderungen zu verbessern. Die Zunahme der Maximalkraft erfolgt zunächst nicht durch die Vergrößerung des Muskelquerschnitts (Hypertrophie), sondern durch die Verbesserung der neuromuskulären Koordination. Die frühe Spezialisierung durch das einseitige Muskeltraining ist aus medizinisch-gesundheitlichen Gründen (muskuläre Dysbalancen, Haltungsschäden) ebenso zu vermeiden wie Bewegungsaufgaben mit hohen Kraftanforderungen großer Muskelgruppen (Pressatmung, DLV, 2018; Olivier, Marschall & Büsch, 2008). Im *frühen Jugendalter* sollte das Krafttraining ein- bis zweimal pro Woche zur allgemeinen Entwicklung der Bauch- und Rückenmuskulatur, der Armstützkraft, der Schnellkraftfähigkeit und der leichtathletisch spezifischen Kraftfähigkeiten ausgeführt werden (Weineck, 2019; Details s. Bd. 2, Kap. 1).

Schulkindalter

Frühe Jugendphase

Lese-empfehlungen

Vertiefende Einblicke in das Krafttraining im Kindes- und Jugendalter vermitteln die Lehrbücher *Das neue Konditionstraining* (Grosser et al., 2012), *Grundlagen der Trainingswissenschaft und -lehre* (Olivier et al., 2008) und *Optimales Training* (Weineck, 2019).

Koordinative Fähigkeiten

Definition

Die *koordinativen Fähigkeiten* gelten als die wesentlichen technikübergreifenden Leistungsvoraussetzungen für die Realisierung motorischer Fertigkeiten. Nach Roth (1999) charakterisieren die koordinativen Fähigkeiten die interindividuellen Leistungsunterschiede im Ausprägungsgrad der Informationsorganisation hinsichtlich der Aufnahme, der Verarbeitung und der Speicherung von Informationen sowie der zentralnervösen und peripheren Bewegungskontrolle.

Formen koordinativer Fähigkeiten

Die Sportwissenschaft favorisiert das *Analyseraster der koordinativen Anforderungsprofile sporttypischer Bewegungsaufgaben* von Neumaier und Mechling (1994), das aus der Perspektive des Sports sechs häufig zu bewältigende Druckbedingungen unterscheidet (s. Abb. 6). Eine besondere Leistungsvoraussetzung der koordinativen Fähigkeiten stellt die *physiologische* und *psychologische Wahrnehmung* dar (s. Kap. 1.1)

Bedeutung der koordinativen Fähigkeiten in der Leichtathletik

In der Leichtathletik dient die Schulung der koordinativen Fähigkeiten der Verbesserung der Bewegungskontrolle und der motorischen Lernfähigkeit. Die Vielfalt der für das leichtathletische Training aus dem Analyseraster konstruierbaren koordinativen Aufgabenstellungen ist nahezu „unerschöpflich“. Deutlich wird dies in der Vielseitigkeit der Übungen des Geh-, Lauf- und Sprint-ABC (Details: Kap. 3, 4 u. 7).

Analyseraster koordinativer Anforderungsprofile sporttypischer Bewegungen

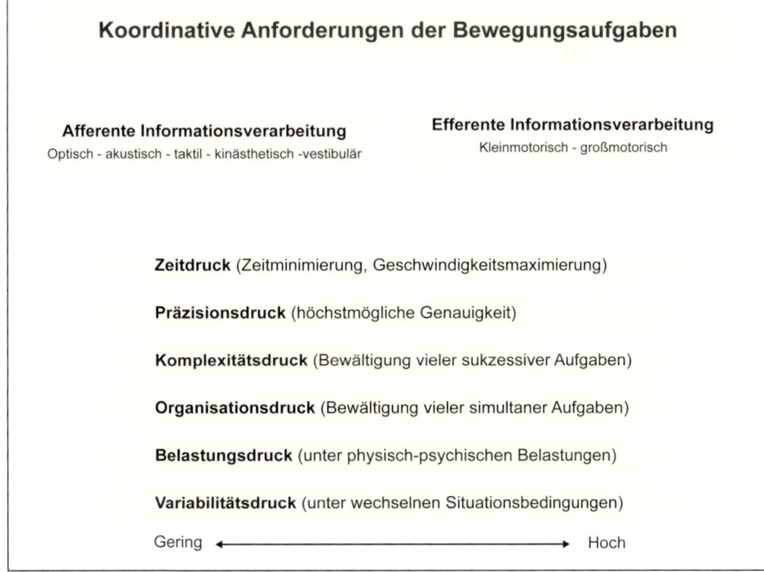

Abb. 6: Analyseraster der koordinativen Anforderungsprofile sportlicher Fertigkeiten (mod. nach Neumaier & Mechling, 1994, S. 211)

Entwicklung der koordinativen Fähigkeiten

Im *Schulkindalter* führen die vorteilhaften Körperproportionen, die Vollentwicklung der sensorischen Analysatoren und die Verbesserung der motorischen Kontrollprozesse sowie der kognitiven Fähigkeiten zu einer auffälligen Leistungsentwicklung der koordinativen Fähigkeiten (Hirtz, 2007).

Schulkindalter

Für das *späte Schulkindalter* belegt die kulturvergleichende Querschnittstudie von Roth und Roth (2009a, Ägypten, Brasilien, Deutschland, Japan, Polen u. Südafrika) durchschnittliche jährliche Zuwachsraten von 15 %.

Frühes Jugendalter

Das *frühe Jugendalter* kennzeichnet – mit interindividuellen Unterschieden aufgrund ungünstiger wachstums- und entwicklungsbedingter konstitutioneller Voraussetzungen (Wachstumsschub: 7 – 14 cm, Gewichtszunahme: 8 – 13 kg; Roth & Roth, 2009a, b) und hormoneller Umstellungen – mögliche vorübergehende Instabilitäten (Abnahme-/Zunahmephasen) oder zeitweise Stagnationen der koordinativen Fähigkeiten. Für die *Pubeszenz* belegen die Greifswalder Längsschnittstudie (Hirtz, Ockhardt & Schwarzer, 2002) und die interkulturelle Vergleichsstudie von Roth und Roth (2009a) einen durchschnittlichen zeitbegrenzten Leistungsrückgang der koordinativen Fähigkeiten zwischen 4 % und 35 %.

Praxiskonsequenzen

Koordinative Übungen sollten in jedem Lebensalter fester Bestandteil des Aufwärmprogramms oder Hauptinhalt einzelner Trainingseinheiten darstellen. Die erforderlichen „Zutaten“ des Grundrezeptes der Koordinationsschulung umfassen nach Roth (2003b, S. 92) einfache Fertigkeiten, die mit efferenten und afferenten Anforderungen sowie den sechs von Neumaier und Mechling (1994) benannten koordinativen Druckbedingungen variantenreich „gewürzt“ werden. Die Umsetzung dieses Grundrezeptes verlangt folgende methodische Maßnahmen.

- Nutzung abwechslungsreicher Varianten und komplexer Kombinationen der beherrschten disziplinspezifischen Fertigkeiten (Amplitude, Frequenz, Geschwindigkeit), der äußeren Bedingungen (Umwelt, Geräte) und der Informationsaufnahme.

- Steigerung des Zeit-, Präzisions- und Organisationsdrucks, der konditionellen (Ermüdung, Zusatzgewichte) und psychischen Belastungen (Emotionen, Trainingswettkämpfe).

Insgesamt können die koordinativen Fähigkeiten früher lohnend trainiert werden als die konditionellen Fähigkeiten (Weineck, 2019). Ebenso scheint es „so gut wie kein zu früh, vermutlich aber ein zu spät“ zu geben (Roth, 2003b, S. 86).

Schulkindalter

Im *Schulkindalter* sollten die spezifischen Fertigkeitsanforderungen zunächst gering bleiben. Im weiteren Entwicklungsverlauf kann die Schwierigkeit der Bewegungsausführung und der situativen Bedingungen erhöht werden. Großmotorische und

Frühes Jugendalter

Zeitdruck-Anforderungen bewältigen Heranwachsende vielfach besser als feinmotorische Aufgaben. Im *frühen Jugendalter* erscheint ein Koordinationstraining unter hohem Komplexitäts- oder Organisationsdruck problematisch, während konditionelle Belastungen förderlich sind (Roth, 2003b; Details s. Bd. 2, Kap. 1).

Leseempfehlung

Das in der 7. Auflage vorliegende Praxisbuch *Schulung der Bewegungskoordination* von Kosel (2010) thematisiert die Bedeutung der koordinativen Fähigkeiten für die Gesamtkörperkoordination und zahlreiche methodische Hinweise sowie praxisnahe Vorschläge für die Ausbildung der koordinativen Fähigkeiten im Schulsport und Vereinstraining.

Gemischt konditionell-koordinativ determinierte Fähigkeiten

Als nicht eindeutig konditionell oder koordinativ festgelegte Mischformen der motorischen Basisfähigkeiten gelten die Schnelligkeitsfähigkeiten und die Beweglichkeitsfähigkeiten.

Schnelligkeitsfähigkeit

Definition

Die Trainingswissenschaft definiert die *Schnelligkeitsfähigkeit* als die psychophysische Fähigkeit auf einen Reiz möglichst schnell zu reagieren und komplexe sporttypische Bewegungen unter den vorherrschenden Bedingungen in kürzester Zeit zu realisieren. In den leichtathletischen Disziplinen besteht das primäre Ziel darin, dem Athleten, den Körperteilen oder dem Sportgerät in kürzester Zeit eine maximale Endgeschwindigkeit zu verleihen (Grosser, 1991; Roth, 1999).

Leistungsvoraussetzungen

Schnelle Bewegungen gelingen bei optimaler Verknüpfung des energetisch-muskulären Kraftpotenzials mit den koordinativen Kontrollprozessen des ZNS, der Energiebereitstellung und der intra- sowie intermuskulären Koordination (Grosser & Renner, 2007). In der Leichtathletik dominieren neben den *komplexen Formen* der *Schnelligkeitsfähigkeit* – Kraftschnelligkeit, Schnellkraftausdauerfähigkeit und maximale Schnelligkeitsausdauerfähigkeit – fünf *elementare Schnelligkeitsfähigkeiten*.

- ***Koordinationsschnelligkeit.*** Fähigkeit schnelle Bewegungen zu kontrollieren (z. B. Arm- und Beinkoordination beim Speerwerfen).
- ***Schnellkraft.*** Fähigkeit sporttypische Fertigkeiten zu Beginn schnell zu beschleunigen (z. B. Startphase beim Kurzsprint).

Elementare Schnelligkeitsfähigkeiten

- ***Frequenzschnelligkeit.*** Fähigkeit zyklische Fertigkeiten mit höchstmöglicher Geschwindigkeit zu realisieren (z. B. Anlauf beim Weit- u. Dreisprung).
- ***Aktionsschnelligkeit.*** Fähigkeit azyklische Fertigkeiten mit hoher Geschwindigkeit auszuführen (z. B. Nach der Startphase schnelle Bewegungen realisieren).
- ***Reaktionsschnelligkeit.*** Fähigkeit auf ein akustisches Signal in kürzester Zeit zu reagieren (z. B. Startschuss beim Kurzsprint).

Entwicklung der Schnelligkeitsfähigkeiten

Im *Schulkindalter* zeigen die Schnelligkeitsfähigkeiten – insbesondere die Reaktions- und Aktionsschnelligkeit – bedingt durch die Ausreifung des Nervensystems deutlich höhere Leistungszuwächse als die konditionellen Fähigkeiten. Im *frühen Jugendalter* verbessern sich vor allem die Reaktionszeit und die Bewegungsfrequenz.

Schulkindalter

Zu den in der Leichtathletik lohnenswert zu trainierenden elementaren Schnelligkeitsfähigkeiten zählen die Aktionsschnelligkeit und die Frequenzschnelligkeit. Im *Schulkindalter* dominiert die Entwicklung der elementaren Schnelligkeitsfähigkeiten und der Bewegungskoordination (Weineck, 2019). Die Reaktionsschnelligkeit, die Bewegungsfrequenz, die Bewegungsgeschwindigkeit und die Schnellkraftfähigkeit erfahren den höchsten positiven Entwicklungsschub. Ab dem 7. Lebensjahr können die Bewegungsfrequenz und die Bewegungsgeschwindigkeit sowie mit Beginn der Pubeszenz die Schnellkraftfähigkeit trainiert werden. Die komplexen Schnelligkeitsformen sollten aufgrund der ungünstigen anaeroben Belastung noch nicht berücksichtigt werden (Lühnenschloß & Dierks, 2005). Ab dem *frühen Jugendalter* dominiert die Steigerung der Beschleunigungs-, Geschwindigkeits- und Frequenzleistungen (Details s. Bd. 2, Kap. 1).

Frühes Jugendalter

Leseempfehlungen

Die drei Praxisbücher *Schnelligkeit* (Lühnenschloß & Dierks, 2005), Eine *Sprint- und Laufschule für alle Sportarten* (Schöllhorn, 2003) und *Schneller Sprinten und Laufen in allen Sportarten* (Schöllhorn, 2011) umfassen neben der aktuellen Übersicht über die Ziele, Inhalte und Methoden des Trainings der Schnelligkeitsfähigkeiten eine auf die Leichtathletik bezogene Übungssammlung.

Beweglichkeitsfähigkeit

In der Leichtathletik ist der hohe Stellenwert der Beweglichkeitsfähigkeit hinsichtlich der ausgeglichenen Körperhaltung, der Vorbereitung des Trainings und des Wettkampfs (Erwärmung, Dehnung), der Regeneration nach der Belastung (cool down) oder der langfristigen Anpassung der beweglichkeitsrelevanten Funktionssysteme unumstritten.

Definition

Die *Beweglichkeitsfähigkeit* bezeichnet das Vermögen, funktionelle Gelenkbewegungen mit optimaler Schwingungsreichweite durch die Muskulatur oder äußere Kräfte zu realisieren (Martin, Carl & Lehnertz, 2001). Die Beweglichkeitsfähigkeit gliedert sich in die *Dehnungsfähigkeit* (elastische Eigenschaft der Muskeln, Sehnen, Bänder) und die Gelenkigkeit (Ausprägungsgrad der Schwingungsreichweite der knöchernen Gelenkstrukturen). Die gut ausgeprägte Beweglichkeitsfähigkeit fördert im Kinder- und Jugendsport die intra- und intermuskuläre Koordination, die qualitativen und quantitativen Bewegungsmerkmale (Genauigkeit, Verlängerung des Beschleunigungsweges) und die Verletzungsprophylaxe (Bauersfeld & Schröter, 2015; Olivier et al., 2008).

Leistungsvoraussetzungen

Leistungsentscheidend sind neben den konstitutionellen Gegebenheiten (Stellung der Gelenkflächen, Dehnungsfähigkeit des Muskel-Bänder-Gelenkkapsel-Systems, Muskelerwärmung) der Muskeltonus, die intermuskuläre Koordination, der morphologische Entwicklungsstand, das Lebensalter, das Geschlecht, die individuelle Schmerztoleranz und die Muskel- sowie Umgebungstemperatur (Klee & Wiemann, 2012).

Bedeutung der Beweglichkeitsfähigkeit in der Leichtathletik

In der Trainingspraxis wird die Beweglichkeitsfähigkeit in die *allgemeine Beweglichkeitsfähigkeit* der großen Gelenksysteme (Schulter-, Hüftgelenk, Wirbelsäule) und die *spezielle Beweglichkeitsfähigkeit* eines bestimmten Körpergelenks untergliedert. Hürdenläufer benötigen die extrem ausgeprägte Hüftbeugefähigkeit des Schwungbeins und die Spreizfähigkeit des Nachziehbeins. Für den Speerwerfer ist die sportartspezifische Beweglichkeit im Schultergelenk bedeutsam.

Entwicklung der Beweglichkeitsfähigkeiten

Schulkindalter

Frühes Jugendalter

Die Entwicklung der Beweglichkeitsfähigkeit im Lebenslauf kennzeichnet einerseits die altersphysiologisch bedingte Verschlechterung der Dehnungsfähigkeit der Strukturen des Muskel-Gelenk-Systems, die z. T. in der geringen Beanspruchung und der fehlenden Schulung begründet liegt. Beispielsweise zeigt sich im *Schulkindalter* eine Abnahme der Spreizfähigkeit der Beine im Hüftgelenk und der Beweglichkeit des Schultergelenks. Andererseits verweisen empirische Untersuchungen bis zum Erwachsenenalter auf die Verbesserung der Beugefähigkeit der Wirbelsäule, des Hüft- und des Schultergelenks. Im *frühen Jugendalter* bestimmen die individuellen Voraussetzungen des Bewegungsapparates und die speziellen Trainingsreize das Leistungsniveau der Beweglichkeit (Thienes, 2000; Klee & Wiemann, 2012).

Dehnungsmethoden

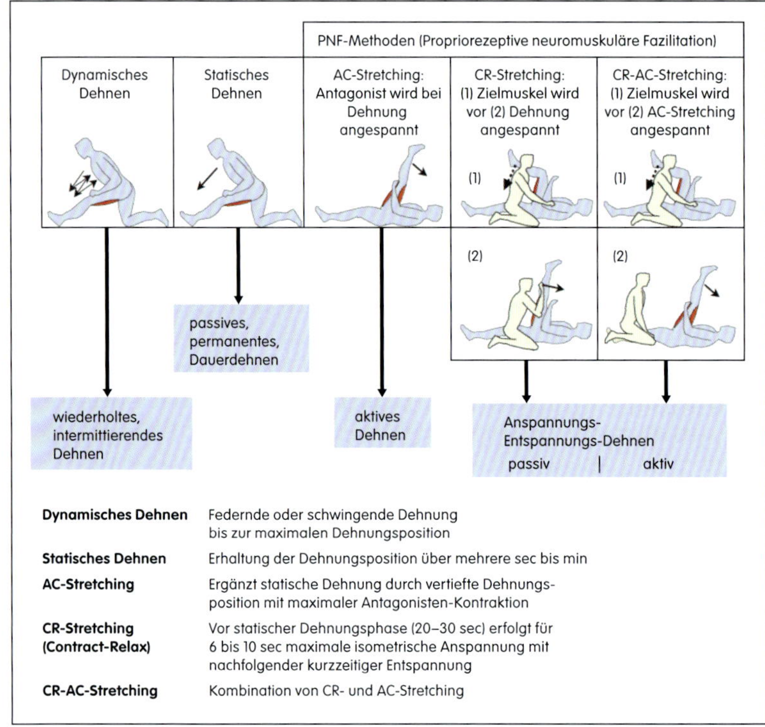

Abb. 7: Dehnungsmethoden am Beispiel der ischiokruralen Muskulatur (mod. nach Klee & Wiemann, 2009, S. 11)

Praxiskonsequenzen

Die optimale Schwingungsreichweite der Körpergelenke wird durch die Verbesserung der morphologischen und mechanischen Eigenschaften der Muskeln (Zugbelastung) sowie der Bindegewebsstrukturen und die Gewöhnung der Reizempfindlichkeit der Rezeptoren erreicht. Die wissenschaftliche Auseinandersetzung über die „wirkungsvollste" Dehnungsmethode wird widersprüchlich und eher dogmatisch geführt. In der *Leichtathletik* haben sich zwar die in Abbildung 7 veranschaulichten Dehnungsmethoden etabliert (Freiwald & Engelhardt, 1994; Grosser et al., 2012; Klee & Wiemann, 2012). Für das Dehnungstraining finden sich aber keine allgemein anerkannten Angaben über die Belastungsgrößen. Die empirischen Befunde, die subjektiven Erfahrungen und die qualitativen Empfehlungen zur *Belastungsintensität* (intensives vs. weiches vs. submaximales Dehnen) sind uneinheitlich. Des Weiteren finden sich breit streuende Angaben im Hinblick auf die Belastungsdauer (2–120 sec), den *Belastungsumfang* (1 – 10 Serien) und die *Belastungshäufigkeit* (1 Einheit/Woche vs. mehrmals täglich). Insgesamt scheint „der vielfach bestätigte Effekt der Vergrößerung der

Bewegungsreichweite [...] unabhängig von der Festlegung der Dehnart, der Muskelaktion und der Ausprägung der Belastungsgrößen zu sein" (Olivier et al., 2008, S. 247-248).

Schulkindalter

Für das *Schulkindalter* typisch sind der noch nicht gefestigte Sehnen- und Bandapparat sowie die sehr dehnbare Muskulatur. Der lange Jahre gültige Standpunkt, dass vor dem 10. Lebensjahr die gezielte Verbesserung der Beweglichkeit nicht notwendig ist, muss aufgrund des im Schulkindalter zunehmenden Bewegungsmangels, der vermehrt auftretenden muskulären Dysbalancen und des erhöhten ersten Längenwachstums revidiert werden (Lühnenschloß & Dierks, 2005). Für die Leichtathletik bedeutet dies, dass für Schulkinder mehrmals pro Woche das Beweglichkeitstraining zwingend notwendig erscheint.

Frühes Jugendalter

Mit *Beginn der Pubeszenz* verschlechtern sich aufgrund des zweiten Längenwachstums und der hormonellen Einflüsse die mechanische Belastbarkeit des passiven Bewegungsapparates sowie die Beweglichkeit. Erforderlich ist ein allgemeines und spezielles Beweglichkeitstraining (z. B. Hürdensprint). Zu vermeiden sind Überbeanspruchungen und Haltungsschäden durch überdosierte Spezialübungen. Beispielsweise führen dynamische Hürdensitzübungen zur Überbelastung des Bandapparates des Kniegelenks (Olivier et al., 2008; Details s. Bd. 2, Kap. 1).

Leseempfehlung

Das Buch *Dehnen* von Klee und Wiemann (2012) umfasst neben der differenzierten Darstellung der Grundlagen des Dehnungstrainings zahlreiche Hinweise und Anregungen für die Praxis des Dehnens und die Vermittlung des Themas „Dehnungstraining" im schulischen Sportunterricht. Ergänzt wird das Buch durch eine CD-ROM mit umfangreichen Materialien und Übungsbeschreibungen.

1.3 Wie werden sporttypische Fertigkeiten erlernt und optimiert?

In der Leichtathletik stehen die motorischen Fähigkeiten und Fertigkeiten in einer nicht trennbaren Beziehung zueinander (s. Kap. 1.1). Für den Hürdensprint, den Weitsprung oder das Kugelstoßen ist nicht alleinig die Ausprägung und das Zusammenspiel eines Bündels spezieller motorischer Fähigkeiten leistungsbestimmend (z. B. Schnellkraftfähigkeit, koordinative Fähigkeiten), sondern ebenso die optimale Technikausführung. Die nachfolgenden Abschnitte erörtern die Struktur der motorischen Fertigkeiten und die Entwicklung der grundlegenden leichtathletischen Fertigkeiten im Schulkindalter sowie frühen

Jugendalter. Anschließend werden die Organisation motorischer Fertigkeiten, die Inhaltsbereiche des Techniktrainings, die wesentlichen Überforderungen im Anfängerbereich und die praxiserprobten methodischen Vereinfachungsstrategien hinsichtlich der Aneignung sowie der Optimierung leichtathletischer Fertigkeiten skizziert. Der abschließende Abschnitt thematisiert ausgewählte Merksätze zur Informationspräsentation, Informationsrückmeldung und Gestaltung der Übungsbedingungen.

Definition

Motorische Fertigkeiten

Motorische Fertigkeiten kennzeichnen interindividuelle Unterschiede im Leistungsniveau der motorischen Kontrollprozesse, welche der Ausführung abgrenzbarer Bewegungstechniken zugrunde liegen. Motorische Fertigkeiten können – im Gegensatz zu motorischen Fähigkeiten – von außen als Ortsveränderungen des Körpers oder der Extremitäten in Raum und Zeit beobachtet werden. Die durch motorische Lern- und Optimierungsprozesse erworbenen sowie gefestigten Bewegungsfertigkeiten gelten als spezielle „Werkzeuge“ zur Bewältigung alltäglicher, beruflicher, künstlerischer oder sporttypischer Bewegungsaufgaben.

Entwicklung leichtathletischer Fertigkeiten

Schulkindalter

Das *Schulkindalter* kennzeichnet aufgrund der verbesserten physischen und psychischen Voraussetzungen sowie der zunehmenden Bewegungserfahrungen ein gutes Niveau der motorischen Lernfähigkeit. Auffällig sind die variable Verfügbarkeit und die Ausdifferenzierung der elementaren Fertigkeiten (vom Springen zum Hoch- und Weitsprung). Eine hohe Ausprägung erfahren die Bewegungskombinationen (z. B. Laufen-Springen-Werfen), der Bewegungsfluss und die Bewegungsantizipation. Die *Entwicklung der leichtathletischen Fertigkeiten* lässt sich im Schulkindalter nicht mehr eindeutig einem bestimmten Lebensalter zuordnen, da die individuelle Lernfähigkeit, das motorische Fähigkeitsniveau und die Bewegungserfahrungen sehr unterschiedlich sind. Die *Weit-* und *Hochsprungleistungen* verbessern sich mit nicht bedeutsamen geschlechtsspezifischen Differenzen geringfügig. Die *Wurfleistungen* zeigen zwar vergleichbare Entwicklungstendenzen, auffällig sind aber die erheblichen geschlechtsspezifischen Unterschiede zu Ungunsten der Mädchen, deren Wurfweite durchschnittlich 50 % unter denen der Jungen liegt. Die Leistungen im *Kurzsprint* vermindern sich bei den Jungen leicht, während die Mädchen beständige jährliche Zuwachsraten zeigen (Winter & Hartmann, 2018; Details: s. Bd. 2).

Frühes Jugendalter

Das *frühe Jugendalter* charakterisiert die Umstrukturierung der leichtathletischen Fertigkeiten und die auffälligen interindividuellen Entwicklungsunterschiede. Diese äußern sich im Vergleich zu normal entwickelten Jugendlichen in der beschleunigten (Akzelerierung) oder der verlangsamten Abfolge der Entwicklungsphasen (Retardierung). Mit der Pubeszenz bestehen für die leichtathletischen Disziplinen leicht erhöhte jährliche Zuwachsraten. Die geschlechtsspezifischen Leistungsunterschiede sind im Vergleich mit anderen Lebensphasen deutlich vermindert. Zwischen dem 12. und 14. Lebensjahr muss aufgrund möglicher ungünstiger konstitutioneller Voraussetzungen und hormoneller Umstellungen mit der befristeten Stagnierung oder der vorübergehenden Verlangsamung der Fertigkeitsentwicklung bei großen interindividuellen Leistungsdifferenzen gerechnet werden (Winter & Hartmann, 2018; Details: s. Bd. 2).

Wie funktioniert die Bewegungskoordination?

Zur Beantwortung der zentralen Frage der Bewegungswissenschaft *Wie funktioniert die Organisation und der Neuerwerb motorischer Fertigkeiten?* liegen zwar zahlreiche ermutigende motorische Koordinations- und Lerntheorien sowie differenzierte neuroanatomische Kenntnisse über das menschliche Hirn vor, jedoch können weder psychologische noch neurobiologische Vorstellungen das Rätsel der Motorik und der Strategie der Bewegungsrepräsentation widerspruchsfrei lösen.

Konzept Programm- und Parametertrennung

Das in der psychologischen und sportwissenschaftlichen Motorikforschung einflussreichste koordinationstheoretische *Grundkonzept der Programm- und Parametertrennung* von Schmidt (1975, 1988) beinhaltet die Vorstellung, dass die im motorischen Gedächtnis gespeicherten, jederzeit abrufbaren Bewegungsentwürfe, sogenannte motorische Rahmenprogramme, nur einige wenige nicht austauschbare relative zeitlich-dynamische Strukturelemente der Zielfertigkeit umfassen. Diese *Programminvarianten* – Reihenfolge, relative Dauer und relative Krafteinsätze der Muskelaktivitäten – bestimmen die zeitlichen und dynamischen Grundmerkmale einer speziellen Fertigkeit wie den Fosbury-Flop und den Weitsprung. Die Feinanpassung der motorischen Rahmenprogramme an die aktuellen Umweltbedingungen und die Stützmotorik erfolgt in speziellen Hirnzentren (Kleinhirn, Basalganglien) durch variabel festzulegende zeitliche, dynamische und räumliche Bewegungsmerkmale *(Programmparameter)*. Hierzu zählen die Gesamtbewegungszeit und der Gesamtkrafteinsatz. Nach der Grundidee der Programm- und Parametertrennung steuern motorische Rahmenprogramme eine mehr oder weniger große Klasse von Bewegungen. Eine bestimmte Fertigkeit aus dieser Bewegungsklasse wird durch die spezifischen Parameterwerte festgelegt (Heuer & Prinz, 1987; Wollny, 1993, 2022).

Trotz der vielfältigen Plausibilitätsannahmen und empirischen Belege wird die Programm- und Parametertrennung in der aktuellen Diskussion durch neue Annahmen der Neurobiologie, Psychologie und Sportwissenschaft infrage gestellt. Hierzu zählen die ökopsychologischen Handlungstheorien, der Konnektionismus, die Modularitätshypothese oder das nachfolgend skizzierte Konzept des Differenziellen Lernens und Lehrens (Details: Wollny, 2022).

Konzept des Differenziellen Lernens und Lehrens

Das Modell des *Differenziellen Lernens und Lehrens* findet in der Praxis der Leichtathletik seit einigen Jahren zunehmende Beachtung (Schöllhorn, 1999a, b; Schöllhorn, Beckmann, Janssen & Michelbrink, 2009b; Schöllhorn, Michelbrink, Welminski & Davids, 2009c). Der Ansatz basiert auf der Grundidee der nichtlinearen Dynamik und Synergetik, die von der Selbstorganisation von Systemen ausgeht. Nach Praxiserfahrungen sind die erworbenen leichtathletischen Techniken für den Athleten nicht immer stabil verfügbar und exakt zu reproduzieren, sondern können durch Variabilitäten in der Bewegungsausführung gestört werden. Derartige zufällige, ungeordnete Fertigkeitsschwankungen werden in der Sportpraxis üblicherweise – im Sinne traditioneller koordinationstheoretischer Vorstellungen – als unerwünschte Abweichungen von eng begrenzten, personenübergreifend definierten Idealtechniken angesehen und durch häufig wiederholende, einschleifende Übungsausführungen, Anweisungen sowie Korrekturen minimiert. Das Differenzielle Lernen und Lehren betrachtet die Variabilität im Bewegungsverhalten als natürliche Konsequenz des individuellen situativen Verhaltens sowie als notwendige Voraussetzung für das motorische Lernen. Schöllhorn et al. (2009a–c) vertreten die Auffassung, dass für die Mehrzahl der leichtathletischen Fertigkeiten ein Lösungsraum mit individuellen Lösungen existiert. Das primäre Ziel des Techniktrainings besteht darin, dem Sportler eine Vielzahl von Lösungsmöglichkeiten im Grenzbereich der gewünschten Zielfertigkeit aufzuzeigen.

Während der Aneignung leichtathletischer Fertigkeiten geht das Differenzielle Lernen und Lehren über die üblichen Variationsumfänge des variablen Übens hinaus, um die Selbstorganisation und das Finden individueller, optimaler Bewegungstechniken zu fördern. Favorisiert werden zum einen Variationen der Merkmalsumfänge durch Umgestaltung der nicht austauschbaren strukturellen (Invarianten) und veränderbaren Bewegungsmerkmale, zum anderen kontrastreiche oder gegensätzliche Übungen, fehlerhafte Bewegungsausführungen, externe Störungen (veränderte äußere Rahmenbedingungen) und interne Bewegungsschwankungen (z. B. Geschwindigkeit, Beschleunigung, Rhythmus, Gelenkwinkel). Durch diese (nicht kritiklose) spezielle methodische Vorgehensweise, kann der Sportler sowohl potenzielle Lösungen erproben und individuelle Lösungen finden als auch in die Lage versetzt werden, sich schnell an verändernde Bewegungsabläufe und deren äußeren Bedingungen anzupassen (Römer, Schöllhorn, Jaitner & Preiss, 2009; Schöllhorn, Beckmann & Janssen, 2009a; Hossner & Künzell, 2012).

Zusammenfassend weisen die unterschiedlichen theoretischen Annahmen und die empirischen Studien zu den aktuell diskutierten Konzepten der Bewegungskoordination darauf hin, dass das motorische Verhalten nicht durch eine einzelne Theorie oder einige wenige grundlegende Funktionsmechanismen überzeugend erklärt werden kann, sondern verschiedenartigen, einander überlappenden Kontrollstrategien unterliegt. Nachvollziehbar erscheint die Vorstellung, dass die Art und Weise der Bewegungskontrolle durch die Umwelt (offen vs. geschlossen), die motorische Aufgabe (Präzisionsdruck vs. Zeitdruck, geführt vs. ballistisch), die zeitliche Bewegungsstruktur (rhythmisch vs. arhythmisch) und das individuelle Lern- und Leistungsniveau beeinflusst werden (ungeübt vs. hoch geübt, Roth, 1989; Wollny, 2022).

Inhaltsbereiche des Techniktrainings

In der Leichtathletik zentriert sich das Techniktraining auf fünf zentrale Inhaltsbereiche: Aneignung, Überlernen, Optimierung, Umlernen und Automatisierung sporttypischer Fertigkeiten (s. Abb. 8; Roth, 2003a; Wiemeyer & Wollny, 2017, 2023; Wollny, 2022).

Motorische Aneignung und motorisches Überlernen

Aneignung und Überlernen

Die frühe Lernphase – der eher längere Abschnitt der *Aneignung* (Neulernen, 1. Inhaltsbereich) und der unmittelbar folgende kürzere Abschnitt des *Überlernens sportmotorischer Fertigkeiten* (2. Inhaltsbereich, s. Abb. 8) – umfasst die gedankliche Erfassung der motorischen Aufgabe, die Entwicklung eines neuen Bewegungsprogramms, die ersten Ausführungen der vereinfachten Fertigkeit, die Wiederholung und das Beherrschen der Grobform der Bewegung unter erleichterten Bedingungen (Roth, 1991a, b; Schädle-Schardt, 2000; Roth & Roth, 2009b). Für beide Lernphasen sind der übermäßige Krafteinsatz, der nicht geeignete Bewegungsrhythmus und die fehlende Bewegungskonstanz charakteristisch.

In der Leichtathletik können die komplexen Bewegungstechniken wie der Hürdensprint, das Speerwerfen oder der Stabhochsprung nicht ganz-

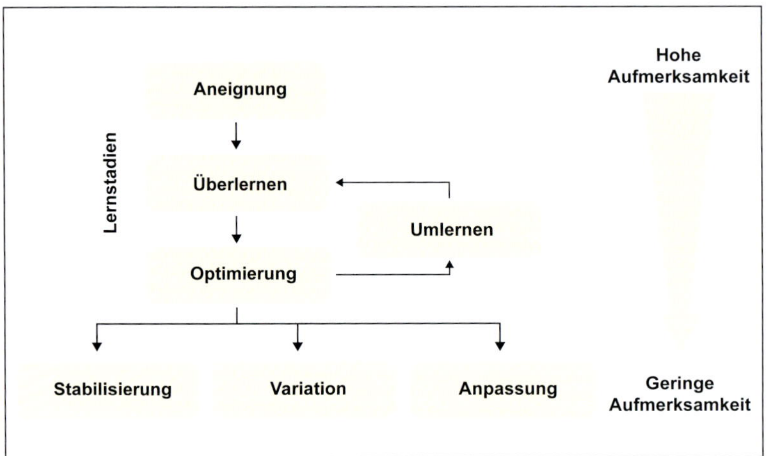

Abb. 8: Inhalte des Techniktrainings (mod. nach Wiemeyer & Wollny, 2017)

Inhalte des Techniktrainings

heitlich vermittelt werden, da Anfänger durch die große Bewegungsdynamik, Bewegungspräzision, Bewegungskomplexität (zahlreiche hintereinander geschaltete motorische Anforderungen), Bewegungsorganisation (zahlreiche gleichzeitige motorische Anforderungen) oder die kurze Bewegungszeit überfordert werden. Für die Aneignung und das Überlernen leichtathletischer Fertigkeiten vertraut die Sportpraxis vier generellen methodischen Vereinfachungsprinzipien (s. Tab. 1).

Tab. 1: Überforderungen und Vereinfachungsprinzipien während der Aneignung leichtathletischer Fertigkeiten

Überforderungen und Vereinfachungsprinzipien

Überforderung	Vereinfachungsprinzip	Anwendungsfelder
Länge der Bewegung	Verkürzung der Bewegungslänge	Fertigkeiten mit hoher Bewegungskomplexität (Kugelstoßen, Diskuswerfen)
Breite der Bewegung	Verringerung der Bewegungsbreite Unterstützung der nicht veränderbaren Bewegungsmerkmale	Fertigkeiten mit • hoher Bewegungsorganisation (Ballschlagwurf, Speerwurf) • hoher Präzisionsanforderung (Weitsprung)
Ausprägung der Bewegungsparameter	Veränderung der variablen Bewegungsmerkmale	Fertigkeiten mit • kurzer Bewegungszeit (Kugelstoßen, Diskuswerfen) • hohem Krafteinsatz (Kugelstoßen)

Verkürzung der Bewegungslänge

Verkürzung der Bewegungslänge. In den *Sprung- und Wurfdisziplinen* werden Anfänger damit überfordert, die Teilbewegungen schnell hintereinander realisieren zu müssen, d. h. die Fertigkeiten sind „zu lang" (hoher Komplexitätsgrad, s. Bd. 2 Springen und Bd. 3 Werfen und Stoßen). In diesem Fall greift das Vereinfachungsprinzip der Verkürzung der Bewegungslänge, also die Zerlegung der Zielfertigkeit in kleine Abschnitte. Anfänger üben zunächst einzelne Bewegungsabschnitte und verbinden diese zur Zieltechnik. Dies funktioniert bei isolierbaren, nacheinander auszuführenden Fertigkeitsteilen wie beim Springen und Werfen, jedoch nur bedingt bei zyklischen Bewegungen (z. B. Laufen), da die einzelnen Bewegungssequenzen engen Wechselwirkungen unterliegen (Roth, 1990). In der leichtathletischen Literatur finden sich eine Vielzahl detaillierter Übungsvorschläge zum Weitsprung, Diskuswurf und Kugelstoßen (Haberkorn & Plass, 1992; Jonath, Krempel, Haag & Müller, 1995; Bauersfeld & Schröter, 2015).

Verkürzung der Bewegungsbreite

Verkürzung der Bewegungsbreite. Besteht die Zielfertigkeit aus mehreren gleichzeitig zu realisierenden Teilbewegungen (hoher Organisationsgrad), ermöglicht die Verringerung der Bewegungsbreite ausgesuchte Abschnitte einzeln zu vermitteln. Beim *Speerwerfen* kann die Arm- und Beinarbeit oder beim *Stabhochsprung* der Steigerungslauf isoliert geschult werden (Hermann & Wiecozorek, 1993). Ungeeignet sind zyklische Fertigkeiten wie die leichtathletischen Lauftechniken.

Unterstützung nicht veränderbarer Bewegungsmerkmale

Unterstützung der nicht austauschbaren strukturellen Bewegungsmerkmale. Leichtathletische Fertigkeiten mit einem hohen Organisationsgrad können durch die Unterstützung der nicht austauschbaren Bewegungsmerkmale vereinfacht werden. Als zweckdienliche externe Ausführungshilfen gelten *akustische Rhythmusvorgaben* (z. B. Händeklatschen: Anlauf beim Speerwurf, Schwungbeineinsatz beim Hoch- oder Weitsprung), *visuelle Orientierungshilfen* zur Kennzeichnung des räumlich-zeitlichen Bewegungsverlaufs (z. B. Markierungspunkte zur Schrittgestaltung beim Speerwurf) oder bewegungsunterstützende *kinästhetische* und *taktile Hilfen*. Darüber hinaus können die Präzisionsanforderungen der Bewegung verringert werden.

Veränderung variabler Bewegungsmerkmale

Veränderung der Kennwerte der variablen Bewegungsparameter. Anfänger können durch die hohe Bewegungsgeschwindigkeit, die geringe Bewegungsdauer oder den großen Krafteinsatz der Zieltechnik überfordert werden. Wirkungsvolle Erleichterungen ermöglicht die Veränderung der Kennwerte der variablen Bewegungsparameter wie der Bewegungszeit oder der Krafteinsatz. Als bewährte methodische Maßnahmen gelten die Absprunghilfe (Verlängerung der Bewegungszeit), das Slow-Motion-Üben, das Angehen statt Anlaufen beim Speerwerfen (Geschwindigkeitsreduzierung) oder leichtere Gewichte beim Kugelstoßen (Verringerung des Krafteinsatzes; Roth, 1990).

Methodische Übungsreihe

Zu den weiteren praxiserprobten methodischen Konzepten der schrittweisen Fertigkeitsvermittlung zählen nach Roth (2005) die *serielle methodische Übungsreihe* („Von vorn nach hinten"), die *funktionale methodische Übungsreihe* („Von der Mitte nach außen"), die *verminderte Lehrhilfe* („Vom Einfachen zum Komplexen") und die *graduelle Annäherung* („Vom Leichten zum Schweren"). Menschen eignen sich einfache und komplexe motorische Fertigkeiten nicht nur durch die Anleitung des Trainers an, sondern ebenso durch die Beobachtung des Bewegungsverhaltens anderer Menschen (Lernen am Modell).

Motorische Optimierung: Stabilisierung und Variation/Anpassung

Optimierung

Die *Fertigkeitsoptimierung* (3. Inhaltsbereich, s. Abb. 8) beginnt mit der sicheren Beherrschung der Zieltechnik in der Grobform unter erleichterten situativen Bedingungen. Die zentrale Zielstellung besteht in der Hinlenkung der Konzentration des Sportlers auf bestimmte Details und Knotenpunkte der Bewegungsausführung, die eine große Störanfälligkeit, geringe Präzision oder Konstanz kennzeichnet. Auf einem horizontalen Kontinuum werden drei Formen unterschieden: die *Stabilisierung geschlossener Fertigkeiten* mit eng umgrenztem, sportartspezifischem Bewegungsspektrum, die beispielsweise in der Leichtathletik unter weitgehend konstanten Umwelt- und Aufgabenbedingungen ausgeführt werden und die *Variation* (z. B. Sportspiele) oder *Anpassung offener sportmotorischer Fertigkeiten* (z. B. Alpiner Skilauf) an sich fortwährend verändernde oder eingeschränkt vorhersehbare Bedingungen.

Für die *Leichtathletik* ist das *Stabilisierungstraining* bedeutsam, also die Verbesserung der Ergebniskonstanz und der Erhalt eines gewissen Variabilitätsmaßes geschlossener, disziplinspezifischer Fertigkeiten. Erreicht wird dies durch die Abstimmung der Bewegungsausführung auf die vorhersehbare Umwelt (Beschaffenheit der Wettkampfanlage, Wetterbedingungen) und die optimale Abschirmung des Sportlers gegenüber äußeren oder inneren Störungen (Zuschauer, körperliche Ermüdung). Für die Verfeinerung der Bewegungsvorstellung eignen sich nach Roth (2005) bewegungsungebundene, psychologische Verfahren (Mentales-, Autogenes- und Sensibilisierungs-Training) oder bewegungsgebundene Methoden (z. B. veränderte Wahrnehmungsbedingungen, Kontrastübungen). Abbildung 9 skizziert für die Leichtathletik *bewegungsgebundene Übungsformen* mit veränderten Bewegungstechniken und situativen Bedingungen (Roth, 2005). Geschult werden die Präzision und die Stabilität der Fertigkeitsausführung (Feld A) oder die Anpassungsfähigkeit der Bewegung (Feld B u. D). Berücksichtigt werden die breite Variation der Merkmalsumfänge, der externen Störungen und der internen Bewegungsschwankungen.

Übungsbeispiele Stabilisierungstraining

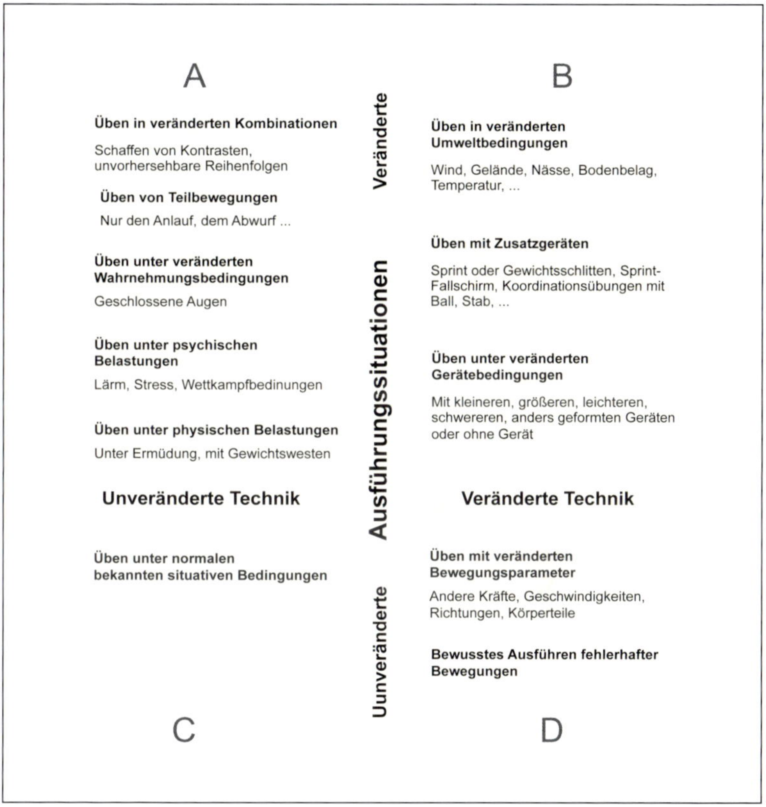

Abb. 9: Übungsbeispiele für das Stabilisierungstraining in der Leichtathletik (mod. nach Roth, 2005, S. 136)

Motorisches Umlernen

Umlernen

Den 4. Inhaltsbereich des Techniktrainings stellt das *Umlernen* (dauerhafte Veränderung) eines oder mehrerer Abschnitte der beherrschten Fertigkeit dar (s. Abb. 8). Bedeutsam wird das Umlernen dann, wenn sportartspezifische Innovationen zu markanten Verbesserungen der Wettkampfleistungen führen (Panzer, 2004, 2017; z. B. regelbedingte Anpassungen der Sportgeräte: Speer). Beim Umlernen sportmotorischer Fertigkeiten werden die alte und neue Technik parallel im Bewegungsgedächtnis als zwei eigenständige Bewegungsprogramme gespeichert. Beim Abruf konkurrieren beide Bewegungsprogramme miteinander, so dass der Athlet ständig zwischen der alten und der neuen Technik diskriminieren muss. Dies kann zu Fehlern in der Technikausführung und zu Leistungsverschlechterungen führen (Wiemeyer & Wollny, 2017, 2023; Wollny, 2022).

Automatisierung

Den 5. Inhaltsbereich des Techniktrainings umfasst die *Automatisierung* sportmotorischer Fertigkeiten (s. Abb. 8). Nach der *Theorie multipler spezifischer Ressourcen* von Wickens (1980) kann der Mensch verschiedene, unabhängig voneinander organisierte zentralnervöse Verarbeitungsressourcen zeitgleich ohne gegenseitige Störungen nutzen (z. B. akustischer und visueller Sinn). Auf das Automatisierungstraining in der Leichtathletik übertragen sind „Übungen einzusetzen, bei denen die Aufmerksamkeit von den Bewegungsausführungen weggelenkt bzw. weggenommen wird“ (Roth, 2005, S. 133). Die frei werdende Aufmerksamkeit kann im leichtathletischen Aneignungs- und Stabilisierungstraining für die Präzisierung und die Festigung von Detailfunktionen der Bewegung verwendet werden.

Automatisierung

Zur Freisetzung bewegungsgebundener Aufmerksamkeitsanteile eignen sich kognitive oder motorische Zusatzaufgaben, die während der Bewegungsausführung gelöst werden: Zählaufgaben (z. B. von 100 in Dreier-Schritten rückwärts zählen), Memorierung von Begriffen oder sportartspezifische Wahrnehmungsaufgaben (visuell, akustisch, kinästhetisch). Szymanski (1997a, b) empfiehlt einfache Zusatzaufgaben unmittelbar nach der Aneignungsphase schrittweise einzusetzen.

Welche methodisch-didaktischen Maßnahmen fördern das Techniktraining?

Der folgende Abschnitt thematisiert didaktisch-methodische Komponenten des sportlichen Techniktrainings. Dargestellt werden zum einen in der Sportpraxis bewährte Grundprinzipien des Lehrens und Lernens, zum anderen wissenschaftliche Befunde zur Zweckmäßigkeit der in enger Wechselwirkung zueinander stehenden Informationspräsentation, Informationsrückmeldung und Übungsgestaltung, mit denen die zahlreich zu beobachtenden potentiellen motorischen Überforderungen des Sportlers reduziert werden können.

Grundprinzipien des Lehrens und Lernens

Im alltäglichen Leben stellen *Prinzipien* allgemein bewährte Grundsätze dar, von denen sich der Mensch in seinem Handeln leiten lässt. *Didaktische Prinzipien* begründen sich durch individuelle Erfahrungen oder werden von Vorbildern übernommen. Die Anwendung didaktischer Prinzipien im Rahmen des Entwicklungs- und Bildungsprozesses von Heranwachsenden erfordert nach Henkel sowie Heim (2006) von Trainern, Übungsleitern, Lehrern und Referendaren die zwingende Berücksichtigung der individuellen Voraussetzungen, Neigungen und Bedürfnisse der Heranwachsenden. Für die moderne Kinder- und Jugendleichtathletik sowie die Lehrkräfte bedeutet dies, dass folgende drei inhaltsbezogene Grundprinzipien des Lehrens und Lernens berücksichtigt werden sollten.

Prinzip der Mehrperspektivität der Bewegung

Mehrperspektivität

Kurz (2017) geht unter Berücksichtigung der Befunde der Motivationspsychologie von der Mehrperspektivität der Bewegung sowie des Sports aus und grenzt sechs empirisch belegbare Sinnperspektiven ab: Eindruck, Ausdruck, Gesundheit, Spannung, Leistung und Miteinander. Diese Mehrperspektivität vermittelt den Heranwachsenden einerseits den individuellen Sinn des Sich-Bewegens, andererseits können unterschiedliche Erfahrungen hinsichtlich der Bedeutung körperlich-motorischer Kompetenzen und der Bewertung der eigenen Motive gesammelt werden. Die „Suche nach dem Sinn", die „Sinnerfahrung" sowie die „Sinnvergewisserung im Handeln" tragen schließlich zur Steigerung der Handlungsfähigkeit der Kinder bei (Kurz, 2017, S. 109).

Prinzip der Vielseitigkeit der Bewegung

Vielseitigkeit

Das Prinzip der Vielseitigkeit der Bewegung erlangt in der Kinder- und Jugendleichtathletik aufgrund der sich in den letzten Jahren in auffälliger Weise verändernden Sportarten und Motive des Sporttreibens eine zunehmende Bedeutung, um die Heranwachsenden frühzeitig mit vielfältigen Bewegungsformen vertraut zu machen. Nach Bräutigam (2003) werden in immer kürzeren Zeitabständen neue Sportarten präsentiert, die sich bei einem Großteil der Bevölkerung aufgrund der schnellen medialen Verbreitung einer großen Beliebtheit erfreuen. Darüber hinaus werden traditionelle Sportarten weiterentwickelt und neue Sportdisziplinen durch die Kombination bestehender Sportarten entwickelt (z. B. Moderner Fünfkampf, Triathlon, Teamdisziplinen). Dementsprechend stellt die breitensportorientierte, vielseitige Sinnorientierung der Leichtathletik die wesentliche inhaltliche Ausrichtung der Kinder- und Jugendleichtathletik dar.

Nach dem Prinzip der Vielseitigkeit erproben die Heranwachsenden beherrschte Fertigkeiten und vorhandene Erfahrungen unter neuen situativen Bedingungen (Transfer). „Es gilt also unmittelbar an das Vertraute anzuknüpfen und (im Unterschied zum *Erkunden*) die Selbsttätigkeit und die Selbstständigkeit der Kinder gezielt auf den Prozess des Veränderns zu lenken“ (Schiebl, 1998, S. 15). Vielfältig können die Bewegungsausführung und die Übungsbedingungen variiert werden (s. Tab. 2).

Tab. 2: Variationsmöglichkeiten der Bewegungsausführung und der Übungsbedingungen

Bewegungsausführung	Übungsbedingungen
Veränderung der Ausgangsstellung oder Körperextremität	Veränderung der Aufgabenstellung oder Informationsaufnahme
Veränderung der Kraft, Richtung oder Geschwindigkeit	Veränderung der Entfernung oder Abstände
Akzentuierung der Knotenpunkte der Bewegung oder Bewegungsphasen	Verwendung der Hilfsmittel oder Gerätebehinderung
Spiegelbildliches Üben	Zeitdruck, Präzisionsdruck
Kombination von Übungen	Partnerwechsel, Gegnerbehinderung
Mit Zusatzaufgaben	Unter Vorbelastung
Dominanter und nicht dominanter Körperseite	Geschlossene Augen, nach Reizung der Gleichgewichtsorgane
Anpassen der Bewegungen an spezielle Vorgaben	Veränderung der Spiel-, Kampf- oder Wettkampfregeln
Imitationsübungen	Störeinflüsse

Variationsmöglichkeiten der Bewegungsausführung und Übungsbedingungen

Prinzip der Grundausbildung

Grundausbildung

Das Prinzip der Grundausbildung und die von Roth sowie Kröger (2015) vertretene Auffassung, dass „Kinder nicht wie verkleinerte Erwachsene trainiert werden [dürfen]“ (S. 10) sind in der Sportwissenschaft und der Sportpraxis zwar weitgehend bekannt, aber im Rahmen der Aneignung elementarer sowie sportmotorischer Fertigkeiten bislang nur von wenigen Sportfachverbänden konsequent umgesetzt worden. Als positives Beispiel kann die Kinderleichtathletik dienen, die vor der disziplinspezifischen Spezialisierung (z. B. Weitsprung, Kugelstoßen) zunächst die Schulung der grundlegenden Formen des Laufens, Springens, Werfens und Stoßens favorisiert (z. B. Lauf-ABC).

Informationspräsentation, Informationsrückmeldung und Übungsgestaltung

Während der Vermittlung leichtathletischer Fertigkeiten sind drei methodische Maßnahmen bedeutsam: Informationspräsentation, Informationsrückmeldung und Übungsgestaltung. Die *Informationspräsentation* (Aufmerksamkeitslenkung) und die *Informationsrückmeldung* (Feedback) über das Bewegungsergebnis oder die Bewegungsausführung erfolgen vielfach mittels mündlicher und visueller Beschreibungen sportmotorischer Fertigkeiten (z. B. Zeichnung, Fotografie, Video) oder taktiler Maßnahmen (Dreh-, Gleichgewichts-, Zughilfen, Überblick: Tab. 3). Für die wirkungsvolle Informationspräsentation und Informationsrückmeldung sollten neben den Umweltbedingungen die speziellen Fähigkeiten, der motorische Entwicklungsstand, die Bewegungsvorerfahrungen und die Persönlichkeitsmerkmale der Athleten berücksichtigt werden.

Tab. 3: Einflussfaktoren der Informationspräsentation und Informationsrückmeldung (mod. nach Wiemeyer & Wollny, 2017, S. 275)

Verbale Aspekte	Visuelle Aspekte	Personale Aspekte	Sonstige Aspekte
Häufigkeit	Häufigkeit	Kalendarisches Alter	Demonstrationsstandort
Lautstärke	Perspektive	Geschlecht	Aufgabenkomplexität
Akzentuierung	Räumliche Dimensionen	Motorischer Leistungsstand	Knotenpunkte
Wortwahl	Präsentationsgeschwindigkeit	Bewegungsvorerfahrungen	Zeitliche Abfolge
Fremd- vs. Eigenverbalisierung	statisch vs. dynamisch	Psychische und kognitive Faktoren	Instrumentale Begleitung
Fachsprache	Farbliche Gestaltung	Persönlichkeit	Sonifikation
Metaphorik – Analogien	Abstraktionsniveau	Sprachkompetenz	Bewegungsführung
Beschreibung vs. Erklärung vs. Anweisung	Korrekte vs. fehlerhafte Bewegung	Bewegungswahrnehmungskompetenz	Zeitstrukturen (vor vs. nach der Bewegung)

Informationspräsentation

Informationsrückmeldung

Die Informationspräsentation und die Informationsrückmeldung sollten möglichst präzise, jedoch nicht überdifferenziert erfolgen. Quantitative Korrekturen (z. B. Weitsprung: Absprungbalken 3 cm übertreten) sind qualitativen vorzuziehen (z. B. Weitsprung: Absprungbalken leicht übertreten). Ebenso sollten die Rückmeldungen über das Ergebnis und die Ausführung der Bewegung nur in 30 % bis 70 % der Versuche gegeben werden. Bei der zeitlichen Aufeinanderfolge der Versuche und der Rückmeldung gelten ein Abstand von 5 bis 30 s sowie ein Zeitintervall von 15 s zwischen der Rückmeldung und dem nachfolgenden Übungsversuch als lernförderlich (Roth, 1984; 1985a, b; 1988). Tabellen 4 und 5 listen exemplarisch anerkannte Merksätze für die Informationspräsentation und Informationsrückmeldung auf (Roth, 1984; 1985a, b; 1988).

Tab. 4: Merksätze für die Informationspräsentation

- Die Aufmerksamkeit der Athleten ist auf eindeutig zu erkennende Bewegungseigenschaften zu lenken (z. B. Handspitze, Hüftwinkel).
- Der Demonstrationsstandort ist derart zu wählen, dass der Sportler die zentralen Bewegungsmerkmale gut beobachten kann.
- Das Herausstellen falscher Bewegungsbilder ist zu vermeiden.
- Metaphern helfen, die Bewegungsvorstellung zu präzisieren (Hochsprung: „Leg dich beim Anlaufen in die Kurve wie beim Radfahren!").
- Neue Hinweise sollten mit bereits bekannten Informationen verknüpft werden.
- Die Aufnahmefähigkeit des Anfängers wird durch mehr als zwei neue Informationen überlastet.
- Lautes, rhythmisiertes Sprechen und instrumentale Begleitung.

Merksätze zur Informationspräsentation

Tab. 5: Merksätze für die Informationsrückmeldung

- Der Athlet benötigt für die Verarbeitung der Hinweise über die eigene Bewegungsausführung wenigstens drei Sekunden.
- Die Bewegungsempfindungen verblassen nach einer Minute.
- Bei Anfängern ist zunächst nur der Hauptfehler möglichst kurz, aber präzise zu beschreiben.
- Nur die Übungsversuche sollten korrigiert werden, in denen die Bewegungsfehler markant auftreten.
- Dem Sportler sollte nach der Rückmeldung hinreichend Zeit für die Verarbeitung der Informationen zur Verfügung stehen.

Merksätze zur Informationsrückmeldung

Gestaltung der Übungsbedingungen

Für die *Gestaltung der Übungsbedingungen* der Aneignung und des Überlernens leichtathletischer Fertigkeiten mittels methodischer Übungsreihen, der Ganzheitsmethode versus Teillernmethode oder monotoner versus variabler Lehrverfahren liegen nur wenige wissenschaftlich begründete Entscheidungshilfen vor. Vorherrschend sind

Meinungen erfolgreicher Trainer und Lehrer. Nach Daugs und Reinhard (1984) führt während der Aneignung und dem Überlernen das verteilte Üben *(Jeden Tag ein paar Minuten)* zu besseren Lernerfolgen als „massive" Vorgehensweisen *(Einmal pro Woche eine Stunde)*. Für Bewegungen mit hohen Organisationsanforderungen und geringem Komplexitätsgrad ist das ganzheitliche Vorgehen die Methode der Wahl, während bei geringem Organisationsniveau und hohem Komplexitätsgrad die Teillernmethode sinnvoll erscheint.

Lese-empfehlungen

Die Publikationen *Grundlagen der Bewegungswissenschaft und -lehre* (Olivier & Rockmann, 2003) und *Bewegungswissenschaft – Ein Lehrbuch in 12 Lektionen* (Wollny, 2022) stellen die koordinationstheoretischen Grundlagen des Techniktrainings umfassend dar und geben praktische Gestaltungshinweise.

Wissenswertes zum Laufen!

2.1 Wie sieht die Vielfalt des Laufens aus?

2.2 Welche Unterschiede und Gemeinsamkeiten zeigen das ausdauernde und schnelle Laufen?

Biomechanische Unterschiede zwischen Sprintlauf und Langstreckenlauf

Geh-, Lauf- und Sprintschule – Geh-, Lauf- und Sprint-ABC

Übungsaufgaben variieren und entwickeln

2.3 Wie können Lern- und Lehrprozesse gestaltet werden?

Ordnungsrahmen und Materialien

Laufen auf dem Rasen

Hinweise zur technischen Ausführung des Laufens

Hinweise zum methodischen Vorgehen

Beobachten und Korrigieren

Experimentieren – Beteiligen – Mitgestalten

2.4 Welche Wettkämpfe eignen sich?

Pädagogisch orientierte Wettkampfformen

DLV Wettkampfsystem Kinderleichtathletik

2.5 Leseempfehlungen

Kapitel

2

Laufen als natürliche Fortbewegungsart

Das Gehen und das Laufen zählen wie das Hüpfen, das Springen, das Klettern oder das Schwimmen zu den natürlichen elementaren Fortbewegungsarten des Menschen, die bereits im Kindesalter geübt und gefestigt werden. Die individuelle Ausprägung des Gehens und des Laufens kann im Rahmen der Kinder- und Jugendleichtathletik optimiert sowie an die spezifischen Anforderungen des leichtathletischen Gehens und der verschiedenen Laufdisziplinen der Leichtathletik zielgerichtet angepasst werden.

2.1 Wie sieht die Vielfalt des Laufens aus?

Das Laufen gehört zu den Grundvoraussetzungen der Mehrzahl der leichtathletischen Disziplinen, insbesondere der Disziplinblöcke *Lauf, Sprint* und *Sprung*. Das *leichtathletische Laufen* kann mit dem Ziel *schnell* oder *ausdauernd* verbunden werden. Zwischen beiden Dimensionen bestehen fließende Übergänge. Dies verdeutlicht die Differenzierung in Kurz-, Mittel- und Langstreckenlauf. Die dritte Dimension umfasst das *gewandte Laufen* in den Staffel-, Hürden- und Hindernisdisziplinen. Während in den leichtathletischen Laufdisziplinen die schnellstmögliche Überwindung vorgegebener Streckenlängen im Vordergrund steht, zielt das Laufen *vor und neben der Leichtathletik* auf die erlebnisreiche Bewältigung langer Laufstrecken oder Laufzeiten. Das Laufen lässt sich unter verschiedenen äußeren und inneren Bedingungen realisieren. Die *äußeren Bedingungen* umfassen unterschiedliche Untergründe und Geländeprofile.

Schnell, ausdauernd oder gewandt laufen

Vielfältiges Laufen

Äußere Bedingungen

- ***Untergründe.*** Im Leichtathletikstadion können die Sportler die Aschenbahn, die Kunststoffbahn und die Rasenfläche nutzen. Außerhalb des Stadions bieten sich Waldwege, Sandflächen und Naturböden oder Baumstümpfe als natürliche Hindernisse an.
- ***Geländeprofile.*** Innerhalb des Stadionbereichs bestehen abwechslungsreiche Laufgelegenheiten wie Tribünentreppen oder Aufgänge zu Zuschauerwällen. Außerhalb des Leichtathletikstadions bieten sich Bergauf- und Bergabstrecken, unebenes oder hügeliges Gelände, Mulden sowie Bodenwellen an.

Als *innere Bedingungen des Laufens* gelten die Bewegungsrichtung, die Laufgeschwindigkeit und besondere Bewegungsmerkmale (Frey et al., 1995).

- ***Bewegungsrichtung.*** Auf der Stelle, vorwärts, rückwärts oder seitwärts, geradeaus, mit Körperdrehungen oder über Hindernisse laufen.

Innere Bedingungen

- ***Bewegungsgeschwindigkeit.*** Die Laufgeschwindigkeit gleichmäßig halten, allmählich oder plötzlich ändern. Die Schrittfrequenz oder die Schrittlänge variieren oder in der Gruppe überholen.
- ***Bewegungsmerkmale.*** Mit den Körperteilen experimentieren: *Füße* (Fußballen, Ferse, Außenfuß), *Beine* (Kniegelenk heben, Fersen anziehen), *Oberkörper* (anspannen, „locker lassen“, Körpervorlage), *Arme* (mit oder ohne Armeinsatz, ein- oder beidarmig), *Hände* (Faust, gestreckte Finger) oder Kopf (Nacken, Brust).

2.2 Welche Unterschiede und Gemeinsamkeiten zeigen das ausdauernde und schnelle Laufen?

Biomechanische Unterschiede

Geh- und Lauftechnik

Aus *biomechanischer Sicht* besteht der *Hauptunterschied* zwischen der *Lauf- und Gehtechnik* darin, dass die Laufbewegung eine stützlose Flugphase besitzt, in der im Gegensatz zum Gehen beide Füße keinen Bodenkontakt besitzen. Jeder Laufzyklus besteht aus der Stütz- und Schwungphase mit einem vorderen sowie hinteren Anteil (s. Abb. 10).

Laufzyklus

Stütz- und Schwungphase

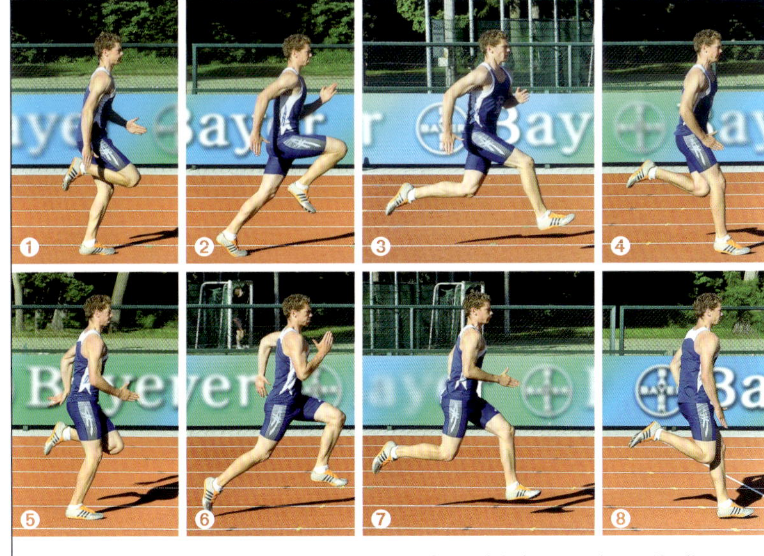

Linkes Bein:	Hintere Stützphase (1, 2) und Schwungphase (3, 4) vordere Schwungphase (5, 6) und Stützphase (7, 8)
Rechtes Bein:	Vordere Schwungphase (1 bis 3) und Stützphase (4) hintere Stützphase (5, 6) und Schwungphase (7, 8)

Abb. 10: Laufzyklus am Beispiel des schnelleren Laufens

Hintere Stützphase

Die hintere Stützphase beginnt dann, wenn sich der Fuß unter dem Körperschwerpunkt befindet. Das Abdruckbein zeigt in Abhängigkeit von der Laufgeschwindigkeit eine mehr oder weniger große Streckung des Fuß-, Knie- und Hüftgelenks (Optimale Streckung!). Der Oberkörper befindet sich in leichter Vorlage.

Hintere Stützphase

Hintere Schwungphase

In der hinteren Schwungphase löst sich der Fuß vom Untergrund und das Abdruckbein pendelt als Schwungbein nach „hinten-oben" aus. Die Pendelverkürzung erfolgt durch das Anfersen des Unterschenkels (Kleine Bewegungsamplitude anstreben!). Das Kniegelenk wird gebeugt und mit nach hinten auspendelndem Unterschenkel nachgezogen. Bei geringer Laufgeschwindigkeit pendelt das Schwungbein maximal bis zur Waagerechten, bei mittlerer Geschwindigkeit bis zur Waagerechten und bei großer Laufgeschwindigkeit über die Waagerechte bis in Gesäßnähe.

Hintere Schwungphase

Vordere Schwungphase

Die vordere Schwungphase beginnt dann, wenn sich der Fuß des Schwungbeins unter dem Körperschwerpunkt befindet. Der Oberschenkel wird für den aktiv-greifenden Fußaufsatz in Abhängigkeit von der Laufgeschwindigkeit bis ca. 15° unterhalb der Oberschenkel-Waagerechten zurückgeführt. Am Ende des Vorpendelns des Unterschenkels hebt der Sportler die Fußspitze an.

Vordere Schwungphase

Vordere Stützphase

Die vordere Stützphase startet mit dem aktiven Fußaufsatz des Schwungbeins auf dem Fußballen (Fußspitze zeigt nach vorn!). Anschließend erfolgt die greifende Zugbewegung nach hinten, bei welcher die Hüfte schnell über den Fußaufsatzpunkt geführt wird. Die Ferse des Stützbeins sollte geringfügig absinken und das Kniegelenk nur wenig nachgeben. Während der Landung setzt der Fuß bei großer Laufgeschwindigkeit mit dem Außenrist des Fußballens und bei mittlerer bis langsamer Geschwindigkeit mit dem Außenrist des Mittelfußes auf.

Vordere Stützphase

Biomechanische Unterschiede zwischen Sprintlauf und Langstreckenlauf

Aus biomechanischer Sicht unterscheidet sich die Bewegungstechnik des Sprintlaufs und des Langstreckenlaufs vor allem darin, dass sich beim Langstreckenlauf die Bewegungsamplitude der Stützphase und der Schwungphase der Beine sowie der Armeinsatz verringern. Darüber hinaus verändert sich in Abhängigkeit von der Laufgeschwindigkeit das Abrollverhalten der Füße (*Sprintlauf:* Ausschließlich Fußballen, *Langstreckenlauf:* Fußsohle). Nach aktuellen biomechanischen und funktionellen Technikanalysen gliedert sich der Sprintschritt in die Schwungphase und die Zugphase, das sogenannte „ziehende" Laufen (Mattes et al., 2017). Unterschieden werden die Ausschwungphase (Ausschwingen) und die Schwunghubphase (Anfersen, Kniehub) sowie die Schwungzugphase (Ausgreifen, Stützfassen) und die Stützzugphase (Durchziehen, Abdruck, s. Kap. 4.2, Abb. 16).

Biomechanische Unterschiede

Sprint- und Langstreckenlauf

Methodik

Aus *methodischem Blickwinkel* bestehen für die leichtathletischen Geh- sowie Lauftechniken zahlreiche Gemeinsamkeiten und nur wenige Unterschiede. Dementsprechend sollten zu Beginn des Anfängertrainings reichhaltige Erfahrungen mit unterschiedlichen Geh- und Laufformen gesammelt werden. Hierfür eignen sich zum einen die vielseitige *Allgemeine Geh-, Lauf- und Sprintschule* sowie zum anderen die technikbezogene *Spezielle Laufschule*. Die Hauptaufgabe der Technikschulung gilt der Überführung der individuellen Bewegungstechnik des Laufens in die ökonomischen leichtathletischen Lauftechniken. Für Lehrer und Trainer besteht die besondere Herausforderung darin, die individuelle Ausprägung der Lauftechnik der Heranwachsenden nicht zu sehr einem speziellen Prototypen anzupassen.

Gemeinsamkeiten

Ganzheitliches Üben

Bei *zyklischen Bewegungen* – Gehen und Laufen – ist das Üben der Teilbewegungen nur bedingt möglich, da die einzelnen Bewegungsphasen direkt sowie wechselseitig miteinander zusammenhängen. Sowohl die nachfolgend dargestellte *Allgemeine Geh-, Lauf- und Sprintschule (Geh-, Lauf- und Sprint-ABC)* als auch die *komplexen Laufübungen* vermitteln die leichtathletische Lauftechnik ganzheitlich und fördern die Verbesserung der Koordination, des Körpergefühls sowie der Eigenkorrektur.

Geh-, Lauf- und Sprintschule – Geh-, Lauf- und Sprint-ABC

Geh-, Lauf- und Sprintschule

Das Geh-, Lauf- und Sprint-ABC besteht aus einer Vielzahl an Grundübungen, mit denen die einzelnen technischen Elemente des Gehens, des Laufens und des Sprintens erarbeitet sowie das konditionelle und koordinative Leistungsniveau der Anfänger verbessert werden können (Schrader, 2010). Im Einzelnen sollte sich das *Training der koordinativen Fähigkeiten* an den elementaren Fertigkeiten der leichtathletischen Zieltechniken orientieren und systematisch durch zusätzliche

Reize ergänzt werden. Hierfür eignen sich einfache Zusatzaufgaben (z. B. Klatschen), variierende Zeitdruckbedingungen („Erledige die Übung schnellstmöglich!") oder Raumvorgaben („Zwei Kontakte pro Zwischenraum auf der Koordinationsleiter!", Kupper, 2018). Das Geh-, Lauf- und Sprint-ABC lässt sich im Sinne des allgemeinen sowie speziellen Aufwärmens in jeder Trainingseinheit mit vielfältigen Variationsmöglichkeiten einsetzen.

Die *Geh-, Lauf- und Sprintschule* leiten folgende zentrale Zielstellungen (Oltmanns, 1999; May, 2009).

Allgemeine Ziele der Geh-, Lauf- und Sprintschule

- Entwicklung der Variabilität der Schrittlänge und der Schrittfrequenz.
- Das „Sich-Treffen" als zentrales, ganzheitliches Bewegungsmerkmal erfahren, d. h. jeder Abdruck vom Untergrund trägt dazu bei, den Läufer in die Bewegungsrichtung zu beschleunigen.
- Aktive Hüftstreckung begünstigt den optimalen Abdruck vom Untergrund.
- Stabilisierung und Kräftigung der Hüft- sowie Beinmuskulatur.
- Eigenwahrnehmung durch ungewohnte Teilbewegungen verstärken und unterschiedliche Bewegungsqualitäten erfahren.
- Zentrale technische Grundelemente und theoretisches Wissen für die Aneignung von Bewegungstechniken vermitteln.

Die wesentlichen *technischen Elemente der Lauf- und Sprintschule* lassen sich wie folgt bündeln.

Technische Elemente der Lauf- und Sprintschule

- Aufrechte Körperhaltung mit „hoher Hüfte"
- Aktiver Fußaufsatz mit elastischem Abfangen des Körpergewichts
- Explosiver vortriebswirksamer Abstoßimpuls aus dem Fußgelenk
- Entspannung der Skelettmuskulatur in der stützlosen Phase
- Optimaler Kniehub
- Einklang zwischen Arm- und Beinbewegungen

Gehschule (Geh-ABC)

Spezielle Ziele der Gehschule

Die *Gehschule* (Geh-ABC) zielt auf die spielerische Annäherung an die leichtathletischen Lauftechniken und unterstützt die Ausbildung koordinativer Bewegungserfahrungen sowie die Kräftigung der Fußmuskulatur. Das Geh-ABC sollte im Sinne der akzentuierten Fußkräftigung barfuß ausgeführt werden und folgende Grundübungen umfassen (May, 2009; Schrader, 2010).

Grundübungen Gehschule

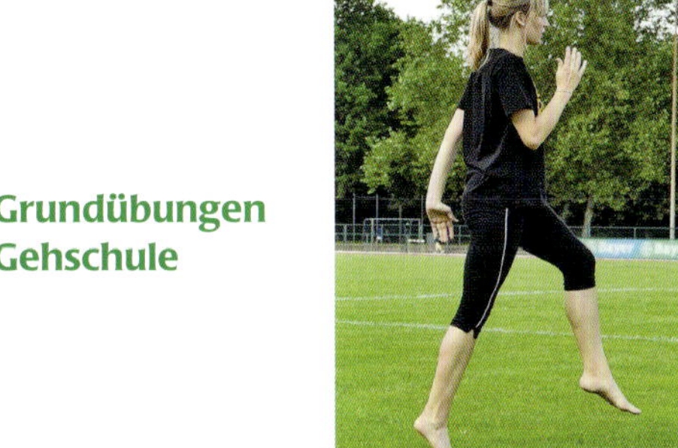

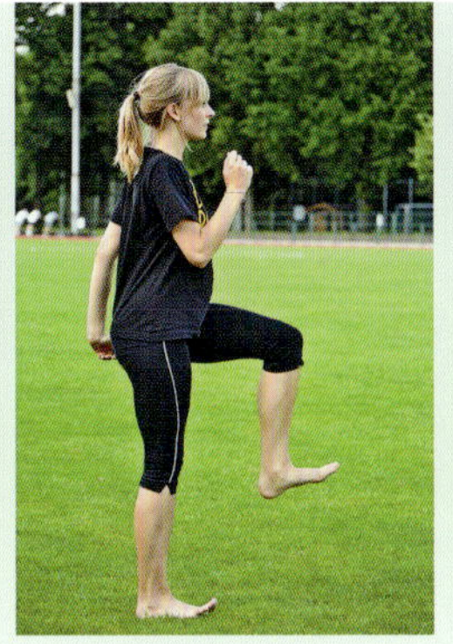

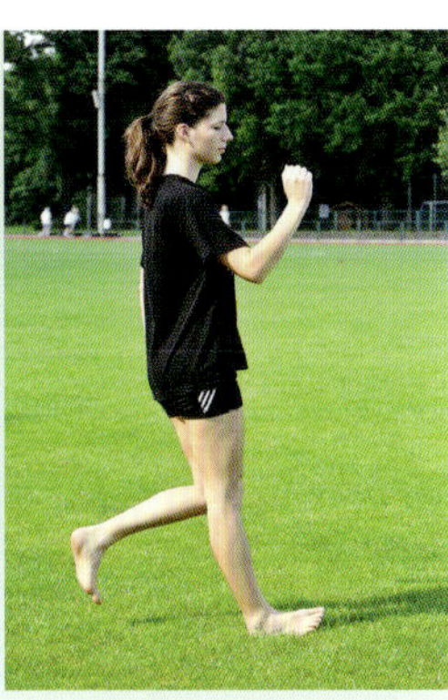

Abb. 11: Grundübungen der Gehschule

- Auf Zehenspitzen, Fußballen, Fersen, Außenrist oder Innenrist gehen, akzentuiert über den Fuß vollständig abrollen und über den Fußballen abdrücken. Die Hüftgelenke sind gestreckt, das Brustbein zeigt nach vorn und der Kopf ist aufrecht (s. Abb. 11).
- Den Unterschenkel mit großen oder kleinen Schritten anfersen, das Kniegelenk anheben oder von der Ferse über den Fußballen akzentuiert abrollen.
- Mit hohem Kniehub vorwärts gehen. Den Oberschenkel kurzzeitig waagerecht halten und die Arme gegengleich parallel zum Oberkörper führen. Der Fußaufsatz erfolgt aktiv auf dem Vorfuß.
- Im *Storchengang* mit akzentuiertem Kniehub und deutlichem „Ausgreifen" des Unterschenkels vorwärts gehen (s. Abb. 12).

Storchenlauf

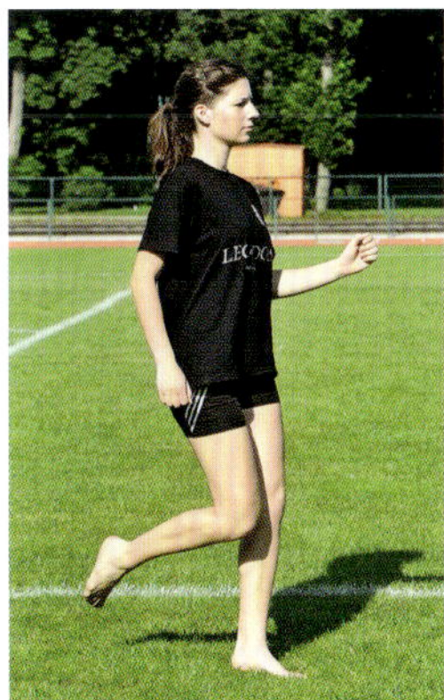
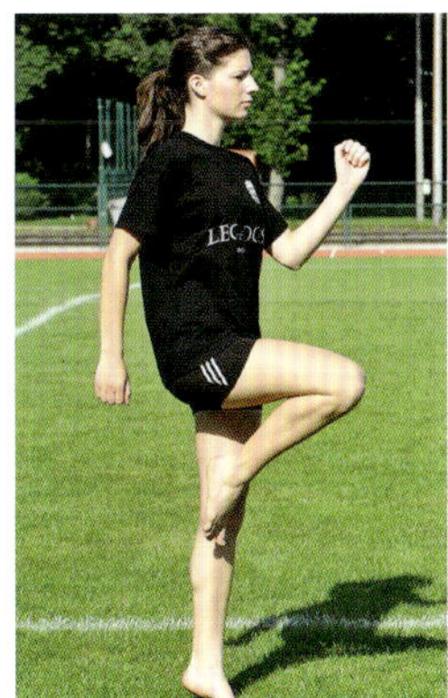
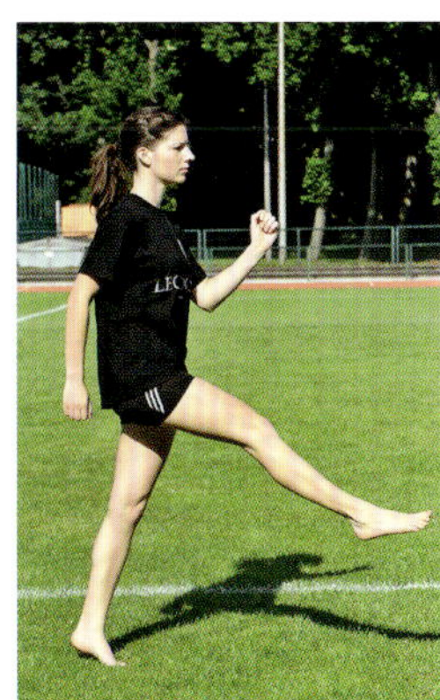

Abb. 12: Storchenlauf

Lauf- und Sprintschule (Lauf- und Sprint-ABC)

Die an die Gehschule sich anschließende Lauf- und Sprintschule (Lauf- und Sprint-ABC) betont mittels verschiedener Grundübungen spezielle Aspekte der Lauf- und Sprinttechnik.

Dribblings

- ***Passive Fußgelenksarbeit (Dribblings).*** In kleinen Schritten mit geringem Kniehub und kleiner Kniebeugung vorwärts laufen. Das Abrollen der Füße erfolgt von der Fußspitze über die Fußsohle mit geringfügigem Abdruck des Fußballens vom Untergrund. Die Dribblings werden mit variierenden Frequenzen auf der Stelle oder in der Fortbewegung realisiert.

- ***Aktive Fußgelenksarbeit (Dribblings).*** Vergleichbar der passiven Fußgelenksarbeit, jedoch wird die Fußspitze des freien Beins angezogen und aktiv zum Untergrund „geschlagen". Der Einsatz des anderen Beins erfolgt während der Bodenberührung. Die im Ellbogengelenk angewinkelten Arme arbeiten aus den Schultergelenken rhythmisch und gegengleich.

Skippings

- ***Skippings.*** Fußgelenksarbeit mit halbhohem Kniehub, geringfügigem Anziehen der Fußspitze, großer Schrittfrequenz und aktivem Fußaufsatz. Der Oberkörper bleibt gerade und gestreckt (Hohe Hüfte!). Die Arme werden gegengleich geführt.

Kniehebelauf

- ***Kniehebelauf.*** Mit akzentuiertem Kniehub, geringer Oberkörpervorlage und aufrechtem Brustbein vorwärts laufen, indem der Oberschenkel des Schwungbeins bis in die Waagerechte geführt und das Abdruckbein gleichzeitig gestreckt wird. Der Fußaufsatz erfolgt mit angezogener Fußspitze. Die Arme bewegen sich gegengleich (s. Abb. 13).

Grundübungen Lauf- und Sprintschule

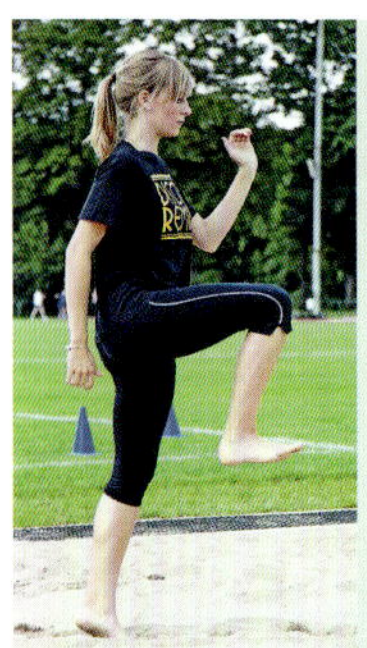
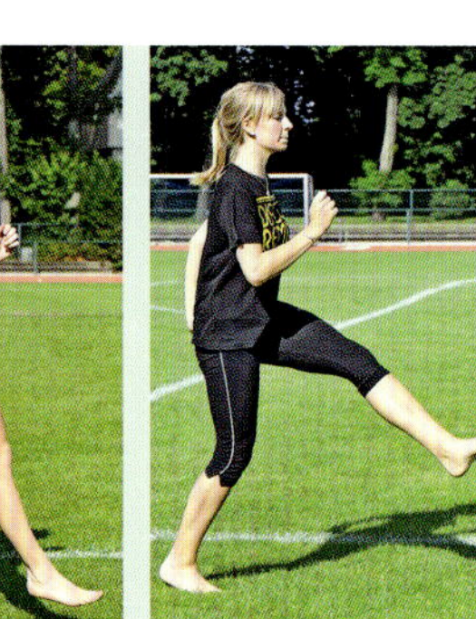
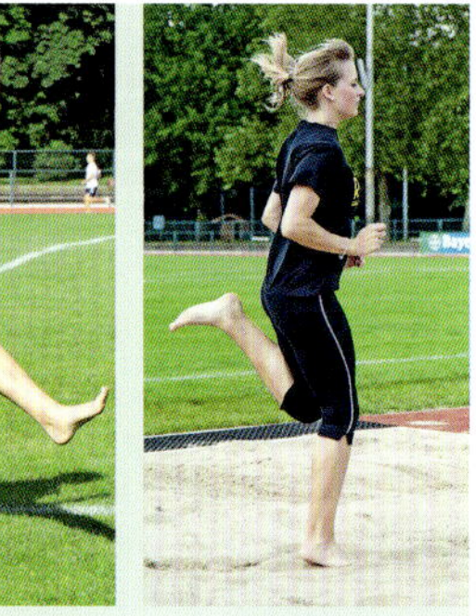

Kniehebelauf | „Heiße Füße" | Schlaglauf | Anfersen

Abb. 13: Grundübungen der Lauf- und Sprintschule

Heiße Füße

- ***Heiße Füße.*** Vorwärtslaufen mit im Kniegelenk gestreckten Beinen unter ständigem Wechsel von Fußspitze anziehen und absenken (Kurze Bodenkontaktzeiten!, s. Abb. 13).

Schlaglauf

- ***Schlaglauf (Zuglauf).*** Das im Kniegelenk gestreckte Bein flach nach vorn schwingen. In der Aufwärtsbewegung die Fußspitze anziehen und beim Bodenkontakt strecken. Den Fuß „schlagend" aufsetzen und das im Kniegelenk gestreckte Bein schnell unter dem Oberkörper nach hinten ziehen (s. Abb. 13).

Anfersen

- ***Anfersen.*** Beim Laufen die Fersen mit geringer Vorwärtsbewegung wechselseitig zum Gesäß führen (Kniegelenk unter der Hüfte!), die leichte Körpervorlage einnehmen und die Hüftgelenke strecken (s. Abb. 13).

Unterfersen

- ***Unterfersen (Knieheben und Anfersen).*** Das Kniegelenk bis in die Waagerechte anheben und gleichzeitig die Ferse zum Gesäß führen.

Storchenlauf

- ***Storchenlauf.*** Mit hohem Kniehub vorwärts laufen und den Unterschenkel mit angezogener Fußspitze beim Vorderschwung deutlich im Kniegelenk nach vorn pendeln (s. Abb. 12).

Seit-Kreuz-Lauf

- ***Seit-Kreuz-Lauf.*** Seitwärts laufen und das hintere Bein in der Scherbewegung im Wechsel einmal vor und einmal hinter dem Körper des Sportlers oder mit deutlichem Kniehub überkreuzen (s. Abb. 14).

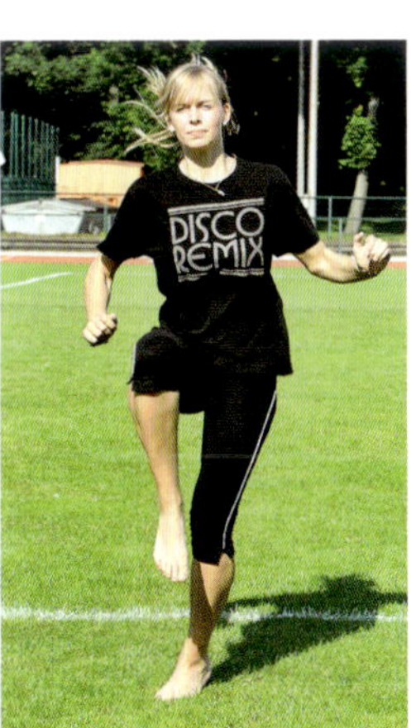

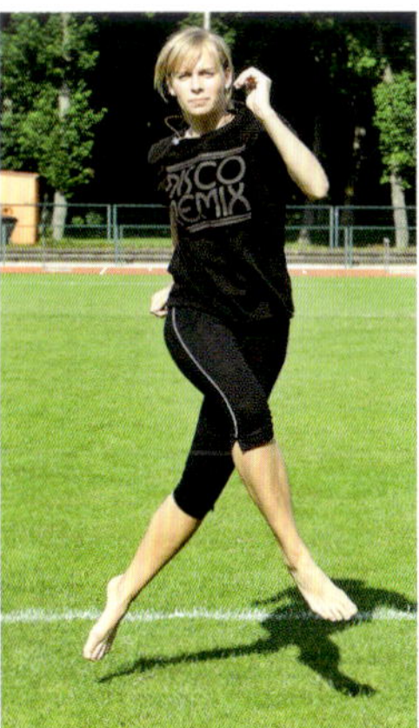

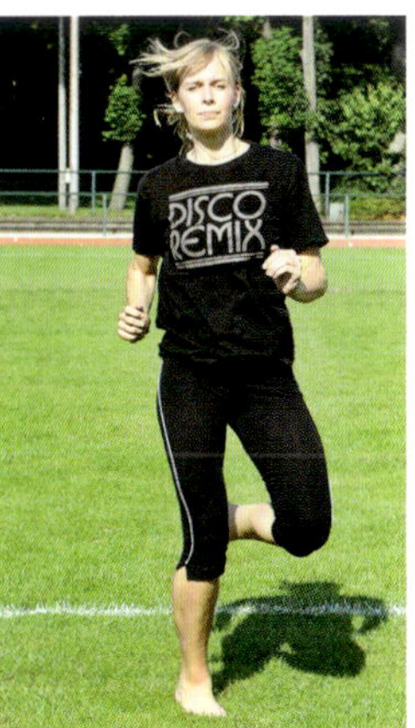

Abb. 14: Seit-Kreuz-Lauf

Hopserlauf

- ***Hopserlauf flach und weit.*** Mit einem Bein flach und weiträumig nach vorn abspringen, auf dem Absprungbein landen, einen Schritt nach vorn ausführen und auf der Gegenseite fortsetzen (Körperstreckung und aktiven Fußaufsatz beachten!).

Die Einzelübungen des Lauf- und Sprint-ABC können bei sicherer Beherrschung vielfältig miteinander kombiniert werden. Die Bewegungskombinationen stellen besondere Anforderungen an die Bewegungskontrolle und die Aufmerksamkeitslenkung, indem auf bestimmte Details und Knotenpunkte der Lauftechnik eingegangen wird.

Grundübungen kombinieren

- ***Nacheinander***

  Auf Kommando des Trainers nach der ersten Übung (z. B. Anfersen über ca. 10 m) mit kontrollierter Laufgeschwindigkeit zur nächsten Übung wechseln (z. B. Skippings)
  - Aus Dribblings in Skippings
  - Aus Skippings in den Kniehebelauf
  - Aus Anfersen über Skippings in den Kniehebelauf
  - Aus Anfersen, Dribblings, Skippings oder Kniehebelauf in den freien Sprint
- ***Wechsel in verschiedene Rhythmen***
  - Dribblings und jeder 5. Schritt als Skipping
  - Linkes Bein als Kniehub und rechtes Bein als Anfersen
  - 2 x Kniehub (rechts, links), 1 x Anfersen (rechts) und 2 x Kniehub (links, rechts)
  - 2 x Kniehub und 2 x Anfersen
- ***Asynchron***
  - Links Dribblings und rechts Skippings

Übungsaufgaben variieren und entwickeln

Variation über Zusatzaufgaben

Abwechslungsreiche Variationen der äußeren Bedingungen, der Körperteilbewegungen, der Bewegungsrichtung, der Bewegungsgeschwindigkeit, der Aufmerksamkeitslenkung durch Zusatzaufgaben oder der Informationsaufnahme ermöglichen neben vielfältigen Bewegungserlebnissen sowohl die Verbesserung der motorischen Anpassungsfähigkeit als auch die Stabilisierung der ökonomischen Bewegungstechnik. Variantenreiche Übungsaufgaben vermeiden beim Lauf-ABC-Training maßgeblich die Monotonie sowie die Langeweile und schulen gleichzeitig die koordinativen Fähigkeiten. Die relativ „einfachen" Grundübungen werden durch Zusatzaufgaben oder Übungskombinationen anspruchsvoller. Voraussetzung hierfür ist die sichere Beherrschung der Grundübungen, damit die Bewegungsqualität und die „flüssige" Bewegungsausführung erhalten bleiben.

Variation äußerer Bedingungen

Äußere Bedingungen verändern

- *Gelände*. Bergauf, bergab oder hügelig
- *Treppen*. Hoch und runter
- *Untergrund*. Harter Boden, Kunststoffbahn, Aschenbahn, Waldboden, Rasen, Sand, Mulch oder Übungsbahn aus Gerätturnmatten

Besonders die *Variation des Untergrunds* fördert die Belastungsverträglichkeit und die Stabilisierung des Bewegungsapparats, da hierdurch bei gleichem Krafteinsatz unterschiedliche Widerstände und Laufgeschwindigkeiten hervorgerufen werden. Beim Abdruck und der Landung auf weichen oder harten Untergründen ergeben sich verschiedenartige körperliche Belastungen. Beispielsweise geben die Aschenbahn oder der Rasen beim Abdruck nach, reduzieren den Druck und wirken gelenkschonend. Übungen im weichen Sand dienen der körperlichen Kräftigung (z. B. Stabilisierung der Körpergelenke).

Konzentration auf Körperteilbewegungen

Teilbewegungen fokussieren

- Wechsel zwischen linker und rechter Körperseite
- *Linke Körperseite*. Spezielle Bein- oder Armbewegung
  Rechte Körperseite. Normale Bewegungsausführung
- *Variation des Fußaufsatzes*. Fußsohle, Fußballen oder Ferse
- Ungewöhnliche Bewegungen, Körper- oder Armhaltungen

Unterschiedliche Bewegungsrichtungen

Bewegungsrichtung ändern

- Höhe oder Weite, vorwärts, rückwärts oder seitwärts
- Geradeaus oder im Slalom
- Bewegungsrichtung auf Kommando ändern
  (z. B. von vorwärts zu rückwärts)

Verschiedene Bewegungsgeschwindigkeiten

Bewegungsgeschwindigkeit variieren

- Steigerung oder Reduzierung der Bewegungsfrequenz
- Langsamer oder schneller Bewegungsbeginn
- Frequenz „wellenförmig“ variieren
  (Langsam – mittel – schnell – mittel – langsam – mittel – schnell)

Statische oder dynamische Zusatzaufgaben für die oberen Extremitäten

Die Übungen können dann mit statischen oder dynamischen Zusatzaufgaben für die oberen Extremitäten realisiert werden, wenn die technischen Bewegungsmerkmale erhalten bleiben. Der ständige Wechsel der Zusatzaufgaben schult die Bewegungsausführung unter verschiedenen Bedingungen und erhöht die Motivation sowie den Spaß der Kinder und Jugendlichen. Die *Übungen mit statisch fixierten oberen Extremitäten* tragen aufgrund der fehlenden Schwungelemente dazu bei, dass sich die Anfänger auf den Antrieb aus den Beinen konzentrieren und dass sich die Muskulatur der unteren Extremitäten verstärkt kräftigt.

Zusatzaufgaben für die Arme

- Arme in Seithalte zur Unterstützung der geraden Oberkörperhaltung. Die Handflächen zeigen nach vorn oder oben.
- Arme in Hochhalte. Verschränkt über dem Kopf oder hinter dem Rücken.
- Armkreisen vorwärts, rückwärts oder gegengleich. Ein Arm kreist vorwärts, der Andere zeigt abwechselnd nach oben oder unten.
- Mit gestreckten Armen senkrechte oder waagerechte Scherbewegungen ausführen.
- Abwechselnd mit beiden Händen nach vorn und zur Seite boxen.

Veränderte Aufmerksamkeitslenkung

Aufmerksamkeitslenkung ändern

- Konzentration auf einzelne Körperteile oder Bewegungselemente.
- Reaktion auf optische oder akustische Signale.
- „Erzwingung“ vorgegebener Schrittfrequenzen durch Gymnastikreifen, Linien, Schaumstoffblöcke oder Koordinationsleitern (z. B. zwei Kontakte pro Gymnastikreifen oder Leiterfeld).

Unterschiedliche Geräte transportieren

Geräte transportieren

- Mini-Band oberhalb des Kopfes spannen und die Arme fixieren.
- Theraband während der Bewegungsausführung im Wechsel spannen und entspannen.
- Zusätzlich einen Ball prellen oder hochwerfen und fangen.

Verschiedene Übungskombinationen

Übungskombinationen

- Veränderte Übergänge zwischen den einzelnen Übungen. Mit allmählichem oder plötzlichem Übungsübergang oder von der Einzelübung zur Gesamtbewegung wechseln.
- Skippings mit dem linken Bein und dem Rechten anfersen.
- Zwischen technisch korrektem und fehlerhaftem Laufen variieren.

Komplexe Laufübungen

Zu den *komplexen Laufübungen* zählen das Traben, das Joggen, der Steigerungslauf, die Tempoläufe und die Tempowechselläufe, welche die Aufmerksamkeit auf spezielle Bewegungselemente lenken wie den Ballenlauf, die Armarbeit, die Oberkörperposition oder das Anfersen.

Komplexe Laufübungen

- Traben als Ballenlauf (Geringe Laufgeschwindigkeit!) mit unterschiedlichen Aufgaben (Ferse frei – groß werden – leise laufen).
- Steigerungsläufe bis zur mittleren Laufgeschwindigkeit.
- Tempoläufe mit mittlerer Laufgeschwindigkeit (z. B. 30 m steigern, anschließend 20 m aufrechterhalten).
- Steigerungs- oder Tempoläufe in die Kurve oder aus der Kurve (Mittlere oder submaximale Laufgeschwindigkeit).

2.3 Wie können Lern- und Lehrprozesse gestaltet werden?

Ordnungsrahmen und Materialien

Zahlreiche abwechslungsreiche Laufgelegenheiten bieten sich sowohl in der Sporthalle (z. B. Hallenboden, Weichbodenbahn) als auch im oder außerhalb des Leichtathletikstadions an (z. B. Kunststoffbahn, Aschenbahn, Rasenfläche, Treppenaufgänge, Weitsprunggrube, Naturböden).

- Übungsstrecken verhältnismäßig kurz wählen (15–20 m). Pausengestaltung: Zügiges Zurückgehen.
- Die Übungen nacheinander einmal oder in mehreren Serien oder mehrere Serien mit gleichen Übungen hintereinander ausführen.

Laufen geht überall

- Nach festgelegter Übungsanzahl „lockeres" Traben zur physischen und psychischen Entspannung.
- Frequenzbetonte Kombinationen der Fußgelenksarbeit, des Kniehebelaufs und des Anfersens.
- Anfersen und Kniehebelauf mit sechs bis acht energischen Sprintschritten zum Übungsabschluss.
- Laufübungen aus der Weitsprunggrube lenken die Aufmerksamkeit auf die schnelle Ausführung der technisch korrekten Laufbewegung.

Barfuß auf weichem Untergrund

- Sprungübungen zur Gelenkschonung in Sportschuhen ausführen!
- Barfuß üben, um das „freie Spiel" der Fußgelenke zu fördern.

Lauf-ABC in Linien- oder Reihenaufstellung

- Reihen- oder Linienaufstellung
  - In der Reihe hintereinander (Abstand: ca. 2 m. Individuelle Korrekturen möglich!).
  - Die *Linienaufstellung nebeneinander* eignet sich dann, wenn während der Fußgelenkarbeit oder des Kniehebelaufs auf Kommando die Schrittfrequenz erhöht oder eine bestimmte Laufgeschwindigkeit nicht überschritten werden soll.

Laufen auf dem Rasen

Die Rasenfläche des Leichtathletikstadions bietet für das vielseitige Lauftraining aufgrund des weichen Untergrunds folgende Vorteile (Monz-Dietz, 2002; Schrader, 2013).

Laufen auf dem Rasen

- Kräftigung und Schonung der Muskulatur sowie der Körpergelenke.
- *Barfuß laufen*. Verbesserung der Sensomotorik, Förderung des natürlichen vorfuß- oder mittelfußorientierten Laufens und Konzentration auf den Bewegungsablauf.

Lauftraining auf der Rasenfläche

Für das Lauftraining auf der Rasenfläche eignen sich besonders *Diagonalläufe*, bei denen die Diagonalen als *Übungsstrecke* (ca. 120 m) und die kurzen oder langen Geraden als *Pausenstrecke* dienen (Geh- oder Trabpausen). Unterschiedlich lange Trabpausen fördern spezifische Gesamtbelastungen hinsichtlich der Grundlagenausdauerfähigkeit und der Schnelligkeitsausdauerfähigkeit (s. Kap. 3). Die differenzierte Pausengestaltung berücksichtigt den individuellen Entwicklungsstand der Athleten.

- Kurze (ca. 50 m) oder lange Geraden (ca. 100 m) im Wechsel als Gehpausen oder Trabpausen.
- Kombinationen mit den Lauf-ABC-Übungen.
  - *Kurze Gerade*. Verschiedene Lauf-ABC-Übungen.
  - *Halbe Diagonale*. Kniehub oder Anfersen mit Übergang in den „freien" Lauf.

Rundenläufe

Rundenläufe im Leichtathletikstadion bieten vielfältige Gestaltungsmöglichkeiten und dienen der Verbesserung der allgemeinen Ausdauerleistungsfähigkeit sowie der Schnelligkeitsausdauerfähigkeit. Die Laufgeschwindigkeit und die Streckenlänge müssen das individuelle Leistungsniveau der Sportler berücksichtigen.

Rasenrunden eignen sich dann für heterogene Leistungsgruppen, wenn für leistungsschwächere Sportler *innere Runden* und für Leistungsstärkere *äußere Runden* markiert werden. Nach Schrader (2013) bieten sich folgende Übungsvarianten an.

Rasenrunden

- Rasenrunde mit Steigerung der Laufgeschwindigkeit (z. B. von Gerade zu Gerade).
- Rasenrunden mit Trabpause (z. B. 5 x 2 Rasenrunden in vorgegebener Laufgeschwindigkeit mit je einer Rasenrunde „lockerem" Traben).

- 3 x 3 Runden. Steigerung der Laufgeschwindigkeit nach jeder Runde (langsam, mittel, schnell) und Gehpause nach jedem Durchgang.
- Tempowechselläufe.

Hinweise zur technischen Ausführung des Laufens

- Im Mittelpunkt steht die technisch korrekte, effektive Bewegungstechnik (Keine falschen Bewegungsmuster fördern!).

Technik

- *Laufgeschwindigkeit* derart wählen, dass die Übungen technisch korrekt ausgeführt werden.
- *Schwierigkeitsgrad* mit jeder neuen Aufgabe zwecks sukzessiver Steigerung der motorischen Anforderungen erhöhen.
- Die Übungen auf den Linien der Laufbahn ausführen, um die Geradlinigkeit des Fußaufsatzes und die Selbstkontrolle zu fördern.
- Konzentration auf einzelne Bewegungselemente (z. B. Ballenlauf, Armarbeit, Oberkörperposition), um die Bewegungswahrnehmung zu schulen.

Hinweise zum methodischen Vorgehen

- Laufübungen einzeln, mit Partner oder in der Gruppe.

Methodik

- *Übungen des Lauf-ABC:* In der 2. Aufwärmphase.
- Zunächst die Lauftechnik schulen (Ausführungsqualität!), anschließend den Umfang und die Intensität steigern.

Beobachten und Korrigieren

Selektives Sehen

Knotenpunkte erfassen

In erster Linie sollten die technikrelevanten, idealtypischen Bewegungsphasen (Knotenpunkte) des Gehens und des Laufens beobachtet sowie beurteilt werden. Von besonderer Bedeutung ist das selektive Sehen, d. h. die Konzentration auf die Schlüsselsequenzen der Bewegung („Was ist wichtig?“) und die Bewegungsfehler („Was ist falsch?“; Hommel & Killing, 2007). Bei der Wahl der *Beobachtungsstandorte* sollten folgende Aspekte beachtet werden.

- Im rechten Winkel zur Geh- und Laufrichtung stehen, damit die Bewegungsausführung von der Seitenansicht beurteilt werden kann. Den Beobachtungsstandort in Abhängigkeit vom Beobachtungsschwerpunkt oder den individuellen Fehlerbildern regelmäßig wechseln!
- Alternativ kann die Ansicht von vorn zur Kontrolle der Arm- und Knieführung in seitlicher Richtung, der Hüft- und Schulterwinkel oder der Außenrotation des Schwungbeins („Außensichel") gewählt werden.
- Hinreichenden Abstand zum Läufer einhalten, um die Bewegung vollständig zu erfassen (8 – 10 m).

Beobachtungsstandorte

Experimentieren – Beteiligen – Mitgestalten

Den Lernprozess kann neben der Trainerinstruktion insbesondere das *selbstständige Experimentieren* der Athleten unterstützen. Aufforderungen zur eigenen Fehlereinschätzung wirken sich günstig auf die Technikstabilisierung aus. Des Weiteren sollte bei Kinder- und Jugendlichen frühzeitig die *Fähigkeit zum Bewegungssehen* geschult werden, indem andere Gruppenmitglieder vergleichend beobachtet werden. Für das *selbstständige Experimentieren* eignen sich die Übungen der Lauf- und Sprintschule (s. Kap. 2.2). Große Variationsumfänge fördern die Anpassungsfähigkeit an neue Bewegungen und das Gefühl für das „korrekte" Laufen (Zeuner et al., 2010; Zeuner, 2017; Oltmanns, 1999). Im Mittelpunkt stehen:

Selbstständig experimentieren

- Stärkung der Eigenwahrnehmung durch ungewohnte oder veränderte Teilbewegungen.
- „Zwingende" Situationen (z. B. Geländevariationen, Hindernisse).
- Anregungen zur Selbstwahrnehmung („Spüre, wie du …").

Variationen vorgeben oder selbstständig entwickeln lassen

Die Möglichkeit der *Mitgestaltung* und der *Beteiligung der Athleten* am Übungs- sowie Trainingsprozess dient der Förderung der Motivation. Dies kann einerseits durch *spezielle Aufgabenstellungen* und *Aufforderungen* („Entwickelt in eurer Gruppe eine Laufstation, an der in verschiedenen Richtungen und auf unterschiedlichen Untergründen gelaufen werden kann."), andererseits durch *Gelegenheiten zum freien Experimentieren* erfolgen („Bei welchem Armeinsatz gelingt ein rhythmisches Laufen am besten?"). Ein besonderer experimenteller Ansatz ergibt sich dann, wenn der Frage nachgegangen wird, wie beim Laufen

Beteiligen und mitgestalten lassen

Sprinten im experimentellen Ansatz erfahren

und Sprinten die Schwungelemente (Arme, Schwungbein) verschiedenartig eingesetzt werden können.

Anstatt Anfänger die Idealformen leichtathletischer Techniken vorzugeben, sollte die Übungsgruppe zunächst individuelle Bewegungslösungen erforschen. Hierbei gestalten die Kinder und Jugendlichen den Lernprozess aktiv mit, indem Lösungen antizipiert, ausprobiert, bestätigt, verworfen oder modifiziert werden (Seeg, 2013). Im Vordergrund stehen neben der gegenseitigen Beobachtung der Qualität der Bewegungsabläufe (Abstimmung mit dem Trainer!) insbesondere kreative Bewegungslösungen und das eigenständige Üben. In einem derartigen experimentellen Ansatz moderiert der Trainer, macht Vorschläge zur Vorgehensweise, unterstützt sowie korrigiert die Lösungsversuche. Aufforderungen zum selbstständigen Experimentieren können beispielsweise zum Schwerpunkt „Erzeugung der Laufgeschwindigkeit beim Hürdensprint" durch folgende Fragestellungen erfolgen.

Mehr Eigenverantwortlichkeit

Fragestellungen an die Übungsgruppe

- Wie kann beim Start eine große Laufgeschwindigkeit entwickelt werden?
- Bei welcher Hürdenhöhe und welchen Hürdenabständen ergibt sich das Gefühl des „flüssigen" Laufens?
- Wann muss die Hürde „attackiert" oder „überflogen" werden?
- Welche Laufgeschwindigkeit kann im Hürdensprint umgesetzt werden? Ist die maximale Sprintgeschwindigkeit sinnvoll?

„Lernpartner" einsetzen

Die durch das selbstständige Experimentieren erlangten Erfahrungen sowie Erkenntnisse sollten zunächst in der Übungsgruppe reflektiert und anschließend mit dem Trainer sowie Lehrer kommuniziert werden. Des Weiteren eignet sich das Üben mit dem Lernpartner, um die Eigenverantwortlichkeit hinsichtlich der Lern- und Trainingsprozesse zu fördern.

2.4 Welche Wettkämpfe eignen sich?

Pädagogisch orientierte Wettkampfformen

Im Sinne der motivationalen und altersgerechten Herangehensweise sind *pädagogisch orientierte Wettkampfformen* zu empfehlen. Bei diesen Wettkampfformen geht die Leistung des einzelnen in das Ergebnis der Übungsgruppe ein oder der individuelle Vergleich steht im Vordergrund. Im Rahmen der *Allgemeinen Lauf- und Sprintschule* bieten sich insbesondere spielerische Wettkampfformen an (Haberkorn & Plaß, 1992).

Feuer, Wasser und Erde

Pädagogisch orientierte Wettkampfformen

Die Sportler gehen oder laufen im Basketballfeld kreuz und quer. Auf Zuruf werden bestimmte Handlungen ausgeführt: *Feuer:* Sprint zum Rand des Spielfeldes, *Wasser:* Sprint zur „Insel" (Mittelkreis) oder *Erde:* Auf den Boden setzen.

Kreis gegen Kreis

Zwei gleich starke Gruppen laufen auf zwei konzentrischen Kreisen im Abstand von 2 m in entgegengesetzter Richtung. Auf ein Signal fliehen die Kinder des Außenkreises zu den Seitenlinien und die Kinder des Innenkreises versuchen diese abzuschlagen.

DLV Wettkampfsystem Kinderleichtathletik

DLV Wettkampfsystem Kinderleichtathletik

Das bewährte *DLV Wettkampfsystem Kinderleichtathletik* (DLV, 2018; 2020) fördert den altersgemäß abgestimmten Übergang in das leichtathletische Wettkampfsystem. Primäres Ziel ist es, Kindern und Jugendlichen vielfältige Bewegungserfahrungen zu ermöglichen, um die allgemeine Entwicklung der koordinativen und konditionellen Basisfähigkeiten zu unterstützen sowie motorische Defizite aufzulösen.

2.5 Leseempfehlungen

Leseempfehlungen

Weitere Einblicke in die leichtathletischen Lauf-, Geh- und Sprintdisziplinen vermitteln die beiden Rahmentrainingspläne des Deutschen Leichtathletik-Verbands *Jugendleichtathletik-Lauf* (DLV, 2014) und *Jugendleichtathletik-Sprint* (DLV, 2012). In der Fachzeitschrift *Leichtathletiktraining* finden sich zahlreiche didaktisch-methodische Anregungen sowie vielfältige Übungsaufgaben zur Aneignung und Optimierung leichtathletischer Techniken. Den am Schulsport der Sekundarstufe I interessierten Lesern empfehlen die Autoren das Themaheft *Laufen, Springen, Werfen und Stoßen* der Zeitschrift Sportunterricht (Heft 4/2017).

Ausdauerndes Laufen

3.1 Voraussetzungen schaffen

3.2 Grundlegende Technikmerkmale erkennen

3.3 Techniken aneignen, variieren und optimieren

3.4 Übungsaufgaben entwickeln

3.5 Lernen und Trainieren organisieren

3.6 Wettkämpfe

3.7 Leseempfehlungen

Kapitel

3

Das ausdauernde Laufen zählt zu den natürlichen, technisch wenig anspruchsvollen Fortbewegungsarten des Menschen. Ausdauerndes Laufen steigert nachhaltig die Gesundheit, die Fitness und die Ausdauerfähigkeit oder hält diese aufrecht. Für Millionen von Freizeitsportlern liegt der Reiz des Laufens darin begründet, sich in der Stadt, in Parkanlagen oder der Natur (Wälder, Wiesen) auf abwechslungsreichen Laufstrecken mit unterschiedlichen Profilen und Untergründen zu bewegen. Die *Ausdauerfähigkeit* kennzeichnet die Befähigung, eine spezielle sportmotorische Leistung über einen längeren Zeitraum zu erhalten und sich nach der Belastung schnell zu erholen. Nach Mallow (1996) stellt die Ausdauerfähigkeit die wesentliche motorische Voraussetzung für die Trainingsprozesse in der Leichtathletik dar. Im Einzelnen gilt für die gute ausgeprägte Ausdauerfähigkeit:

Definition Ausdauerfähigkeit

- Zentrale Grundlage für den Erfolg auf den Mittel- und Langstrecken.
- Schützt davor, dass die physische und psychische Ermüdung innerhalb des Mehrkampfs oder zwischen mehreren Starts an einem Wettkampftag (z. B. Sprint: Vorlauf, Zwischenlauf und Endlauf) nicht zum Leistungsabfall führt.
- Schnelle, umfassende Regeneration nach körperlichen Belastungen.

Allgemeines Ausdauertraining bei Kindern und Jugendlichen

In der *Kinder- und Jugendleichtathletik* sollte das *allgemeine Ausdauertraining* altersgemäß, spielerisch, variantenreich und aufgabenorientiert ausgerichtet werden. Insbesondere im *Schulsport* erfreut sich das ausdauernde Laufen bei Heranwachsenden jedoch vielfach keiner großen Beliebtheit, sondern wird unmittelbar mit großer körperlicher Anstrengung, Atemnot, Seitenstichen, Muskelschmerzen und Monotonie gleichgesetzt. Die Ursachen für diese Abneigung sind vielfältig und resultieren mehrheitlich aus monoton gestalteten, wenig motivierenden Unterrichtseinheiten (z. B. eintöniges Rundenlaufen) sowie negativ empfundenen schulischen Leistungskontrollen. Insbesondere untrainierte Heranwachsende werden mit intensiven Belastungsreizen konfrontiert, die das individuelle Leistungsniveau nicht hinreichend berücksichtigen. Die Freude am Ausdauersport kann aber ebenso durch *Unterforderungen* negativ beeinflusst werden. Differenzierung, Individualisierung, Bewegungsvielfalt und Erlebnismöglichkeiten gelten als die zentralen didaktisch-methodischen Maßnahmen für das abwechslungsreiche freudbetonte, motivierende Ausdauertraining (Hottenrott & Gronwald, 2009, 2010).

3.1 Voraussetzungen schaffen

Mindestmaß an Grundlagenausdauer

Die leichtathletischen Disziplinen verlangen ein Mindestmaß an Grundlagenausdauer, damit die Trainings- sowie Wettkampfbelastungen toleriert und schnell auf veränderte Bedingungen reagiert werden kann (Kap. 1.1). Für die Mittel- und Langstreckenläufe gilt die motorische Ausdauerfähigkeit als leistungsbestimmend. Des Weiteren wirkt sich die gut ausgeprägte psychische Ausdauerfähigkeit positiv auf die Erhaltung der Bewegungsqualität und die Konzentration aus. Im *Anfängertraining* zielt die laufspezifische Ausdauerschulung auf ein langes, langsames Laufen (Grundlagenausdauer). Das *allgemeine Ausdauertraining* kennzeichnen folgende Merkmale (Frey et al. 1995; Oltmanns, 2006).

- Regelmäßige Ausdauerschulung, um körperliche und psychische Anpassungen an Ausdauerbelastungen zu erzielen.
- Die Zeit- und Distanzmaximierung steht vor der Zeitminimierung.

„Länger" (Ohne Pause 15, 30 oder 60 min laufen) und **„weiter"** (2, 3, 5 und mehr km laufen, Zeit spielt keine Rolle) vor **„schneller"** (Längere Strecken in kürzerer Zeit).

- Die körperliche Belastung erfolgt im Rahmen der aeroben Energiebereitstellung (Niedrige Belastungsintensität, 65 % der maximalen Herzfrequenz oder 180 minus Lebensalter, s. Kap. 1.1).

Ausdauernd Laufen für Anfänger

- Der Belastungsumfang und die Belastungsdauer (10 – 60 min) müssen ausreichend groß sein.
- Gruppen mit gleichartiger Belastbarkeit (Leistungsstärke) zusammenstellen, um der Überforderung einzelner entgegenzuwirken.
- Ausdauerndes Laufen vorbereiten, miteinander nicht gegeneinander, abwechslungsreich mit gleichmäßiger oder zielgerichteter variierter Laufgeschwindigkeit und zusätzlichen Präzisionsaufgaben oder Wahrnehmungsaufgaben.
- Die Ausdauerschulung kann nach der Dauermethode oder der Intervallmethode mit relativ hohem Gesamtumfang erfolgen (s. Kap. 1.1). Zu große Intensitäten wirken sich jedoch negativ auf den Gesamtumfang aus!

Für die Kinder- und Jugendleichtathletik besonders geeignet erscheinen die *Dauermethode* (z. B. Fahrtspiele) und die *extensive Intervallmethode*, die bei niedriger bis mittlerer Belastungsintensität die Ausbildung der Ausdauerfähigkeit fördern. Die *kontinuierliche Dauerme-*

thode ist dann für Heranwachsende besonders geeignet, wenn abwechslungsreiche Übungen zum Einsatz kommen. Die im Rahmen der *extensiven Intervallmethode* vorgesehene Vielzahl an kleinen Pausen trägt maßgeblich dazu bei, dass die Athleten über eine längere Zeitspanne ausdauernd beansprucht werden. Insgesamt müssen die *Belastungsdauer*, die *Belastungsintensität* und die *Pausendauer* gut aufeinander abgestimmt werden (Hottenrott & Gronwald, 2009; 2010). Des Weiteren sollten die Übungs- und Trainingsangebote zur Schulung der Ausdauerfähigkeit eine große methodische Vielfalt aufweisen (s. Kap. 2.2).

Fahrtspiel und extensive Intervallmethode besonders geeignet

- Rundbahn, Rasen, Sand oder Sporthalle
- Rückwärts und seitwärts laufen
- Überraschende Richtungsänderungen
- Über oder um natürliche und künstliche Hindernisse
- Slalom (z. B. Einzeln, paarweise, in der Gruppe)
- Mit Zusatzgeräten (z. B. Bälle, Gymnastikreifen, Stäbe, Seile)
- Begleitende Musik
- Einfache Zusatzaufgaben (z. B. Zielwerfen, Orientieren)

Das *spielerische Lauftraining* erfolgt zunächst im Rahmen des abwechslungsreichen langsamen Laufens ohne Bezug zu speziellen leichtathletischen Wettkampfstrecken. Als bewährte motivierende Übungsaufgaben gelten die Veränderung der Laufwege, der Art und Weise der Laufbewegung, der Geländeformen, der Sportgeräte oder der Gruppenzusammensetzung. Begleitende Musik oder Zusatzaufgaben während des Lauftrainings steigern den Erlebnischarakter.

Spielerisches Lauftraining

Laufen und Gehen

Langsames Laufen in der Gruppe mit wenigen Gehpausen

- Minutenläufe mit vorgegebenen Belastungszeiten (5 Läufe á 1–2 min, Gehpause: 1–2 min) oder nach dem Pyramidensystem (1-2-4-2-1 min, Gehpausen: 1 min).
- Minderungsläufe (5-4-3-2-1 min).

Laufen und Gehen

Laufen und Reden

Anfänger finden dann die individuell angemessene Laufgeschwindigkeit, wenn beim Laufen geredet werden kann (z. B. Geschichten erzählen, Vokabeln abfragen). Die Länge der Laufstrecken sollte allmählich gesteigert werden (Dauer: 15–20 min oder 5 Stadionrunden).

Laufen und Reden

Minutenläufe

Minutenläufe

Gruppenläufe mit geringer Laufgeschwindigkeit und vorgegebenen Belastungs- sowie Pausenzeiten (5 Läufe á 1–2 min, Gehpausen: 1–2 min).

Zahlen-, Buchstaben- oder Figurenlaufen

Die Aufgabe besteht darin, Zahlen, Buchstaben oder Figuren (z. B. Dreieck, Rechteck, Quadrat, Kreis) mit individueller Laufgeschwindigkeit großräumig zu „schreiben".

Linienläufe

Linienläufe

Laufen mit individueller Geschwindigkeit auf den Spielfeldmarkierungen des Sporthallenbodens. In der Gruppe richtet sich die Laufgeschwindigkeit nach dem Leistungsschwächsten.

Rundenläufe mit Geschwindigkeitswechsel

Rundenläufe mit Tempowechsel

Die Gruppe läuft in der Sporthalle auf einem Rundkurs mehrere Runden. Die Rundenanzahl orientiert sich an der Größe der Sporthalle. Die Laufgeschwindigkeit wird auf vorgegebenen Geraden erhöht und anschließend verlangsamt. Kurze Zwischensprints erfolgen auf akustische Kommandos des Trainers und Lehrers.

Diagonalläufe

Diagonalläufe

In der Sporthalle auf den Diagonalen des Volleyballfelds schnell und auf den Geraden langsam laufen (Traben).

3.2 Grundlegende Technikmerkmale erkennen

Das *ausdauernde Laufen* kennzeichnet die ökonomische Bewegungstechnik, die in Abhängigkeit von der Länge der Laufstrecke eine große Laufgeschwindigkeit ermöglicht. Folgende Technikmerkmale sind von zentraler Bedeutung.

Ökonomische Lauftechnik

- Gerader Oberkörper, ruhige Kopfhaltung und Blick in Laufrichtung.
- „Verhaltener" Armeinsatz und „lockere" Handhaltung.
- Unterschenkel des Schwungbeins pendelt mit kleiner Bewegungsamplitude „locker" im Kniegelenk.
- Fußaufsatz mit der Außenseite des Mittelfußes, Bodenkontakt mit der Fußsohle und Abrollen über den Großzehenballen.

- Fußaufsatz in Abhängigkeit von der Laufgeschwindigkeit über die Ferse.
- Fußabdruck mit vermindertem Krafteinsatz.
- Stützlose Phase im Vergleich zum Sprintlauf kürzer, Schrittlänge und Schrittfrequenz geringer.

3.3 Techniken aneignen, variieren und optimieren

Allgemeine laufspezifische Ausdauerschulung

Grundlagenausdauer entwickeln

In der Kinder- und Jugendleichtathletik zielt die Schulung der Ausdauerfähigkeit auf die Entwicklung sowie die Verbesserung der allgemeinen laufspezifischen Grundlagenausdauer. Als *zentrale Leitorientierung* der *Technikschulung* gilt: Berücksichtigung der Vielseitigkeit des ausdauernden Laufens.

Lauftechnik entwickeln

Lauftechnik variieren und anpassen

Charakteristisch ist der häufige Wechsel der Bewegungsamplitude, der Schrittfrequenz, der Schrittlänge und der Laufgeschwindigkeit. Abwechslungsreiche Untergründe fördern einerseits die kontinuierliche Anpassung des Laufstils (z. B. Vorfußlauf, Fersenlauf), andererseits die Kräftigung der Fußmuskulatur und die Stabilisierung der Fußgelenke. „Verträumtes Dahintraben“ wechselt mit Laufformen mit großen Anforderungen an die Aufmerksamkeit (z. B. aus dem langsamen Traben auf Kommando in den schnellen Lauf wechseln).

Belastungsdosierung und Belastungskontrolle

Belastungsdosierung

Wenn das Lauftraining sowohl die Lauftechnik als auch die Grundlagenausdauer verbessern soll, dann muss die *Belastungsintensität* die *aerobe Energiebereitstellung* ansprechen. Dies setzt die geringe Laufgeschwindigkeit mit entsprechend langer Belastungsdauer voraus. Bei Untrainierten erfolgt die extensive Belastung (ab 30 min) im aeroben Bereich bei 65 % und bei Fortgeschrittenen bei 75 % der maximalen Herzfrequenz (Hf_{max} = 230 minus Lebensalter). Hierbei muss berücksichtigt werden, dass die Herzfrequenz individuellen Schwankungen unterliegt und dass sowohl Mädchen als auch Frauen eine höhere maximale Herzfrequenz zeigen (10–20 Schläge) als gleichaltrige männliche Sportler.

Atem-Schritt-Rhythmus

Belastungskontrolle

Die Herzfrequenz kann mit Hilfe der Pulsmessung oder des *Atem-Schritt-Rhythmus* kontrolliert werden. *Extensive Belastungen* verlangen den 4:4-Rhythmus (4 Schritte einatmen, 4 Schritte ausatmen!). Bei *intensiven Belastungen* sollte der 3:3-Rhythmus und bei Geschwindigkeitsvariationen der 2:2-Rhythmus bevorzugt werden. Intensive Belastungen im aeroben Bereich finden an der oberen Grenze der trainingswirksamen Intensität (75 % Hf_{max}) mit kürzeren Belastungszeiten statt (s. Tab. 6). Anfänger sollten sich langsam und systematisch an 30-minütige Dauerbelastungen gewöhnen. Empfohlen werden zwei bis drei Trainingseinheiten pro Woche. Bevor die Laufintensität im Rahmen der in Tabelle 6 aufgeführten Kennwerte erhöht werden kann, gilt es die Belastungsdauer und die Trainingshäufigkeit zu steigern.

Tab. 6: Belastungsdosierung beim ausdauernden Laufen

Belastungsumfang = Belastungsdauer

	Anfänger	**Fortgeschrittene**
Belastungs-intensität	65 % der HF_{max} 170 minus Lebensalter 4:4-Atem-Schritt-Rhythmus	75 % der HF_{max} 180 minus Lebensalter 3:3-Atem-Schritt-Rhythmus
Belastungs-dauer	10–30 min Ziel: Dauerbelastung über 30 min	30–60 min
Trainingshäufigkeit pro Woche	2–3 Trainingseinheiten	3–4 Trainingseinheiten Wechsel extensiver und intensiver Trainingseinheiten

Methodische Leitlinien

In der Trainingspraxis begünstigen die in Tabelle 6 angeführten Belastungskriterien – Intensität, Dauer und Trainingshäufigkeit – das eintönige, monotone Lauftraining auf der Laufbahn, im Park oder Wald. Als abwechslungsreiche Alternativen eignen sich die Übungen der *Allgemeinen laufspezifischen Ausdauerschule*. Für das Anfängertraining sind im Sportverein und Schulsport folgende methodische Vorüberlegungen sowie Anregungen bedeutsam (Schippert, 1993).

- Für *Anfänger* gilt, langsam und gleichmäßig laufen sowie allmählich die Laufzeit auf 15 bis 50 min steigern (Laufen ohne zu schnaufen!).

Methodische Vorüberlegungen

- Im Mittelpunkt steht die *Schulung des Geschwindigkeitsgefühls* im Rahmen abstrakter Zeit-Weg-Relationen (z. B. Umkehrläufe, Vierecks-Läufe).
- Bei der *Wahl der Laufgeschwindigkeit* sollten folgende Erfahrungen vermittelt werden.
  - Den eigenen Körper bewusst wahrnehmen können.
  - Die körperliche Wahrnehmung mit der zurückgelegten und der noch zu bewältigenden Laufstrecke in Beziehung setzen können.
  - Erleichternde oder erschwerende äußere Bedingungen berücksichtigen können (z. B. Gegenwind, Rückenwind, Gefälle, Steigungen).
- Das ausdauernde Laufen lässt sich mit vielfältigen Zusatzaufgaben kombinieren, die von der körperlichen Belastung ablenken.
- Anstelle der Zeitminimierung die Gütekriterien wie *Zeitmaximierung* („Lange Zeit bewältigen"), *Distanzmaximierung* („Lange Strecke bewältigen") oder *Zusatzaufgaben* in den Vordergrund stellen (z. B. Lauf-Biathlon, Orientierungslauf).
- Keine maximalen Belastungen über Mittelstrecken hinaus (bis 1500 m), um hohe anaerobe Anforderungen zu vermeiden.

Abwechslungsreiche Übungen

Für den *Einstieg in das ausdauernde Laufen* eignen sich die nachfolgend exemplarisch beschriebenen Übungsformen zur Schulung des Lauf-Zeit-Gefühls und der Verbesserung der Ausdauerfähigkeit.

Umkehrläufe

Umkehrläufe

Über die festgelegte Zeitspanne (2 – 10 min) mit gleichmäßiger individueller Geschwindigkeit laufen. Nach der Hälfte der Zeitvorgabe dieselbe Strecke zurücklaufen. Wer zur vorgegebenen Zeit am Startpunkt zurückkehrt, hat die korrekte Laufgeschwindigkeit gewählt. Leistungsheterogene Gruppen können dann gemeinsam starten und zum selben Zeitpunkt zum Ausgangspunkt zurückkehren, wenn verschiedene weit entfernt liegende Umkehrpunkte angeboten werden.

Zeitschätzläufe

Die Sportler absolvieren die Zeitschätzläufe ohne eine eigene Uhr. Derartige Aufgaben stellen hohe Anforderungen an das Zeitgefühl und bieten die Möglichkeit der neuartigen Leistungsbewertung. Nicht lange Laufzeiten und Laufstrecken oder große Laufgeschwindigkeiten stellen die Leistungskriterien dar, sondern die Lauffähigkeit und die Laufgeschwindigkeit auf bekannten Strecken korrekt einzuschätzen.

Zeitschätzläufe

- Während vorgegebener Zeiten (1–5 min) im markierten Bereich kreuz und quer laufen. Wer glaubt, die Zeit ist „abgelaufen", kehrt zum Treffpunkt zurück.
- Die festgelegte Laufstrecke in der vorgegebenen Zeit mit minimaler Zeitabweichung absolvieren. Jeder Sportler (Laufgruppe) gibt vor dem Start an, in welcher Zeit (min und sec) die Laufstrecke absolviert werden soll. Ziel ist es, mit geringer Differenz zwischen der vorgegebenen und „gelaufenen" Zeit das Ziel zu erreichen (Unterschiedlich lange Laufstrecken anbieten!).

Viereckläufe

Viereckläufe

Drei gleichseitige Vierecke mit unterschiedlichen Seitenlängen markieren (30 m, 40 m, 50 m). Die Läufer starten gleichzeitig an einer Ecke des mittleren Vierecks (s. Abb. 15). Der Trainer gibt die Laufzeit zwischen zwei Ecken vor (z. B. 30 sec). Das Ende der Laufzeit wird durch ein akustisches Signal angezeigt.

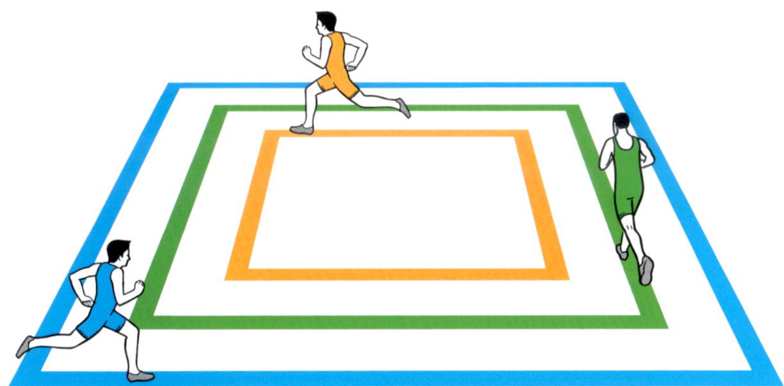

Abb. 15: Viereckslauf

Tempomacher

Tempomacher

Kleine leistungshomogene Gruppen (3–5 Personen) laufen auf dem Rundkurs in der Reihe hintereinander. Ein Gruppenmitglied bestimmt die Laufgeschwindigkeit. Nach der vorgegebenen Zeit (Laufstrecke) lässt sich der führende Läufer an das Reihenende zurückfallen und der neue „Tempomacher" gibt die Laufgeschwindigkeit vor. Der Lehrer kann die Geschwindigkeit durch Anweisungen wie „schneller" oder „Geschwindigkeit halten" direkt beeinflussen.

Hindernisläufe

Im Rahmen der zu bewältigenden Laufstrecken müssen verschiedene Hindernisse überwunden werden.

Hindernisläufe

- In räumlich begrenzten *Sporthallen* wird das Laufen vielfach als eintönig und wenig motivierend empfunden. Als herausfordernde Hindernisse eignen sich Gerätturnmatten, Weichbodenmatten, Gymnastikreifen, Hürden, Gerätturnbänke oder mehrteilige Längskästen. Die Hindernisse können mit Bergaufläufen kombiniert werden (z. B. Kastentreppen mit Niedersprung).
- Besondere Herausforderungen bietet das Laufen im profilierten und exponierten Gelände über „natürliche" Hindernisse (z. B. im Wald über Stock und Stein, Gräben oder Baumstümpfe).

3.4 Übungsaufgaben entwickeln

Spezielle laufspezifische Ausdauerschulung

Laufspezifische Ausdauerfähigkeit

Gute Voraussetzungen ab Altersklasse U 14

Im *Mittel-* und *Langstreckenbereich* kann dann mit dem *disziplinspezifischen Ausdauertraining* begonnen werden, wenn durch die mehrjährige allgemeine laufspezifische Ausdauerschulung (Dauer: 2–3 Jahre) die notwendigen motorischen Grundlagen geschaffen wurden. Gute körperliche und motorische Voraussetzungen für Ausdauertrainingsreize bestehen ab der Altersklasse U 14 (12–13 Jahre), noch besser ab der Altersklasse U 16 (14–15 Jahre). In beiden Altersgruppen muss einerseits aufgrund des Längenwachstums die potenzielle Gefährdung des Stützapparats berücksichtigt werden. Das einseitige, ausschließlich am Umfang orientierte Ausdauertraining kann deshalb nicht empfohlen werden. Andererseits ist bei besonders begabten Sportlern die Akzentuierung der Ausdauerreize erforderlich. Insgesamt sind in der speziellen laufspezifischen Ausdauerschulung langfristige und schrittweise neue sowie anspruchsvolle ,aber nicht extreme körperliche Belastungen zu fordern.

Merkmale des Ausdauertrainings

Das *Ausdauertraining* kennzeichnen nach Mallow (1996) drei zentrale Merkmale: Große Trainingsumfänge, spezifische Trainingsgestaltung und ansteigende Belastungsintensitäten. *Große Trainingsumfänge* werden in erster Linie durch mehrere Trainingseinheiten pro Woche erreicht. Die *spezifische Trainingsgestaltung* kennzeichnet Läufe mit unterschiedlichen Intensitäten durch Tempoverschärfungen. Die *an-*

steigende Belastungsintensität orientiert sich an den Grundsätzen der individuellen Trainingssteuerung, nach dem bei zunehmender Leistungsfähigkeit die Laufgeschwindigkeit gesteigert wird.

Läufe mit unterschiedlichen Intensitäten und Tempoverschärfungen

Unterschiedliche Intensitäten und Tempoverschärfungen

Für das ausdauernde Laufen mit unterschiedlichen Intensitäten und Tempoverschärfungen eignen sich zum einen Rundstrecken mit Streckenabschnitten, in denen die Laufgeschwindigkeit kurzfristig erhöht wird, zum anderen Läufe mit unterschiedlicher Intensität (langsame, normale und schnelle Läufe!). Diese werden wahlweise über 30 bis 50 min mit gleichmäßiger oder 4-mal 10 min mit unterschiedlicher Laufgeschwindigkeit realisiert. Primäres Ziel ist die Tolerierung der kurzzeitigen Sauerstoffschuld.

Schnelligkeitsausdauer als spezielles Ausdauertraining

Schnelligkeitsausdauer

Das schnelligkeitsorientierte Ausdauertraining kann auf ebenen Rasenflächen im Rahmen von Diagonalläufen oder U-Läufen erfolgen, um Tempowechselläufe und Intervallläufe vorzugeben (Schrader, 2013).

Fahrtspiel

Wechselnde Laufgeschwindigkeiten wie Traben oder Sprinten werden durch den Sportler, den Trainer oder vom Geländeprofil vorgegeben.

Anregungen zum selbstständigen Reflektieren

Ambivalenzen aufzeigen

Das ausdauernde Laufen liefert einerseits einen wichtigen Beitrag zur Erhaltung der Gesundheit und bietet vielfältige Möglichkeiten zur Steigerung des psychischen Wohlbefindens. Andererseits können durch die Disharmonie von Belastung und körperlicher Beanspruchung gesundheitliche Beschwerden, Verletzungen oder Phänomene des Übertrainings hervorgerufen werden.

Subjektives Belastungsempfinden fördern

Kinder und Jugendliche sollten im Rahmen des selbstständigen Reflektierens angeregt werden, neue Perspektiven zu übernehmen und sich selbstständig sowie entdeckend mit den oben thematisierten Sachverhalten auseinanderzusetzen. Des Weiteren sollten die Heranwachsenden dafür sensibilisiert werden, unterschiedliche Intensitäten der

7- und 3-stufige Schätzskalen zum subjektiven Belastungsempfinden

Tab. 7: 7- und 3-stufige Schätzskalen zur subjektiven Belastungswahrnehmung (mod. nach Reim, 2010, S. 7–8)

7-stufige Schätzskala		
7	**Sehr schwer**	• Höchstmögliches Tempo • Nur kurzzeitig möglich • Höchst anstrengend
6	**Schwer**	• Laute und schnelle Atmung • Beine schmerzen • Ausdauer-Grenzbereich
5	**Mittelschwer**	• Atmung wird deutlich • spürbar und hörbar • Sprechen fällt schwer
4	**Mittel**	• Anstrengung im Wohlfühlbereich • Unterhalten noch möglich
3	**Leicht – mittel**	• Beanspruchung wird jetzt deutlich wahrgenommen
2	**Leicht**	• „Spargang" • Herz-Kreislauf-Reaktion kaum spürbar
1	**Sehr leicht**	• Keinerlei Anstrengung • Wie beim ruhigen Gehen
3-stufige Schätzskala		
3	**Schwer**	Sehr anstrengend! • Beine/Arme schmerzen • Atmung schnell und laut • Tempo halte ich nicht lange durch
2	**Mittel**	Strengt mich schon etwas an! • Mit dem Tempo halte ich lange durch • Ich höre meine gleichmäßige Atmung • Ich kann immer noch schneller laufen
1	**Leicht**	Nahezu keine Anstrengung! • Bewegung fällt mir leicht • Ich spüre Atmung kaum • Unterhalten ist kein Problem

körperlichen Belastung wahrzunehmen. Hierzu kann die Aufmerksamkeit auf bestimmte Körperbereiche wie die Beinmuskulatur oder die Atmung gelenkt werden. Im Lauftraining kann die Vorgabe und die subjektive Wahrnehmung der Intensität der körperlichen Belastung nach der *7-stufigen* oder *3-stufigen Schätzskala* von Reim (2010) erfolgen, bei denen das Belastungsspektrum über Begriffe und Zahlenwerte abgebildet wird (s. Tab. 7). Für die Sportpraxis hat sich die 7-stufige Schätzskala von „sehr leicht" bis „sehr schwer" bewährt.

3.5 Lernen und Trainieren organisieren

Belastungsdosierung durch Pulskontrolle

Das ausdauernde Laufen sollte auf wechselnden Untergründen, mit unterschiedlichen Geländeprofilen und Bewegungsmerkmalen erfolgen (s. Kap. 1.2). Ein zentraler Aspekt stellt die angemessene Belastungsdosierung dar, die mittels der Pulsmessung kontrolliert wird. Dies setzt voraus, dass die Pulsmessung mit dem Zeige- und Mittelfinger am Handgelenk oder der Halsschlagader beherrscht wird.

Sicherheit

Sicherheitsaspekte

- Kein Ausdauertraining bei Temperaturen über 28 °C, bei großer Luftfeuchtigkeit über 85 % und bei Herzerkrankungen, chronischen oder akuten Infekten ab einer Temperatur von 25 °C.
- Äußere Zeichen von Überbelastungen, die zum Abbruch des Laufen führen, müssen frühzeitig erkannt werden.
  - Sehr starke Rötung, Erbleichen oder „blau anlaufen“
  - Sehr starker Schweißausbruch
  - Sehr schnelle kurze, unregelmäßige Atmung durch den Mund
  - Kraftlose, fehlerhafte, unsichere Bewegungen und Taumeln
  - Große Müdigkeit, Kopfschmerzen, Übelkeit, Stechen in der Brust oder schwere Glieder

Technik

Technische Ausführung

- Zum Repertoire der Ausdauerschulung zählen die Übungen des Lauf- und Sprint-ABCs (s. Kap. 4.3).
- Die *Übungsdauer* derart gestalten, dass sich die Qualität der Lauftechnik nicht ermüdungsbedingt verändert.
- Lauftechnische Defizite äußern sich durch die nachlassende Bewegungsqualität oder Konzentration.

Methodik

- Leistungsgruppen differenzieren (z. B. Laufgeschwindigkeit, Laufstrecke, Zusatzaufgaben).
- Wechsel der Laufstrecken. Sporthalle, Laufbahn, Rasenflächen, profiliertes Gelände oder Wald (Streckenlänge mit dem Navigationsgerät ausmessen!).
- Bewegungswahrnehmung zielgerichtet durch die Konzentration auf einzelne Bewegungselemente ausbilden (z. B. Ballenlauf, Armarbeit, Oberkörperposition, Abdruck, aktive Landung).

- Individuelle Zielvorgaben
- Zeit. „Heute bin ich 12 min am Stück gelaufen, das nächste Mal schaffe ich 15 min."
- Streckenlänge. „Heute bin ich 5 Runden ohne Pause gelaufen, das nächste Mal schaffe ich 7 Runden."
- Motivationsanreize
- Laufen mit Aufgabenstellungen (z. B. Führungswechsellauf)
- Lehrervorbild (Lehrer läuft mit!)
- Musikbegleitung
- Trainingskarteikarten. Sportler stoppen die Laufzeiten und notieren die Laufstrecken sowie Pulswerte.
- Gelegentliche Wettkampf- und Kontrollmessungen. Zunächst mit individuellen, später mit interindividuellen Vergleichen.

Methodische Hinweise

3.6 Wettkämpfe

Die nachfolgend exemplarisch skizzierten *pädagogisch orientierten Wettkampfformen* dienen der allmählichen Hinführung der Anfänger zum *ausdauernden Laufen*.

Zeitschätzlauf-Wettkampf

Im markierten Bereich ohne eigene Uhr kreuz und quer im Rahmen vorgegebener Zeiten laufen oder eine festgelegte Laufstrecke (Rundenzahl) in der vereinbarten Sollzeit mit kleiner Zeitabweichung absolvieren. „Gewonnen" hat derjenige, welcher die festgelegte Zeit am besten schätzt oder die Differenz zwischen angegebener und tatsächlich gelaufener Zeit am geringsten hält.

Endlosstaffel

Festgelegte Laufstrecke wird von zwei Partnern bewältigt, die abwechselnd unterschiedlich lange Teilstrecke absolvieren.

Gruppenverfolgungsrennen

Zwei Gruppen mit jeweils vier Teilnehmern treten in der Reihe hintereinander auf einem kleinen Rundkurs gegeneinander an (Mit Trainingspylonen markieren!). Die beiden Mannschaften starten an der Mitte der gegenüberliegenden Geraden (Dieselbe Laufrichtung beachten!). Das Rennen beginnt mit dem Startkommando. Sobald die Gruppe die eigene Startlinie erreicht, lässt sich der 1. Läufer an das Reihenende „zurückfallen“ und der 2. Läufer übernimmt die Führungsaufgabe. Der Wettkampf endet nach der Absolvierung der vorgegebenen Rundenzahl.

Lauf-Biathlon

Pädagogisch orientierte Wettkampfformen

Beim Lauf-Biathlon (Paare, Gruppen) werden zwei Leistungsanforderungen kombiniert: *Ausdauerfähigkeit* und *Treffsicherheit*. Ziel ist es, die vorgegebene Rundenanzahl zu absolvieren und nach jeder Runde an der Wurfstation einen Gegenstand mit drei Versuchen in oder auf ein Ziel zu werfen. Jeder Fehlwurf wird mit einer Strafrunde bestraft. Wer als Erster die vorgegebenen Runden absolviert, gewinnt das Spiel. Der Wettkampf bleibt spannend, da schwache Laufleistungen durch gute Wurfergebnisse ausgeglichen werden können.

Orientierungslauf

Die Athleten bewältigen den Geländerundkurs mittels spezieller Orientierungslaufkarten (OL-Karten, Maßstab: 1:10000 oder 1:15000). Die in der OL-Karte markierten Anlaufpunkte (Posten) müssen in der vorgegebenen Reihenfolge abgelaufen werden. Empfohlen wird der *Schlaufen-* oder *Schmetterling-Orientierungslauf* mit zentralem Start-Ziel-Punkt, den die Läufer nach drei bis fünf angelaufenen Stationen wieder erreichen.
Der *Organisationsaufwand* kann maßgeblich reduziert werden, indem die Kinder und Jugendlichen die Vorbereitung des Orientierungslaufs übernehmen. Hierfür werden das Postennetz auf der OL-Karte festgelegt und mehrere Schlaufen mit jeweils 3 bis 5 Posten gebildet. Nach der Kartenausgabe (1 Karte pro Schlaufe!) erhält jede Gruppe die Aufgabe, die Posten der zugeordneten Schlaufe im Gelände eigenständig zu setzen und zurück zum Start-Ziel-Punkt zu laufen. Im Anschluss absolviert jede Gruppe den Wettbewerbslauf auf einer neuen, unbekannten Schlaufe. Gewonnen hat das Team, welches die neue Schlaufe am schnellsten bewältigt und alle Posten finden konnte.

„Run & ride“-Lauf

Das Team (4 Personen) versucht die vorgegebene Laufstrecke schnellstmöglich gemeinsam zu bewältigen. Jeder Mannschaft steht ein Fahrrad zur Verfügung, das von ermüdeten Teammitgliedern genutzt werden kann. Die Belastungsintensität kann durch wechselndes Gelände und kürzere oder längere Ablösezeiten variiert werden.

DLV Wettkampfsystem Kinderleichtathletik

Das ausdauernde Laufen ist ebenfalls zentraler Bestandteil des DLV Wettkampfsystems Kinderleichtathletik (DLV, 2018; 2020).

DLV Wettkampf-system Kinder-leichtathletik

- In der Altersklasse U 8 (6–7 Jahre) absolviert das Staffelteam zweimal die 400-m- bis 600-m-Strecke mit integrierter Zielwurfstation.
- In der Altersklasse U 10 (8–9 Jahre) bewältigt das Staffelteam zweimal die 600-m- bis 800-m-Strecke mit integrierter Zielwurfstation.
- In der Altersklasse U 12 (10–11 Jahre) wird ein 6 x 800-m-Verfolgungs-Staffelrennen durchgeführt.

In den drei Altersklassen U 8 bis U 12 werden die Laufzeiten in die Rangfolge gesetzt. In der Altersklasse U 12 sind Einzelwertungen möglich (DLV, 2018; 2020).

Wettkampfbestimmungen

Laufbahn

Laufbahn

Die verschiedenen Laufstrecken (z. B. 800 m, 1000 m, 1500 m) sind mit Startlinien und speziellen Beschriftungen auf der Laufbahn gekennzeichnet. Die Länge der Laufstrecke wird vom zielferneren Rand der Startlinie bis zum startnäheren Rand der Ziellinie gemessen.

Start

Start

In der Regel erfolgt der Start von der auf der Laufbahn markierten Evolvente durch das zweiteilige Kommando Auf die Plätze – akustisches Signal (z. B. Startschuß).

Zeitnahme

Zeitnahme

Zeitnahme wie beim *Sprintlauf* (s. Kap. 4).

Disqualifikationen

Disqualifikationen

- Freiwilliges oder absichtliches Verlassen der Laufbahn oder Treten in den Innenraum.
- Absichtliche Behinderung der Mitläufer.

3.7 Leseempfehlungen

Lese-empfehlungen

Die Praxisideen von Hottenrott und Gronwald, (2009, 2010) geben empfehlenswerte Anregungen, in welcher vielfältigen Art und Weise das ausdauernde Laufen bei Kindern und Jugendlichen gefördert werden kann. Mallow (1996), Oltmanns (2006) und Schmitt (2006) beschreiben, wie die Ausdauerfähigkeit im Grundlagentraining geschult wird. Die von Herz und Zeuner (2005), Brandes et. al. (2010) sowie Demetriou et al. (2019) vorgestellten *schulischen Unterrichtseinheiten* thematisieren methodische Gestaltungsmöglichkeiten zur Vermeidung der Langeweile und der Einförmigkeit bei der Schulung der Grundlagenausdauer (z. B. selbstverantwortliches Lernen, individuelle Erfahrungen, kompetenzorientierte und bewegungsintensive Ausdauerbelastungen).

Kapitel

4

Schnelles Laufen – Sprinten

In der Leichtathletik bedeutet *schnell laufen*, auf ein akustisches Signal schnellstmöglich auf der festgelegten Strecke (50–400 m) zum Ziel zu sprinten. Der *100-m-Sprint* zählt zu den populärsten Disziplinen der Leichtathletik. Die wesentliche Voraussetzung für das schnelle Laufen stellt die *Sprintschnelligkeitsfähigkeit* dar (s. Kap. 1.1). Charakteristisch für das Sprinten sind das Spiel mit großen Laufgeschwindigkeiten und die schnellen Wechsel zwischen der muskulären Anspannung sowie Entspannung. Die *Schnelligkeit der Muskelkontraktionen* hängt sowohl von der Art der Muskelfasern (Typ 1: Langsam zuckende, dunkelrote Muskelfasern, Typ 2: Schnell zuckende, weiße Muskelfasern) als auch vom schnellen Wechsel der neuronalen Bahnung und Hemmung ab. Als weitere *Einflussfaktoren der Sprintleistung* gelten die Reaktionsfähigkeit, die Aktionsschnelligkeit, die Frequenzschnelligkeitsfähigkeit, die Maximalkraftfähigkeit, die Schnellkraftfähigkeit und die elastischen Eigenschaften der Muskel-Sehnen-Strukturen.

Voraussetzungen für schnelles Laufen

Die *Laufgeschwindigkeit* entspricht dem Produkt aus der Schrittlänge und der Schrittfrequenz. Während die *Schrittlänge* von der Beinlänge, der Abdruckkraft und der Lauftechnik abhängt, spielen bei der Schrittfrequenz vor allem neuronale Prozesse eine bedeutsame Rolle, insbesondere die Schnelligkeit der muskulären Aktivierung und Entspannung sowie die Umschaltung der bewegungsausführenden Muskeln. In der Leichtathletik stellt die gut ausgeprägte *Sprintfähigkeit* nicht nur für die Sprintdisziplinen (50–400 m), sondern ebenso für den Hürdensprint (s. Kap. 6) und die Anlaufgeschwindigkeit in den Sprungdisziplinen (Weitsprung, Dreisprung, Hochsprung, Stabhochsprung, s. Bd. 2 *Springen*) die zentrale motorische Leistungsvoraussetzung dar (Seeger & Bernhard, 2012).

Laufgeschwindigkeit

Produkt aus Schrittlänge und Schrittfrequenz

Transfer der Sprintfähigkeit

4.1 Voraussetzungen schaffen

Das vielseitige technisch-koordinative Training des Sprinters zielt neben der Verbesserung des Ablaufverhaltens beim Start (s. Kap. 5 „Starten“) insbesondere auf die Festigung der effektiven Kombination der maximalen Schrittfrequenz und der optimalen Schrittlänge sowie die bestmögliche Ausprägung der Entspannungsfähigkeit und der Umschaltfähigkeit der Skelettmuskulatur. Die Sprintschnelligkeitsfähigkeit kann nur durch maximale Belastungsintensitäten verbessert werden.

Muskuläre Entspannungs- und Umschaltfähigkeit

- Läufe mit maximaler Sprintgeschwindigkeit über 20 bis 40 m.
- Läufe mit fliegendem Start über 20 bis 50 m.

Grundlegende Trainingsübungen

- *Steigerungsläufe.* Schnelle, kontinuierliche Geschwindigkeitssteigerung bis zur maximalen Sprintgeschwindigkeit.
- *Wechselsprints aus dem Traben.* Wiederholung kurzer und intensiver Steigerungsläufe oder Antritte.
- *Bergabläufe.* Schnelle Läufe auf gering abfallenden Wegen.

Das *Sprinttraining* beginnt mit der Schulung der komplexen Technik des schnellen Laufens oder Sprintens. Das *schnelle Laufen* beschränkt sich nicht nur auf vorgegebene Wettkampfstrecken, sondern umfasst ebenso spielerische Lauf- und Fangspiele oder Staffelläufe.

Lauf- und Fangspiele

Nummernwettlauf

Vier Teams (4–6 Personen) sitzen jeweils auf einer Gerätturnbank. Jedem Sportler wird eine Nummer zugeordnet. Auf das Startkommando des Trainers umkreisen die Athleten mit der aufgerufenen Nummer die eigene, zwei oder mehrere Gerätturnbänke. Wer zuerst seinen Platz erreicht, erhält 4 Punkte, der Zweite 3 Punkte und der Letzte 1 Punkt.

Fangspiele

Das Fangen des Mitspielers (z. B. Berührungen, Abschlagen) ergibt einen neuen Fänger. Mehrere Fänger steigern die Intensität und beziehen die Gruppe ein. Das *Fangen mit Rettung* erhöht die Spannung (z. B. durch gegrätschte Beine kriechen, Erreichen des Freimals). Als Variationen eignen sich das *Handicap-Fangen* und das Kettenfangen (Fänger bindet gefangene Mitspieler mit Handfassung in die Kette ein. Trennung der Kette bei 4–5 Fängern!).

Bänderrauben

Die Sportler stecken sich zunächst ein Parteiband derart in den Hosenbund, dass der größte Teil des Parteibandes heraushängt. Anschließend versuchen sich die Athleten die Parteibänder gegenseitig abzujagen. „Erbeutete" Parteibänder werden in den Hosenbund gesteckt.

4.2 Grundlegende Technikmerkmale erkennen

Die Sprintleistung bestimmen drei Hauptfaktoren.

- *Reagieren und beschleunigen*
  Während die neuronal festgelegte *Reaktionsfähigkeit* nicht lohnenswert trainiert werden kann, hängt die *Beschleunigungsfähigkeit*

maßgeblich von der Kraftfähigkeit und der Schnelligkeitsfähigkeit ab. Diese Eigenschaften spielen für den leichtathletischen Start eine besondere Rolle (s. Kap. 1.1).

Was zeichnet die gute Sprintleistung aus?

- *Mit maximaler Geschwindigkeit sprinten*
  Maximale Laufgeschwindigkeiten erfordern die ökonomische Sprinttechnik, hohe Schrittfrequenzen und kurze Bodenkontaktzeiten.
- *Maximale Laufgeschwindigkeit lange aufrechterhalten*
  Die Schnelligkeitsausdauer bestimmt maßgeblich die Aufrechterhaltung der maximalen Sprintgeschwindigkeit (s. Kap. 1.1).

Schwung- und Zugphasen beim Sprinten

Die *leichtathletische Sprinttechnik* unterscheidet sich von der in Kapitel 2.2 beschriebenen Phasenaufteilung der *Lauftechnik* nicht nur hinsichtlich des Ausprägungsgrads der Teilphasen (s. Abb. 16), sondern ebenfalls in Bezug auf die Bezeichnung und die Ausführungsart einzelner Bewegungsphasen. Aus funktionsanalytischer Sicht wird der Sprintschritt in Abgrenzung zur Phasengliederung des Laufschritts in die *Schwungphase* und die *Zugphase* unterteilt („Ziehendes" Laufen). Differenzierte Funktionsanalysen gliedern den Sprintschritt in die *Ausschwungphase* (Ausschwingen; Abb. 16, Bild 1 und 2) und die *Schwunghubphase* (Anfersen, Kniehub: 3, 4) sowie die *Schwungzugphase* (Ausgreifen, Stützfassen: 5, 6) und die *Stützzugphase* (Durchziehen, Abdruck: 7, 8).

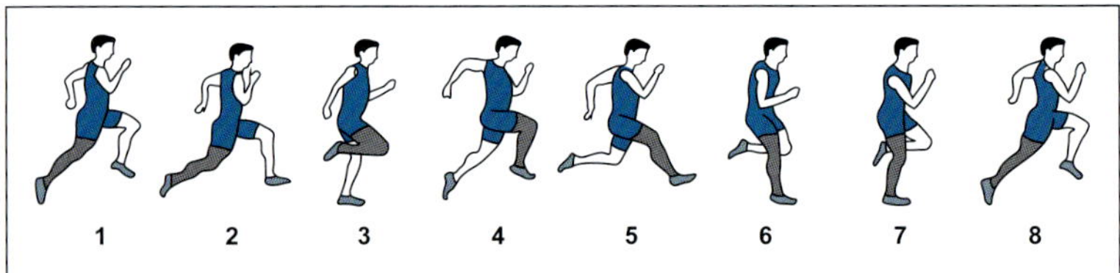

Abb. 16: Terminologische Neustrukturierung des Sprintlaufs auf der Grundlage von Funktionsanalysen. Nach der Ausschwungphase (Bild 1 u. 2) beginnt in der Schwunghubphase die aktive Hüftbeugung des (ausgemalten) rechten Beins (3, 4). Die einsetzende Hüftstreckung entspricht der Schwungzugphase (5, 6), die fließend in die Stützzugphase übergeht (7, 8; mod. nach Tidow & Wiemann, 1994; Mattes et al., 2017).

Ausschwung- und Schwunghubphase

In der *Ausschwungphase* wird das Bein zur Vorbereitung des schnellen Kniehubs „entspannt" nach vorn geschwungen (s. Abb. 16, Bild 1 u. 2). In der anschließenden *Schwunghubphase* pendelt der Oberschenkel schnell nach oben (s. Abb. 16, Bild 3 u. 4, Aktive Beugung im Hüftgelenk und Kniehubschwung!) und bedingt das „lockere" Heranpendeln des Unterschenkels im Kniegelenk. Für den notwendigen schnellen

Kniehubschwung nähert sich die Ferse des im Kniegelenk gebeugten Schwungbeins dem Gesäß (Anfersen, s. Abb. 16).

In der *Schwungzugphase* (Pre-Support-Phase, s. Abb. 16, Bild 5 u. 6) erfolgt die Streckung im Hüftgelenk und das Ausgreifen des Unterschenkels. Kurz nach der maximalen passiven Kniegelenkstreckung „peitscht" der vordere Fuß nach „hinten-unten" zum Boden und der Unterschenkel „zieht greifend" nach hinten. Die nachfolgende Stützzugphase bereitet die schnelle Beinrückführung vor.

Stützzugphase

Die *Stützzugphase* (Full-Support-Phase, s. Abb. 16, Bild 7 u. 8) dient dem „ziehenden Stützfassen", bei dem das Körpergewicht durch das geringe Nachgeben im Kniegelenk des Stützbeins abgefangen wird. Das Stützbein zieht „greifend" nach hinten („scharrt") und drückt durch die Knie- und Hüftgelenkstreckung vom Untergrund ab. Die geringe Distanz zwischen dem Fußaufsatzpunkt am Boden und der vertikalen Projektion des Körperschwerpunkts bedingt den kleinen Bremsimpuls (Geringe Touch-Down-Distanz!, s. Abb. 17). Die Dauer der Stützzugphase entspricht der Bodenkontaktzeit (Mattes et al., 2017). Die kleinen Bremsimpulse sorgen für kurze Bodenkontaktzeiten. Diese werden dann erreicht, wenn

- die Geschwindigkeit der Hüftgelenkstreckung zum Zeitpunkt der Landung groß ist,
- ein geringes Nachgeben im Stützbein erfolgt,
- der horizontale Abstand zwischen dem Fußaufsatz und der vertikalen Projektion des Körperschwerpunkts klein ist und
- der aktive Fußaufsatz mit großer Rückschwunggeschwindigkeit erfolgt (s. Abb. 17).

Kleine Bremsimpulse = kurze Bodenkontaktzeiten

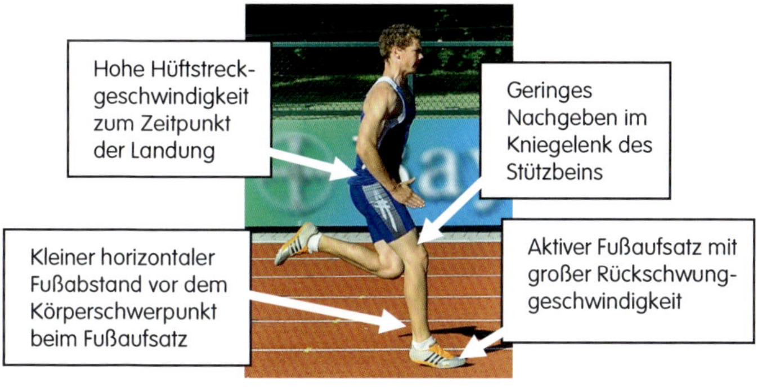

Abb. 17: Sprinten mit kleinem Bremsimpuls (mod. nach Mattes et al., 2017)

Die *effiziente Sprinttechnik* bestimmen folgende Aspekte (Stein, 1993).

Harmonische Gesamtbewegung

- *Gesamtbewegung*
  - Harmonische Verbindung der Bein- und Armbewegung.
  - Aufrechte, frontale entspannte Oberkörper-, Schulter- und Kopfhaltung mit harmonischer Armbewegung aus den Schultergelenken.
  - Lauf auf dem Fußballen mit aktivem geradlinigem Fußaufsatz.
  - Optimales Verhältnis von Schrittlänge und Schrittfrequenz.
  - Unverkrampfte Laufhaltung mit geringer Körpervorlage und „lockerem“ Laufschritt.

Große Vortriebswirkung

- *Größtmögliche Vortriebswirkung*
  - Aktiver geradliniger Fußaufsatz auf dem Fußballen. In der *Schwungzugphase* die Fußspitze anziehen und in der anschließenden *Stützzugphase* „greifend“ gegen den Untergrund nach „hinten-unten“ treten.
  - In der aufrechten Beckenposition optimale Streckung der Fuß-, Knie- und Hüftgelenke beim Abdruck vom Boden.
  - In der Stützzugphase große Kraftwirkung und kleine Bremswirkung beim kurzen vorderen Stütz.
  - Minimierung der Bodenkontaktzeit durch unvollständige Streckung des Kniegelenks.

Unterstützende Schwungbewegung

- *Effektive unterstützende Schwungbewegungen*
  - *Hintere Ausschwungphase*. Große Bewegungsamplitude.
  - Minimales Anfersen des Schwungbeins.
  - *Schwungzugphase*. Weites Auspendeln und zweckdienliches Rückpendeln des Unterschenkels (Effektive Landevorbereitung!).
  - Aktive, geradlinige Armbewegungen.

Schrittlänge, Schrittfrequenz und Bodenkontaktzeit

Beim *Sprinten* werden die Beine mit großer Geschwindigkeit abwechselnd in der Stütz- und Schwungphase eingesetzt. Von besonderer Bedeutung ist der Wechsel der muskulären Anspannung und Entspannung. Das „lockere“, unverkrampfte Sprinten spiegelt sich in der entspannten Gesichtsmuskulatur der Athleten wider. Während die Schrittlänge von der Beinlänge und der Abdruckkraft abhängt, bestimmen neuronale Aspekte die Schrittfrequenz und die kurzen Bodenkontaktzeiten. Die Schulung der Schrittlänge zielt auf die Verbesserung der Kraftfähigkeit und der Gelenkbeweglichkeit sowie die Vergrößerung der vertikalen Bodenreaktionskraft. Zur Steigerung der Schrittfrequenz und der Reduzierung der Bodenkontaktzeiten wird die neuronale Aktivierung empfohlen (z. B. supramaximale Sprints).

4.3 Techniken aneignen, variieren und optimieren

Die zentrale Aufgabe des leichtathletischen Techniktrainings besteht darin, den beherrschten Bewegungsablauf des schnellen Laufens in die spezifischen Anforderungen der leichtathletischen Sprinttechnik zu überführen. Für den Sprintlauf gilt, dass die Teilbewegungen aufgrund der direkten Wechselwirkungen zwischen den Bewegungssequenzen nicht einzeln vermittelt werden können. Für die ganzheitliche Schulung der Sprinttechnik eignen sich Grundübungen der Lauf- und Sprintschule sowie komplexe Sprintübungen. Folgende methodische Gesichtspunkte sollten berücksichtigt werden.

Ganzheitliches Üben

- Verbindung des schnellen Laufens mit großen Intensitäten und motorisch abwechslungsreichen Aufgabenstellungen.
- Erarbeitung der technischen Grundlagen des Sprintlaufs.
- Ausbildung der Stabilität (Muskelkräftigung) und der Mobilität der Bewegung (Muskeldehnung).

Die Entwicklung der Sprinttechnik erfolgt ganzheitlich, so dass einzelne Bewegungselemente besonders beobachtet und gesondert geschult werden müssen: Fußballenlauf, Arm- und Oberkörperhaltung, explosiver Abdruck, Anfersen in der hinteren Schwungphase, Kniehub in der vorderen Schwungphase sowie aktive Landung. Hierbei sollten folgende trainingsmethodische Grundsätze beachtet werden.

- Allmähliche Steigerung der Laufgeschwindigkeit.
- Kontrollierte maximale Sprintgeschwindigkeit.
- Kontinuierliche Verlängerung der Streckenlänge unter Berücksichtigung der individuellen motorische Leistungsfähigkeit.
- Wiederholung des Sprint-ABCs.
- Traben, Steigerungsläufe und dosierte Geschwindigkeitsläufe.

Lauf- und Sprintschule

Die Verbesserung der Sprinttechnik erfolgt durch die Schulung der Schwungphase und der Zugphase. Die *Lauf- und Sprintschule* (s. Kap. 2.2) zielt auf die grundlegende Ausbildung der Sprinttechnik, die Optimierung der Schrittlänge, die Steigerung der Schrittfrequenz und die Verkürzung der Bodenkontaktzeiten (Hücklekempkes, 2000b; 2005; Oltmanns, 2001; 2002). Voraussetzungen hierfür sind Übungsaufgaben mit wechselnden und maximalen Schrittfrequenzen.

Lauf- und Sprintschule

- Laufstrecken schnellstmöglich trotz äußerer Einschränkungen der Schrittlänge bewältigen (z. B. Markierungen, Teppichfliesen, Trainingspylonen, Übungsbahn aus Schaumstoffblöcken, Koordinationsleiter).
- Innerhalb der Einzelübung die Bewegungsrichtung oder die Schrittfrequenz mehrfach wechseln (Vorwärts, seitwärts, rückwärts).
- Von Einzelübung zu Einzelübung oder innerhalb der Einzelbelastung wechselnde Schrittfrequenzen (z. B. Veränderung „erzwungener" Schrittlängen).
- Bewegungsaufgaben unter Zeitdruck schulen kurze Bodenkontaktzeiten und hohe Schrittfrequenzen (s. Kap. 2.2 u. 4.4).

Schulung hoher Schrittfrequenz und kurzer Bodenkontaktzeiten

Leistungsstarke Sprinter realisieren den leichtathletischen Sprintlauf in der Regel mit höheren Schrittfrequenzen und kürzeren Bodenkontaktzeiten als leistungsschwächere Sportler (Herrmann, 2017). Dementsprechend muss das Sprinttraining die Schulung hoher Schrittfrequenzen und kurzer Bodenkontaktzeiten mit großen Kräften berücksichtigen. Hierzu eignen sich folgende oben angeführten Übungsaufgaben mit wechselnden und maximalen Schrittfrequenzen (Oltmanns, 2002).

Komplexe Sprintübungen

Komplexe Sprintübungen dienen sowohl der Verbesserung der Sprinttechnik und der Schrittfrequenz als auch der Verkürzung der Bodenkontaktzeiten.

Komplexe Sprintübungen

- ***Steigerungsläufe***
  Aus dem Traben die Laufgeschwindigkeit durch die Steigerung des Fußabdrucks und die Vergrößerung der Schrittlänge steigern (Streckenlänge: 60 – 80 m). Maximale Sprintgeschwindigkeit über 30 m aufrechterhalten!
- ***Kontrollierte submaximale Sprints***
  - Aus dem Steigerungslauf auf Teilstrecken mit ausgewählten Technikmerkmalen des Sprintlaufs sprinten (z. B. Ballenlauf).
  - Nach kurzem Antritt mit maximaler Beschleunigung über 25 bis 30 m und anschließend über 25 bis 30 m submaximal sprinten.

- ***Fliegende Sprints***
  Aus dem Steigerungslauf (20–25 m) mit maximaler Intensität über 20 bis 30 m sprinten. Der Fokus richtet sich auf die korrekte Sprinttechnik. Zu den entscheidenden Kriterien für das maximale Sprinten zählen die entspannte Oberkörperhaltung, die schnellkräftige Streckung der Hüftgelenke und der räumlich geringe Fußaufsatz (Geringe Touch-down-Distanz; Herrmann, 2017).

- ***Trab-Skipping-Sprints***
  Aus dem Traben zehn Skippings mit anschließendem Sprint über 15 bis 20 m mit maximaler Schrittfrequenz.

- ***Geschwindigkeits- und Frequenzwechsel-Sprints***
  Verschiedene Streckenabschnitte (80–100 m) mit unterschiedlichen Laufgeschwindigkeiten (Sehr hoch, mittel, gering) oder Schrittfrequenzen bewältigen (Langsam, schnell, sehr schnell).

Variabilität im Bewegungsverhalten

Im Rahmen der *Ausbildung der Sprinttechnik* sollte die Aufmerksamkeit des Anfängers durch spezielle Aufgabenstellungen auf einzelne Bewegungselemente gelenkt werden (z. B. Ballenlauf, Armarbeit, aktiver Fußeinsatz). Für die *Schulung der Schrittlänge* eignen sich Steigerungsläufe, bei denen durch die Steigerung des Fußabdrucks und die Vergrößerung der Schrittlänge größere Laufgeschwindigkeiten erzielt werden. Bei der *Lauf- und Sprintschule* sowie den *komplexen Sprintübungen* sollte die Variabilität im Bewegungsverhalten dominieren. Die Übungen zur Aneignung und Variation spezieller Lauftechniken werden mit variablen Bewegungsaufgaben verbunden, um verschiedene Lösungsmöglichkeiten aufzuzeigen. Im Sinne des „Differenziellen Lernens" wird der Sportler mit einer großen Anzahl unterschiedlicher, um die Zieltechnik streuende Bewegungsaufgaben konfrontiert (s. Kap. 1.2).

4.4 Übungsaufgaben entwickeln

Herausragende Sprintleistungen basieren auf dem optimalen Verhältnis zwischen der Schrittfrequenz und der Schrittlänge. Zur Vervollkommnung des reaktiven Fußaufsatzes und der Steigerung des Fußabdrucks eignen sich neben der Fußgelenksarbeit und den Kniehebeläufen spezielle Fußgelenksprünge (Prellsprünge, s. Abb. 20). Für die Verbesserung der Schrittfrequenz und der Bodenkontaktzeit bieten sich Frequenzsprints sowie Prellsprünge an. Diese können mit variablen Bewegungsaufgaben verbunden werden, so dass die Athleten mit verschiedenen Bewegungsausführungen experimentieren können.

Verbesserung der Schrittfrequenz und der Bodenkontaktzeiten

Frequenzsprints unter Verwendung von Hilfsmitteln wie Markierungen, Trainingspylonen, Schaumstoffblöcken oder Koordinationsleitern (Oltmanns, 2002; Hüklekemkes, 2014).

Frequenzsprints mit Rhythmuswechsel

Frequenzsprints mit Rhythmuswechsel

- Geringe, mittlere und hohe Schrittfrequenzen
- Auf- und abschwellende Schrittfrequenzen
- Frequenzwechsel mit kurzen und langen Intervallen

Frequenzsprints an der Übungsbahn mit Bodenmarkierungen

- Steigerung der Schrittfrequenz. Frequenzsprints unter Verwendung von Bodenmarkierungen (z. B. Kreidestriche, Tapestreifen)

Frequenzsprints an der Übungsbahn aus Schaumstoffblöcken oder Trainingspylonen

- Übungsbahn aus parallel angeordneten flachen Schaumstoffblöcken (n = 10, Abstand: 50 cm) oder Trainingspylonen (n = 10, Abstand: 1 m).
  - Slalomlauf vorwärts
  - Zwischenräume mit Side-steps quer (s. Abb. 18) oder im Zickzack vorwärts-rückwärts längs überlaufen.

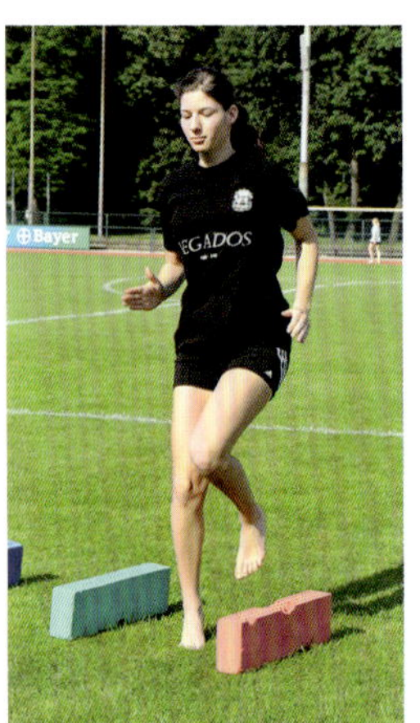

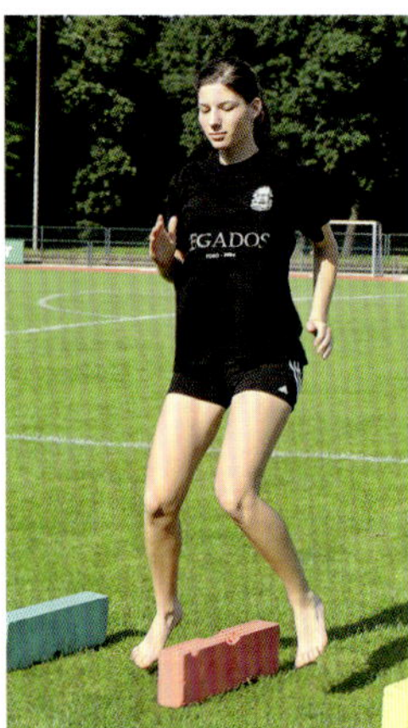

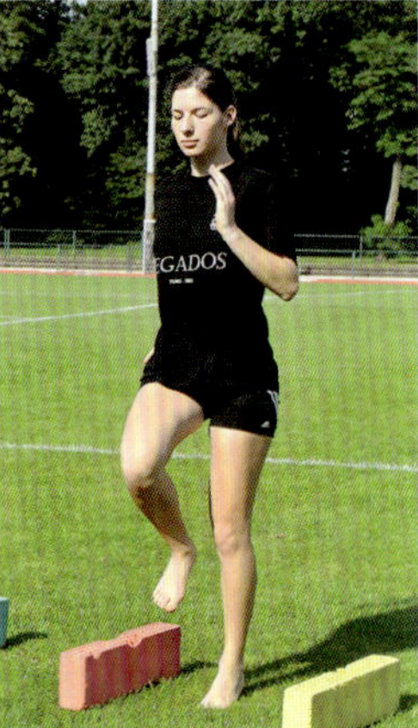

... an der Übungsbahn aus Schaumstoffblöcken

Abb. 18: Side-steps seitwärts an der Übungsbahn aus Schaumstoffblöcken

Frequenzsprints an der Koordinationsleiter

Die Koordinationsleitern in T-Form auslegen, um Änderungen der Laufrichtung zu erzwingen (Oltmanns, 2000; Muehlbredt, 2012; Ullrich, 2016).

… an der Koordinationsleiter

- *Läufe vorwärts und rückwärts*. Pro Feld ein oder mehrere Bodenkontakte.
- *In das Feld der Koordinationsleiter hinein und hinaus*. Vorwärts in das Leiterfeld, anschließend nach rechts aus der Koordinationsleiter hinaus, danach ein Feld weiter und in gleicher Weise nach links aus der Koordinationsleiter hinaus.
- *Seitwärts durch die Koordinationsleiter.* Pro Leiterfeld zwei Kontakte oder zwei Kontakte im 1. Feld – zwei Kontakte vor der Leiter – zwei Kontakte im 2. Feld – zwei Kontakte hinten … . Im *Zickzack vorwärts-rückwärts*. Zwei Bodenkontakte pro Leiterfeld und längs durch die Koordinationsleiter laufen (s. Abb. 19).
- *Vorwärts im Slalom mit zwei Bodenkontakten pro Leiterfeld durch die Koordinationsleiter.* Die Laufwege außerhalb der Koordinationsleiter durch Trainingspylonen verlängern.

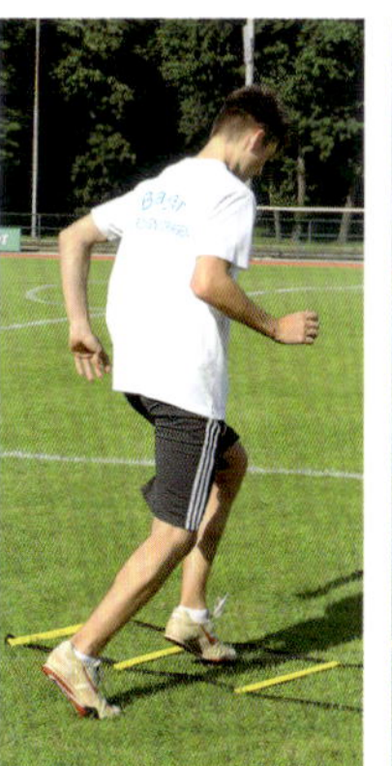
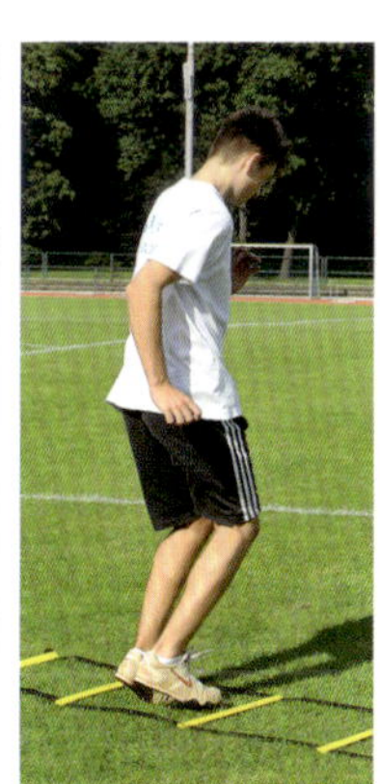
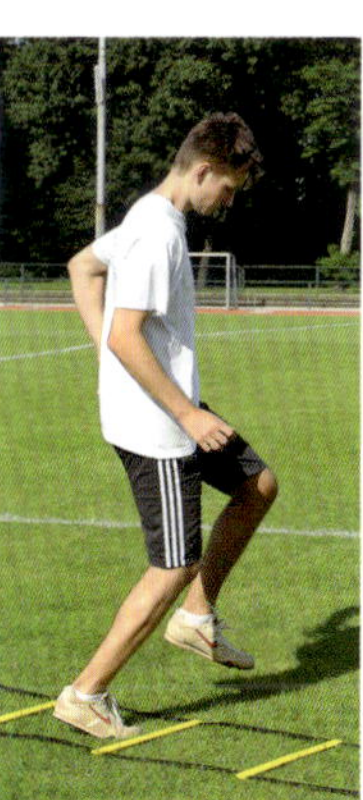
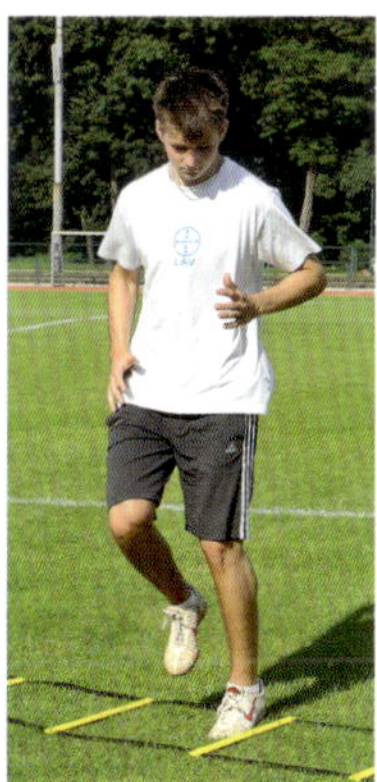
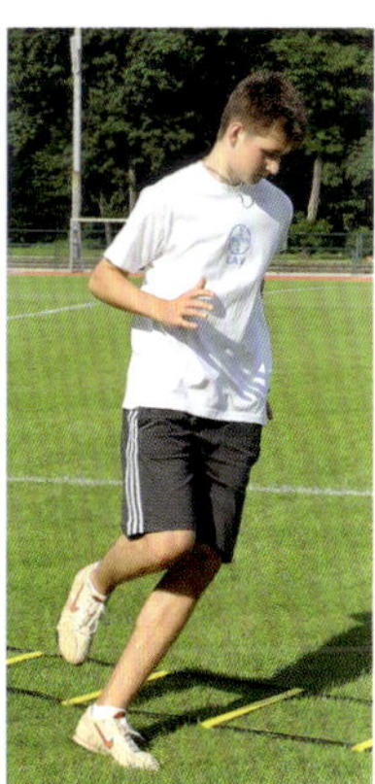

Abb. 19: Zickzack-Lauf vorwärts-rückwärts an der Koordinationsleiter mit zwei Bodenkontakten pro Zwischenraum

Die *Übungen zur Armhaltung und Armbewegung* ermöglichen zahlreiche Variationen: Arme gestreckt über Kopf oder in Seithalte, Arme hinter dem Rücken verschränken oder einen Ball mit gestreckten Armen über Kopf halten (Auf die gerade Körperhaltung mit hohem Körperschwerpunkt achten!). Der Fußabdruck erfolgt auf den Fußballen und die Armarbeit unterstützt die Bewegungsausführungen.

Prellsprünge mit Richtungsmarkierungen

Für die Schulung kurzer Bodenkontaktzeiten eignen sich Prellsprünge (Schnelle, kurze Sprünge!), bei denen die Fußspitze vor dem Bodenkontakt nach oben angezogen wird. Hierdurch entwickelt die Wadenmuskulatur eine muskuläre Vorspannung. Diese begünstigt die schnelle Streckung des Fußgelenks mit aktiver Landung auf dem Fußballen und kurze Bodenkontaktzeiten. Die Sprungrichtung geben Markierungen auf der Laufbahn oder dem Hallenboden vor.

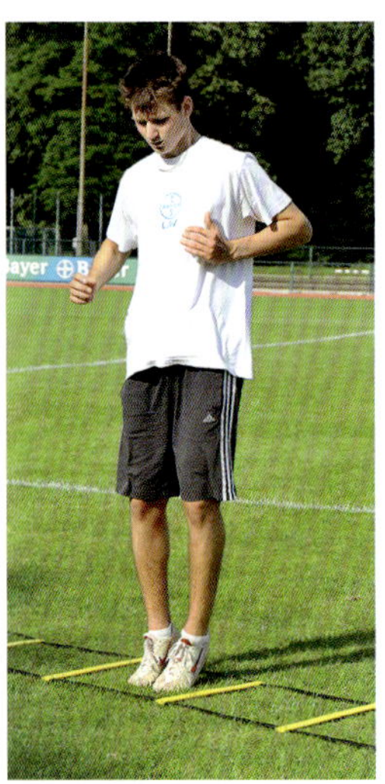

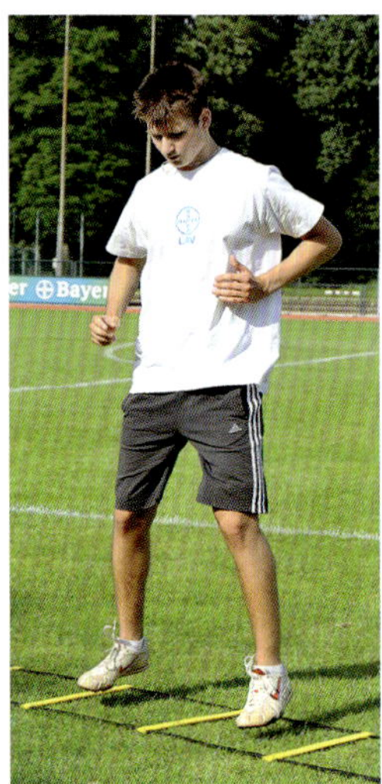

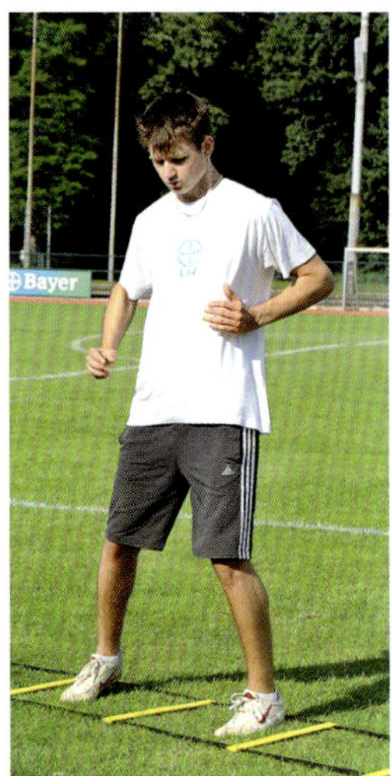

Prellsprünge

Abb. 20: Prellsprünge seitwärts beidbeinig (Koordinationsleiter)

Prellsprünge an der Übungsbahn aus Schaumstoffblöcken oder der Koordinationsleiter

... an der Übungsbahn aus Schaumstoffblöcken oder Koordinationsleiter

- Vorwärts beidbeinig oder einbeinig auf den Fußballen (1 Bodenkontakt pro Feld).
- Seitwärts beidbeinig auf dem Fußballen. In der Ausgangs- oder Landeposition befinden sich der Schaumstoffblock und die Leitersprosse zwischen den parallelen Füßen (s. Abb. 20).

Frequenzsprints mit Abstandsmarkierungen

Frequenzsprints

In den Übungen zur Verbesserung der Schrittfrequenz und der Bodenkontaktzeit wirkt sich die fehlende Konstanz der Schrittlänge nachteilig aus, so dass diese unter Berücksichtigung der individuellen Schrittlänge und Schrittfrequenz durch Markierungen vorgegeben werden sollte.

Frequenzsprints an der Übungsbahn aus Schaumstoffblöcken mit Richtungsänderungen

Parallel angeordnete flache Schaumstoffblöcke (n = 10) kurvenförmig oder mit 90°-Richtungsänderung auf den Boden aufstellen (Abstand: 50 – 100 cm, Alternative: Koordinationsleiter).

... mit Markierungen

- Vorwärts durch die Übungsbahn aus Schaumstoffblöcken sprinten (Ein Bodenkontakt pro Zwischenraum!).
- Seitwärts über die linear angeordneten Schaumstoffblöcke laufen (Zwei Bodenkontakte pro Feld!). In beide Richtungen und seitwärts laufen (Nicht ausweichen!).
- Mit unterschiedlichen Bewegungsaufgaben durch die Übungsbahn aus Schaumstoffblöcken laufen (1. Teil seitwärts, 2. Teil vorwärts).

Frequenzsprints an der Übungsbahn mit Gymnastikreifen

Als Abstandsorientierungen dienen Gymnastikreifen (Ø: 70 cm).

... an der Reifenbahn

- *Skippings vorwärts und rückwärts*
  (20 Gymnastikreifen, Anlauf: 5 m, Abstand: 100 cm ± 30 cm, Sprintstrecke: 20 – 30 m)
- Sprints vorwärts (25 – 30 Gymnastikreifen, Abstand: 1,50 – 2,00 m ± 30 cm, Sprintstrecke: 50 – 80 m)

Sprintläufe über unterschiedliche Distanzen

Ins and Outs

- *Ins and Outs*
  Mit verschiedenen Geschwindigkeiten über vorgegebene Strecken sprinten (z. B. 60 m). In den „flüssigen“ Übergängen mehrere Wechsel zwischen maximalen Beschleunigungsphasen und „lockeren“ Laufabschnitten.

Sprints unter erleichterten Bedingungen

- *Sprints unter erleichterten Bedingungen*
  Mit starkem Rückenwind oder auf wenig abschüssigen Wegen mit höchster Schrittfrequenz sprinten (Streckenlänge: 20 – 50 m). Der Fokus richtet sich auf die „entspannte“ Ausführung des Sprints und nicht auf die maximale Sprintgeschwindigkeit (Verstärktes Abbremsen beim Fußaufsatz vermeiden!).

Supramaximale Sprints

- *Supramaximale Sprints*
  Sprints über 50 m. Unterstützung durch starken Rückenwind oder Zugsysteme.

- *Sprintläufe über längere Distanzen*
  Das Ziel langer Sprintläufe besteht in der Aufrechterhaltung großer Laufgeschwindigkeiten. Als zentrale Leistungsfaktoren gelten die Sprintschnelligkeitsausdauer und die Fähigkeit, den Abfall der maximalen Sprintgeschwindigkeit gering zu halten oder zeitlich zu verzögern. Die im Training üblicherweise eingesetzten Geschwindigkeitsläufe und Pyramidenläufe setzen die ausgeprägte anaerobe Leistungskapazität voraus, die bei Kindern im Vergleich zu Erwachsenen deutlich herabgesetzt ist (s. Kap. 1.1).

... über längere Distanzen

Anregungen zum selbstständigen Experimentieren

Zeuner et al. (2010) empfehlen für das selbstständige Experimentieren folgende Sprintübungen.

Selbstständig experimentieren

- Sprintläufe mit unterschiedlicher Akzentuierung der Schrittlänge zur Erprobung der optimalen individuellen Schrittlänge.
- Laufen mit Rückenwind oder Gegenwind.
- Über längeren Zeitraum schnell laufen („Wann werde ich fest?“).
- Bei welcher Laufgeschwindigkeit und welcher Strecke erscheint der Laufstil flüssig und harmonisch?
- Kurvensprintzeit über 20 bis 30 m mit der Sprintzeit auf der Geraden vergleichen.

4.5 Lernen und Trainieren organisieren

Sicherheit

Sicherheitsaspekte

- *Laufbahn*. Hindernisse wie Laub oder Startblöcke beseitigen!
- Hinter der Ziellinie hinreichender Auslauf.
- *Bahnbegrenzungen*. Plane Flächen (Stolpergefahr!).
- Querverkehr über die Laufbahnen unterbinden!

Technik

Die Sprintschnelligkeit entwickelt sich unter trainingsmethodischen Gesichtspunkten nur dann, wenn mit hoher Intensität (Geschwindigkeit) gelaufen wird. Folgende Grundsätze müssen beachtet werden.

- Die Übungen des Sprint-ABC sollten in der 2. Aufwärmphase oder im 1. Hauptteil der Trainingseinheit erfolgen.
- Sprintübungen konzentriert und präzise mit großer Laufgeschwindigkeit sowie optimaler Bewegungsökonomie realisieren (Äußere Kennzeichen: Entspannungsfähigkeit, „Lockerheit").

Technische Ausführung

- *Übungen des Sprint-ABC*. Kurze Dauer der Einzelbelastung (3–6 sec, Streckenlänge: 20–30 m). Pause: Zurückgehen, Entspannungsübungen. Umfang: 3 bis 5 Durchgänge mit ca. 5 Übungen.
- *Komplexe Sprintübungen*. Läufe mit maximaler Geschwindigkeit über 60 m und submaximaler Geschwindigkeit über 80 m.

Vorsicht bei Ermüdung

- Zwischen den Einzelbelastungen ausreichende Pausen einplanen (maximaler Sprint über 10 m, Pause: 2 min).

Im Rahmen der Ausbildung der Sprinttechnik, der hohen Schrittfrequenz und der kurzen Bodenkontaktzeiten sollte beachten werden, dass

- die qualitativ hochwertige Bewegungsausführung im Vordergrund steht.
- die Schrittlänge und Schrittfrequenz variiert werden.
- die Steigerung der Laufgeschwindigkeit nicht auf Kosten der Bewegungsqualität geht.
- die Sprintläufe in unterschiedlichen Intensitätsbereichen erfolgen (Wechsel maximaler und submaximaler Läufe!).
- beherrschte Einzelfähigkeiten in komplexe Sprintbewegung überführt werden, indem Einzelübungen kombiniert werden und Übergänge in die komplette Sprintbewegung erfolgen.

Methodik

- *Schulung der Bewegungswahrnehmung*. Aufmerksamkeitslenkung auf einzelne Bewegungselemente wie den Ballenlauf, die Armarbeit oder die aktive Landung.

Methodische Hinweise

- Ergänzung des Schnelligkeitstrainings durch Übungen mit großer Vielfalt und Aufmerksamkeitsverteilung.
- Motivierende Übungsformen wie Leistungsvergleiche oder Staffeln halten die Intensität hoch.

4.6 Wettkämpfe

Pädagogisch orientierte Wettkampfformen

Die nachfolgend skizzierten *pädagogisch orientierten Wettkampfformen* dienen der allmählichen Hinführung der Anfänger zum schnellen Laufen.

Handicap-Sprints

Sprintwettkämpfe lassen vielfach spannende und mitreißende Momente vermissen, da der beste Sprinter bereits vor Wettkampfbeginn feststeht. Handicap-Vorgaben eignen sich, um die Spannung aufrechtzuhalten und schwächeren Sportlern größere Chancen einzuräumen (Schippert, 1993).

Pädagogisch orientierte Wettkampfformen

- Startmarkierungen in verschiedener Entfernung zum Ziel. Leistungsschwächere Läufer erhalten zum Leistungsstärksten entsprechende Vorgaben (z. B. 50-m-Lauf: Startblock 0,5 – 1 m näher zur Ziellinie positionieren).
- *Läufe auf der Rundbahn*. Für die schnellsten Athleten entfällt die Kurvenvorgabe.
- Handicap-Vorgaben eignen sich ebenso für Pendelstaffeln mit Umkehrmal.

Bumerang-Sprints oder Shuttle-Sprints

Die unterschiedlich langen Laufstrecken (n: 3 – 5) werden auf dem Boden durch Querlinien markiert. Nach dem Start kehrt der Sportler nach der Berührung der 1. Querlinie um, sprintet zur Startlinie zurück, sprintet anschließend zur 2. Querlinie usw. bis die Ziellinie erreicht wird.

Rückwärtssprint

Die Zehenspitzen zeigen in der Startposition gegen die Laufrichtung.

Sprintpokal

In 4er-Gruppen über kurze Sprintstrecken sprinten. Anschließend laufen die Gleichplatzierten gegeneinander.

Sprintmehrkampf

Addition der Laufzeiten über 25 m, 50 m und 75 m.

DLV Wettkampfsystem Kinderleichtathletik

Das *schnelle Laufen* ist Inhalt des *DLV Wettkampfsystems Kinderleichtathletik* (DLV, 2018; 2020).

DLV Wettkampfsystem Kinderleichtathletik

- In der Altersklasse U 8 (6–7 Jahre) sprinten die Sportler aus unterschiedlichen Startpositionen oder vorgeschalteten Bewegungsaufgaben über 30 m.
- In der Altersklasse U 10 (8–9 Jahre) wird aus der frei gewählten Startposition auf ein akustisches Signal gestartet und über 40 m gesprintet.
- In der Altersklasse U 12 (10–11 Jahre) starten die Athleten aus dem Startblock auf ein akustisches Signal und sprinten über 50 m.

In den drei Altersklassen U 8 bis U 12 werden Rangpunkte als Team gesammelt und die erzielten Teamwertungen in die Rangfolge gesetzt. In der Altersklasse U 12 sind Einzelwertungen möglich (DLV, 2018; 2020).

Wettkampfbestimmungen

Laufbahn

Laufbahn

Die leichtathletischen Sprintstrecken (50–400 m) sind auf der Laufbahn mit Startlinien und speziellen Beschriftungen gekennzeichnet. Die Länge der Laufstrecke wird vom zielferneren Rand der Startlinie bis zum startnäheren Rand der Ziellinie gemessen. Die Athleten laufen in den Sprintläufen bis einschließlich 400 m in zugeteilten Einzelbahnen, die während des Wettkampfs nicht verlassen werden dürfen.

Start

Start

Bei Sprintläufen (bis einschließlich 400 m) erfolgt das dreiteilige Startkommando: Auf die Plätze – Fertig – akkustisches Startsignal. Weitere Hinweise zum Start finden sich im Kapitel 5 (Starten).

Zeitnahme

Die Auslösung der Stoppuhr erfolgt bei der optischen Wahrnehmung des Startsignals (Pistole: Rauchentwicklung, Startklappe: Zusammenklappen). Die Zeitnehmer befinden sich auf der Höhe der Ziellinie und ca. 5 m von der äußeren Begrenzung der Laufbahn entfernt. Das Stoppen der Zeitnehmeruhr erfolgt dann, wenn der Sportler mit dem Oberkörper die senkrechte Ebene über dem startnäheren Rand der Ziellinie erreicht (Nicht mit Kopf, Hals, Armen, Beinen, Händen oder Füßen!). Die Läufer werden in der Reihenfolge des Zieleinlaufs platziert.

Zeitnahme

Disqualifikationen

- Freiwilliges oder absichtliches Verlassen der zugeteilten Einzelbahn
- Absichtliche Behinderung der Mitläufer

Disqualifikationen

4.7 Leseempfehlungen

In der Zeitschrift *Leichtathletiktraining* findet der Leser eine Vielzahl von Beiträgen sowohl zum inhaltlichen und methodischen Einsatz des Geh-, Lauf- sowie Sprint-ABC (Scholich, 1993; May, 2009; Schrader, 2010, 2012; Hücklekemkes, 2015; Westphal, 2015; Kupper, 2018) als auch zum variantenreichen Sprinttraining mit Hilfsgeräten (z. B. Koordinationsleitern, Gymnastikreifen, Schaumstoffblöcke; Hücklekemkes, 2000b, 2014; Oltmanns, 2000, 2002; Muelbredt, 2012, Körner, 2014, 2015; Ullrich, 2016). Zielgerichtete Trainingsübungen für das leichtathletische Schnelligkeitstraining beschreibt Herrmann (2017).

Leseempfehlungen

Kapitel

5

Starten

5.1 Voraussetzungen schaffen

5.2 Grundlegende Technikmerkmale erkennen

5.3 Techniken aneignen, variieren und optimieren

5.4 Fehler erkennen und Übungsaufgaben entwickeln

5.5 Lernen und Trainieren organisieren

5.6 Wettkämpfe

5.7 Leseempfehlungen

Die leichtathletischen Laufwettbewerbe beginnen ohne Ausnahme mit dem Start. In den *Kurzstrecken* beschleunigen die Athleten nach dem Startsignal aus der Position des Tiefstarts bis zur individuellen submaximalen oder maximalen Sprintgeschwindigkeit und in den *Mittel-* sowie *Langstreckendisziplinen* aus der Position des Hochstarts bis zur optimalen individuellen Laufgeschwindigkeit. Insbesondere für die Kurzstrecken sind der Start, die Reaktionsfähigkeit und die zweckmäßige Ausführung der ersten Beschleunigungsschritte von leistungsbestimmender Bedeutung.

5.1 Voraussetzungen schaffen

Die *Sprintleistung* beeinflussen maßgeblich die Sprintschnelligkeitsfähigkeit, die Reaktionsfähigkeit und die Beschleunigungsfähigkeit. Während die neuronal festgelegte Reaktionsfähigkeit nicht trainiert werden kann, bestimmen das Kraftfähigkeitsniveau und das korrekte technisch-koordinative „Loslaufen" die Beschleunigungsfähigkeit des Sprinters (s. Kap. 1.1). Erste Erfahrungen mit dem Starten vermitteln neben Startspielen abwechslungsreiche Reaktions- und Antrittsübungen.

Basis der Sprintleistung

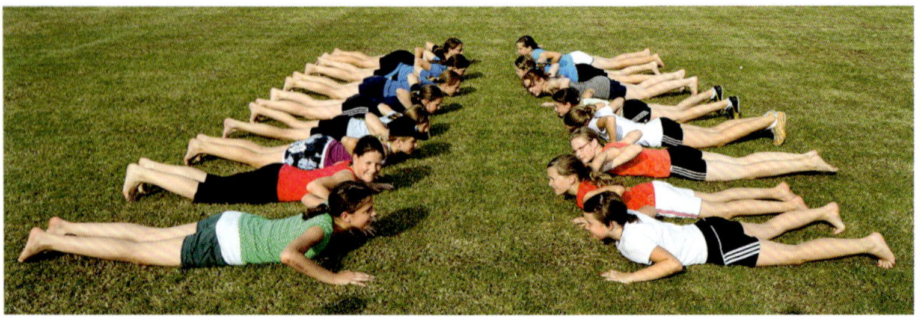

Tag-Nacht aus der Bauchlage

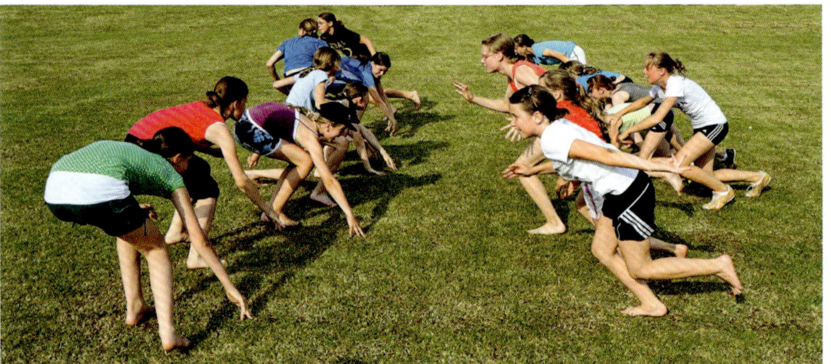

Abb. 21: Tag-Nacht aus der Bauchlage

Startspiele

Kleine Spiele und Übungsformen vermitteln das Starten spielerisch.

Tag-Nacht

Zwei Teams – Tag und Nacht – stehen sich im Abstand von 2 m gegenüber (s. Abb. 21). Auf das Kommando „Nacht“ läuft die Gruppe „Nacht“ von der Gruppe „Tag“ weg. Die Gruppe „Tag“ versucht die Teammitglieder „Nacht“ vor der Ziellinie abzuschlagen. Gefangene Mitglieder der Gruppe „Nacht“ wechseln in die Gruppe „Tag“. Das Ziel besteht darin, eine große Anzahl anderer Gruppenmitglieder abzuschlagen. Als Varianten kann aus verschiedenen Ausgangsstellungen (z. B. Liegen, Sitzen), auf akustische oder optische Signale gestartet werden.

Komm mit – Lauf weg

Startspiele

Die Sportler bilden einen großen Kreis mit dem Gesicht zur Kreismitte. Ein Athlet läuft außen um den Kreis, tippt einen Sportler auf den Rücken und ruft entweder „Komm mit“ oder „Lauf weg“. Auf das Kommando „Komm mit“ verfolgt der angetippte Athlet den Läufer, auf das Kommando „Lauf weg“ laufen beide Sportler in entgegengesetzte Richtungen. Wer als Letzter den Ausgangspunkt erreicht, wird zum neuen Läufer.

Kettenreaktion

Die Athleten stehen in einer Linie nebeneinander. Der auf der linken Seite der Reihe stehende Sportler lässt sich nach vorn fallen und sprintet zur Ziellinie. Unmittelbar nach dem Start des 1. Läufers startet der benachbarte Athlet in derselben Art und Weise.

Partnerfangen

Zwei Sportler stehen mit einem Abstand zwischen 2 und 3 m hintereinander. Auf ein Signal muss der vordere Partner bis zur Ziellinie gefangen werden (Ausgangsposition: Stehend, Sitzend, Bauchlage, Rückenlage, Tiefstartposition).

Frühstarter

Die Athleten stehen in der Reihe nebeneinander mit Blick zur Laufrichtung. Das Ziel liegt 30 m entfernt. Der Trainer geht hinter der Reihe entlang und legt einem Sportler einen kleinen Gegenstand in die nach hinten ausgestreckte Hand. Hierauf sprintet dieser Athlet zum Ziel. Die anderen Sportler versuchen das Ziel früher zu erreichen.

Start gegen „fliegenden“ Partner

Hinter Partner 1 liegt im Abstand von 5 m ein Fahrradreifen auf dem Boden. Der „fliegende“ Partner 2 nähert sich dem Reifen von hinten (Entfernung: 15 m). Betritt Partner 2 den Fahrradreifen, läuft Partner 1 weg und Partner 2 versucht Partner 1 bis zur Ziellinie zu erreichen.

Reaktions- und Antrittsübungen

Reaktionsübungen und Antrittsübungen (Sprintstrecke: 15 – 20 m) schulen durch abwechslungsreiche Variationen der Ausgangsstellung, der Bewegungsrichtung oder des Startsignals zielgerichtet das Beschleunigungsvermögen der Kinder sowie Jugendlichen. Die Übungen lassen sich als partnerweises Verfolgungsrennen von zwei Linien ausführen (Homogene Paare! Abstand: 1,50 – 2,50 m). Hierbei versucht der hintere Läufer den vorderen Läufer zu fangen.

Reaktions- und Antrittsübungen

Ausgangsstellung und Bewegungsrichtung variieren

An der Startlinie können folgende Ausgangspositionen – in oder entgegen der Laufrichtung – eingenommen werden.

- *Hochstart* aus enger oder weiter Schrittstellung
- *Kauerstart* mit einbeiniger oder beidbeiniger Abstützung
- *Skippings* auf der Stelle
- Langsitz, Schneidersitz, Hürdensitz oder Kniestart
- Bauchlage, Rückenlage oder Liegestütz

Ausgangsstellung variieren

Startsignal variieren

- *Akustische Signale*. Zuruf (z. B. „Los-ab-weg“), Klatschen, auf den Boden stampfen, Pfiff oder Startklappe.
- *Optische Signale*. Handzeichen, Tuch schwenken, Gegenstand fallen lassen oder Lichtsignal mit der Taschenlampe.

Startsignal variieren

5.2 Grundlegende Technikmerkmale erkennen

Der *Sprintstart* verlangt von den Athleten schnell auf das Startsignal zu reagieren und mit explosivem Abdruck von der Laufbahn oder aus dem Startblock in kurzer Zeit die individuelle Höchstgeschwindigkeit zu

Verschiedene Starttechniken

erreichen. Der *Tiefstart* gilt für geübte Sprinter als die optimale Starttechnik, während für weniger geübte oder jüngere Sportler der *Hochstart*, der *Dreipunktstart* oder der *Einhandstart* die effektive Starttechnik darstellt. Kinder verfügen vielfach nicht über die für den Tiefstart erforderliche Kraftfähigkeit.

Hochstart

Hochstart

Der Hochstart (s. Abb. 22) wird in den Mittel- und Langstreckenläufen (ab 800 m) oder den Sprintstaffeln im Rahmen des Stabwechsels angewendet (s. Kap. 7). Der Abstand zwischen der vorderen und hinteren Fußspitze beträgt eine Fußlänge. Das Körpergewicht verlagert sich in der Schrittstellung auf das vordere, stärkere „Sprungbein" mit Druck auf beiden Fußballen. Die Kniegelenke werden gebeugt, der Oberkörper im Hüftgelenk nach vorn geneigt und die im Ellbogengelenk abgewinkelten Arme gegengleich zu den Beinen geführt. Der Blick richtet sich nach „vorn-unten" (Keine Auftaktbewegungen!).

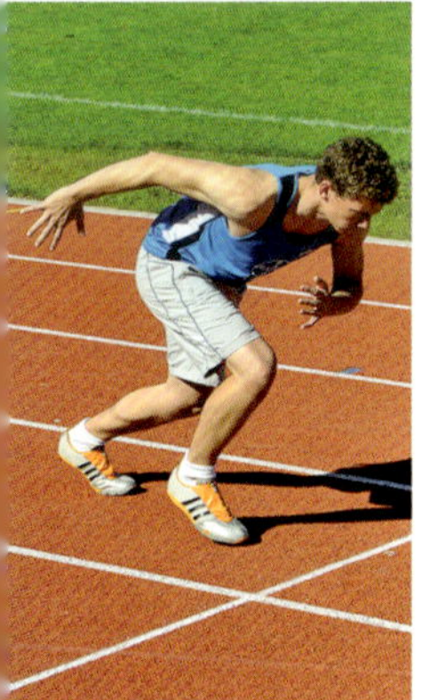
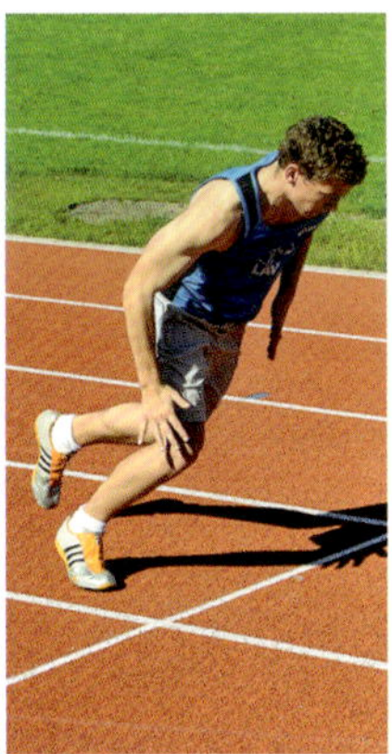
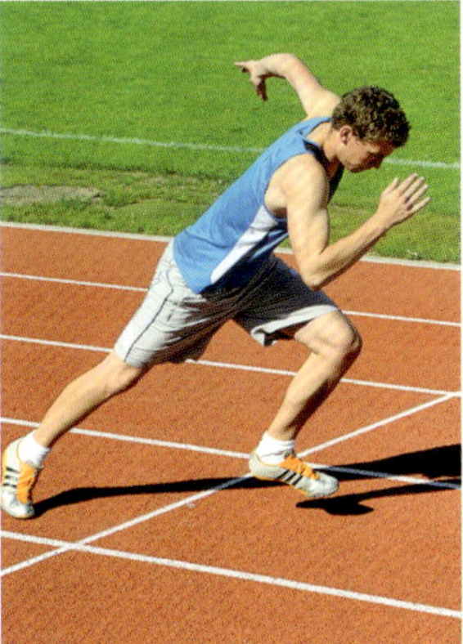
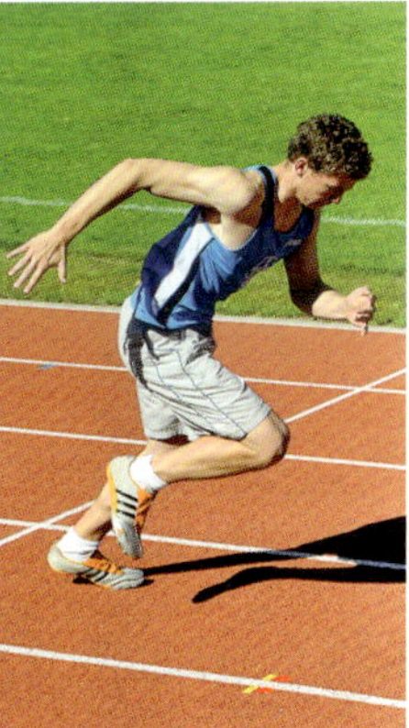

Abb. 22: Hochstart

Das Kommando Auf die Plätze leitet die Hochstartstellung ein. Das nach 2 bis 3 sec (!) folgende Kommando Los (Startsignal) löst den ersten schnellen Schritt, den kraftvollen Abdruck vom vorderen Bein und die aktive Armunterstützung aus. Die Körpervorlage (Ohne Hüftknick!) mit aktivem Armeinsatz wird auf den weiteren Schritten zunächst beibehalten, bevor sich der Oberkörper allmählich aufrichtet (s. Abb. 22).

Dreipunktstart (Einhandstart)

Der Dreipunktstart (Einhandstart, s. Abb. 23) ist in den Sprintwettkämpfen zwar wenig verbreitet, eignet sich aber aufgrund des nach vorn verlagerten Körperschwerpunkts als „Vortechnik" des Tiefstarts und als Basis für die Entwicklung der stabilen Ausgangsstellung zu Beginn des Staffelwechsels (Punktgenauer Ablauf!). Aus der Ablaufposition des Hochstarts wird in der „tieferen" Schrittstellung die zum vorderen Bein gegengleiche Hand im Abstand von zwei Fußlängen vor dem vorderen Fuß am Boden abgestützt. Die ersten Ablaufschritte erfolgen analog zum Hochstart.

Dreipunktstart

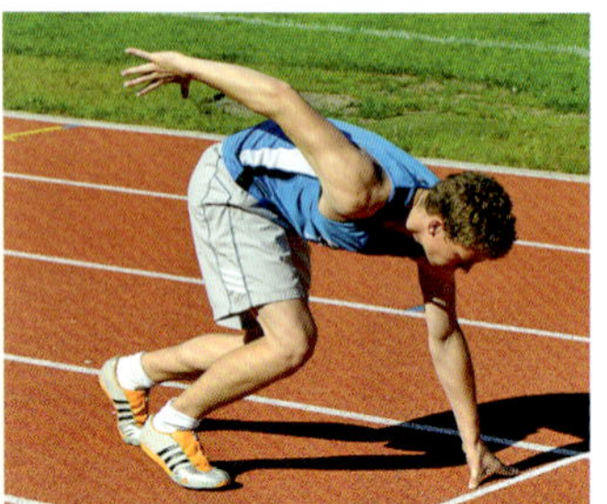
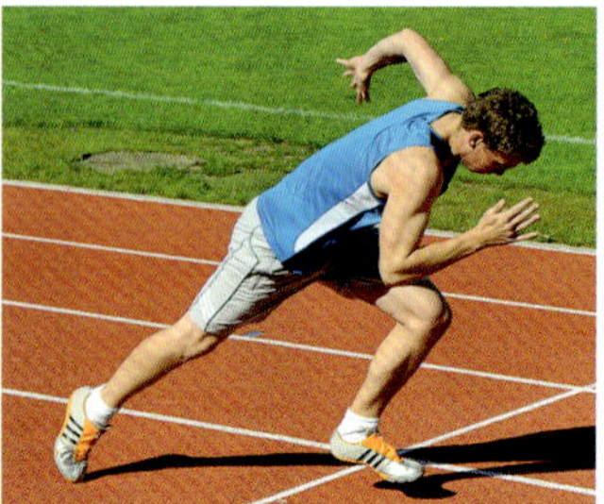
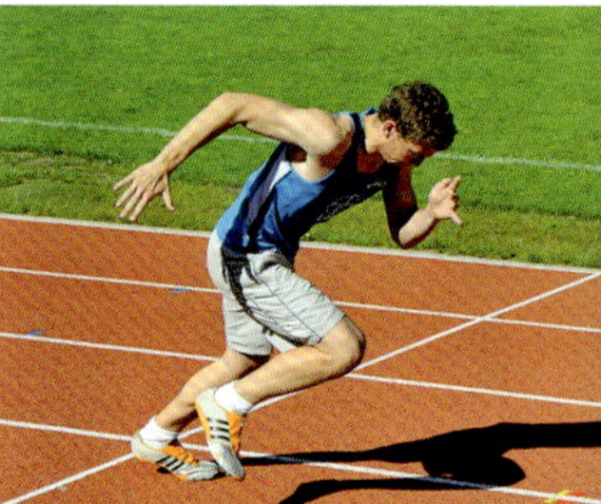

Abb. 23: Dreipunktstart (Einhandstart)

Tiefstart

Der Tiefstart (Sprintstrecken bis 400 m, s. Abb. 24 u. 25) bietet durch den tiefen, nach vorn verschobenen Körperschwerpunkt ideale Voraussetzungen für den kraftvollen Abdruck nach vorn, die lange Beschleunigungsphase und den fließenden Übergang in den Sprintlauf. Unterschieden werden *vier Phasen*: Startblockeinstellung, Startvorbereitung, Startaktion und Sprintbeschleunigung. Das *Startkommando des Tiefstarts* gliedert sich in drei Abschnitte: *Auf die Plätze – Fertig – Los (Signal).*

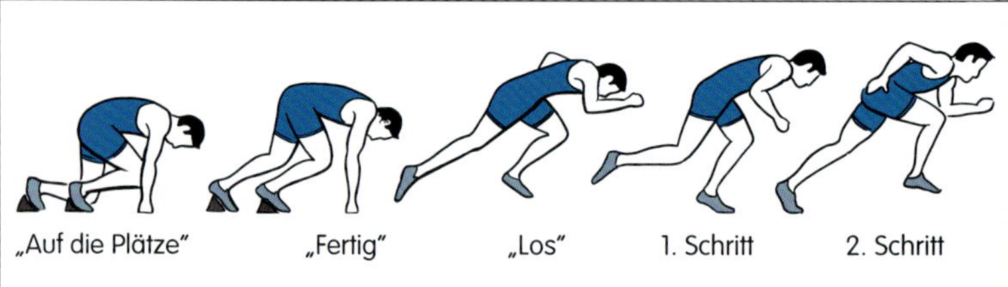

Tiefstart

Abb. 24: Phasen des Tiefstarts

Startblockeinstellung

Startblock-einstellung

Anfänger wählen die mittlere Startblockeinstellung. Das leistungsstärkere Bein (Sprungbein) stützt auf der flach eingestellten vorderen Fußstütze des Startblocks auf (Muskuläre Vorspannung!), da dieses über einen längeren Zeitraum vom Startblock abdrückt. Der Abstand der vorderen Fußstütze zur Startlinie beträgt 1,5 bis 2 Füße und zwischen den beiden Fußstützen einen Fuß (Vordere Fußstütze nicht zu nah an der Startlinie!).

Startvorbereitung

Startvorbereitung

Zur Startvorbereitung zählen die Einnahme der Startposition („Auf die Plätze") und die optimale Ausgangsposition („Fertig").

„Auf die Plätze-Position"

- ***Einnehmen der Startposition (Kommando „Auf die Plätze")***
  Die Hände setzen in der „Auf die Plätze-Stellung" schulterbreit vor der Startlinie auf. Die Daumen und die Zeigefinger bilden das sogenannte „Mauseloch". Die geringfügig abgespreizten anderen Finger stützen auf der Laufbahn auf, um die Unterstützungsfläche und die Stabilität zu erhöhen. Beide Fußsohlen halten Kontakt mit den Fußstützen. Das Körpergewicht wird gleichmäßig auf beide Arme und Beine verteilt. Das hintere Kniegelenk stützt auf der Laufbahn auf. Der Schultergürtel befindet sich in der senkrechten Projektion über der Startlinie (Arme senkrecht!). Der Blick richtet sich nach unten.

„Fertig- Position"

- ***Optimale Ausgangsposition (Kommando „Fertig")***
  Auf das Kommando Fertig hebt der Sprinter das Becken schnell an, indem sich das hintere Kniegelenk von der Laufbahn löst, während der Oberkörper abgesenkt bleibt. Die Schultern verlagern sich geringfügig vor den Stützpunkt der Hände (Becken höher als der Schultergürtel!). Der Kniewinkel des vorderen Beins beträgt ca. 90° und des hinteren Beins zwischen 120° und 140°. Das Körpergewicht ruht gleichmäßig auf beiden Armen und Beinen. Die Füße drücken gegen die Fußstützen (Anpressdruck: Vorspannung der Muskulatur). Der Kopf befindet sich in Verlängerung der Wirbelsäule mit Blick nach unten (s. Abb. 24 u. 25).

Startaktion (Kommando „Los")

Startaktion

Auf das Kommando Los (Startsignal) drückt sich der Sprinter mit beiden Beinen kraftvoll vom Startblock ab. Mit Beginn des gegengleichen, geradlinigen Armschwungs löst sich zuerst das hintere Bein von der Fußstütze und schwingt schnell sowie flach nach vorn.

Anschließend folgen die intensive Streckbewegung des vorderen Beins im Kniegelenk und der Abdruck von der vorderen Fußstütze. Der gegengleiche Armeinsatz unterstützt die Rumpfanhebung. Die Kopfstellung und die Blickrichtung orientieren sich nach „vorn-unten" (s. Abb. 25).

Tiefstart

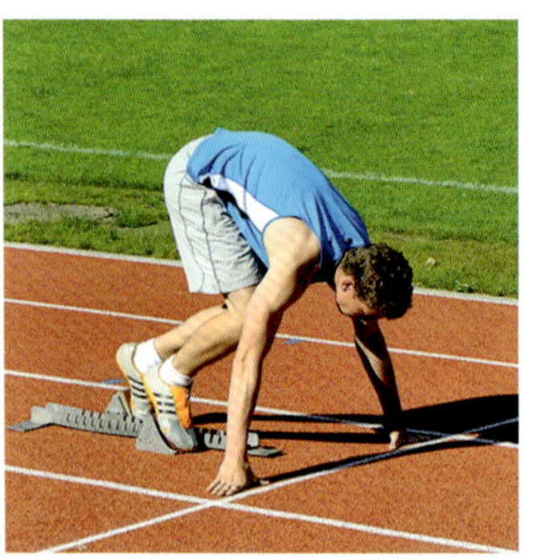
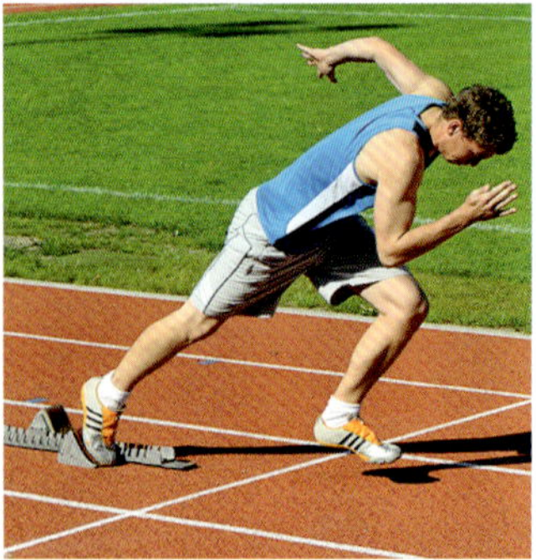
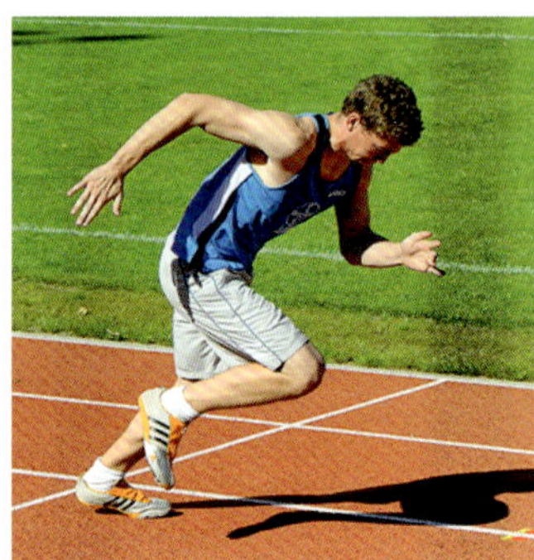

Abb. 25: Tiefstart

Sprintbeschleunigung

Zum Zeitpunkt „Lösen vom Startblock" bilden das abstoßende, vordere Bein und der Oberkörper eine Linie. Der 1. Schritt setzt aktiv schnell und flach auf (Schnelles Bodenfassen mit aktivem Fußaufsatz auf dem Fußballen!). Der Fußaufsatz erfolgt unter Beibehaltung der Körpervorlage hinter der senkrechten Projektion des Körperschwerpunkts und in den weiteren Schritten unter dem Körperschwerpunkt. Der Übergang zur lokomotorischen Sprintphase findet – unterstützt durch den wechselseitigen, aktiven Armeinsatz – mittels frequenzorientierter Schritte auf den Fußballen sowie kurzen Flugphasen und Stützzeiten statt. Die allmähliche Aufrichtung des Oberkörpers zur Sprinthaltung erfolgt während der druckvollen Beschleunigungsschritte bei kontinuierlicher Verlängerung der Schritte. Den zweckmäßigen Übergang in den Sprint kennzeichnen der zunehmende Kniehub und die Vergrößerung der Schrittlänge.

Sprintbeschleunigung

Die Kriterien des optimalen Sprintstarts werden nachfolgend gebündelt.

Grundlegende Technikmerkmale des Tiefstarts

- Den Sprintstart zeichnet der explosive, nach vorn gerichtete Abdruck aus dem Startblock aus.
- Entscheidend ist nicht die spezielle Starttechnik, sondern die maximale Bewegungsbeschleunigung auf den ersten Metern der Sprintstrecke.

- Leistungsstarke Athleten sprinten mit kurzen Bodenkontaktzeiten, hohen Schrittfrequenzen und langer Beschleunigungsphase.
- In der Beschleunigungsphase ist vorrangig die hohe Schrittfrequenz bei optimaler Schrittlänge bedeutsam.

5.3 Techniken aneignen, variieren und optimieren

Welche Starttechnik eignet sich für wen?

Die *Schulung des Sprintstarts* darf sich nicht ausschließlich auf den technisch korrekten Bewegungsablauf und die entsprechende Körperposition in den einzelnen Startphasen beschränken, sondern muss ebenfalls die Ausbildung der Beschleunigungsfähigkeit berücksichtigen (s. Kap. 1.1). Anfänger und insbesondere Kinder erzielen mit dem Hochstart bessere Startleistungen als mit dem technisch und konditionell anspruchsvollen Tiefstart. In der Kinderleichtathletik sollte zunächst in vielfältigen Spielsituationen das schnelle Reagieren und Antreten erprobt sowie der Bewegungsablauf des Hochstarts in der Grobform erworben werden (Katzenbogner, 1993).

Schulkindalter

Hochstart über Dreipunktstart zum Tiefstart

Im *Schulkindalter* kann sowohl die Schrittgestaltung in der Beschleunigungsphase als auch die Starttechnik schrittweise vom Hochstart über den Dreipunktstart zur Grobform des Tiefstarts vermittelt werden. Die *Weiterentwicklung des Tiefstarts* erfolgt über sogenannte *Aktionsstarts* aus einfachen und schwierigen Ausgangspositionen. Die neuronal festgelegte *Reaktionszeit* (Zeit bis zur ersten Reaktion) lässt sich durch Startübungen zwar nicht verbessern, jedoch kann die *Push-Zeit* (Zeit von der ersten Reaktion bis zum Lösen des ersten Fußes vom Boden) um Zehntelsekunden verringert werden (Herrmann et al., 2015).

Aktionsstart

Der Aktionsstart erfolgt auf unterschiedliche akustische, optische und taktile Startsignale (z. B. Klatschen, Pfeifen, Gegenstände fallen lassen, Handzeichen, kurzzeitige Berührung der Startenden)

Antritte auf Startsignale

- aus verschiedenen Körperpositionen in oder gegen die Laufrichtung (z. B. Stand, Sitz, Bauchlage, Rückenlage, Liegestütz, Hürdensitz),
- auf der Stelle (z. B. Dribblings, Skippings, Hocksprünge) oder
- aus der Vorwärtsbewegung (z. B. Gehen, Laufen, Skippings).

Fallstart

Den Oberkörper in „gestreckter" Position nach vorn fallen lassen und explosiv in der Vorlage ohne „Hüftknick" mit aktivem Kniehub, druckvollen Schritten und Blick nach „vorn-unten" starten.

Abläufe aus der Hochstartposition

Abläufe aus verschiedenen Startpositionen

- Hochstart aus der normalen Ausgangsposition
- Hochstart aus kleinen Bein- und Hüftwinkeln
- Kauerstart und Hockstart (Tiefe Ausgangsposition!)

Beim Hochstart auf die aktive Bewegungsbeschleunigung – zu Beginn über 15 bis 20 m, später bis 40 m – und die Steigerung der Sprintgeschwindigkeit achten (Beidseitig üben!).

Abläufe aus Zwischenstartformen

Zwischenstartformen

- ***Staffelablauf-Start.*** Aus der tiefen Schrittstellung mit Blick nach hinten auf ein optisches Startsignal reagieren.
- ***Dreipunktstart (Einhandstart).*** Die „Gegenhand" des vorderen Beins stützt in der Schrittstellung auf dem Boden auf. Der Start erfolgt mit Körperstreckung und Körpervorlage. Der Oberkörper bleibt auf den ersten Schritten „tief" (Höhenorientierer einsetzen!).
- ***Vierpunktstart.*** Beide Hände stützen auf dem Boden auf (s. Abb. 26, Bild 1). Je größer der Abstand zwischen den Händen und dem vorderen Fuß, desto mehr müssen sich die Sprinter konzentrieren, mit druckvollen, flachen Schritten aktiv nach vorn zu laufen.
- ***Hüpfender Ablauf.*** In der „Fertig-Position" mit kurzzeitigen Bodenkontakten drei- bis fünfmal flach prellend auf der Stelle springen und nach dem letzten Bodenkontakt aktiv nach vorn beschleunigen (s. Abb. 26, Bild 2).

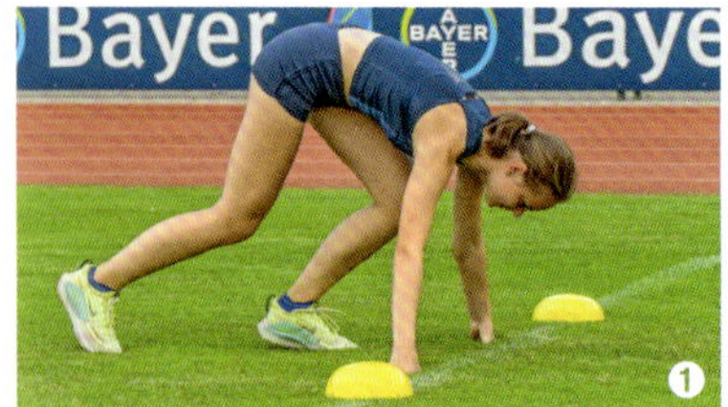

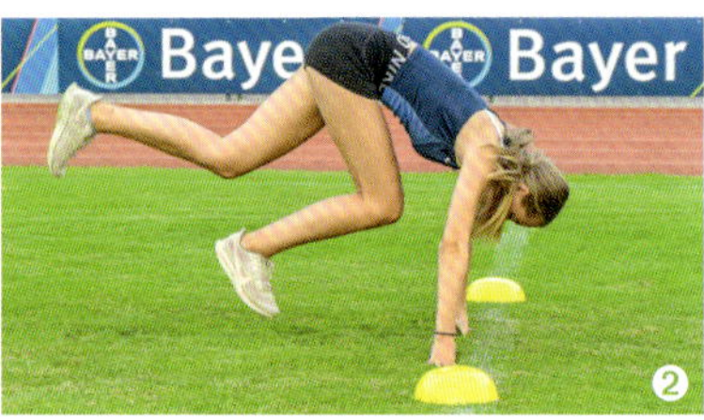

Vierpunktstart

Abb. 26: Vierpunktstart (1) und Vierpunktstart mit hüpfendem Ablauf (2)

Abläufe aus der Tiefstartposition

- Einzelstart aus dem Startblock (mit und ohne Startkommando)
- Gruppenstarts aus dem Startblock mit Startkommando

Anfänger sollten die Abläufe zunächst aus unterschiedlichen Startpositionen ohne Kommando oder Gegner erproben. Die Streckenlänge beträgt 10 bis 15 m (8 – 12 Schritte). Die Verlängerung der Laufstrecke lenkt die Aufmerksamkeit auf den Übergang vom Drucklauf zum Zuglauf. Während der Beschleunigung müssen die Sportler die hinreichende Körpervorlage, die hohe Schrittfrequenz und die zunehmende Schrittverlängerung beachten.

5.4 Fehler erkennen und Übungsaufgaben entwickeln

Die Übungsaufgaben sollten folgende Aspekte berücksichtigen. Durch *Bewegungskorrekturen* können die strukturellen Technikmerkmale des Startens veranschaulicht werden. Die *Variationen der Bewegungsausführung* und das *selbstständige Experimentieren* fördern die Aneignung und die Optimierung des Startens. Die Entwicklung variantenreicher Übungsaufgaben zur Verbesserung der Tiefstarttechnik erfolgt mit der Beteiligung der Sportler.

Übungsaufgaben zur Konzentration

Schulung der Konzentrationsfähigkeit

Anfänger müssen die Reaktion auf das Startsignal und die schnelle Startausführung umfassend üben. Zwar lässt sich die neuronale Reizleitungsgeschwindigkeit durch Training nicht verändern, jedoch kann die Konzentrationsfähigkeit und die Aufmerksamkeitslenkung auf ein bestimmtes Ereignis durch spezielle Übungen verbessert werden (Hücklekempkes, 2002; Gries, 2022).

Startsignale zur Steigerung der Konzentration

- Namen der Startenden rufen oder diese berühren
- Pfiff. Laut = Start, leise = Kein Start
- Klatschen. 1 x = Start, 2 x = Kein Start

Startsignal mit Aufgabenstellung

- Den Athleten beliebige Zahlen zurufen. Wenn die Zahl durch 3, 5, 6 oder 9 teilbar ist, dann erfolgt der Start.
- Nacheinander verschiedene Begriffe zurufen. Bei Dopplung der Begriffe darf der Sportler loslaufen.
- Bestimmte Attribute festlegen (z. B. Jahrgang, T-Shirt-Farbe). Nur diejenigen dürfen starten, auf welche das Attribut zutrifft.
- *Kettenreaktionsstart.* Die Athleten liegen in der Bauchlage nebeneinander und starten nach dem Startsignal nacheinander in Wellenform (von rechts, links oder der Mitte nach außen).

Startsignale mit Aufgabenstellung

Technisch korrekte „Fertig-Position"

Anfängern bereiten in der „Fertig-Position" die Einschätzung der *technisch korrekten Stellung der Beckenachse* und der *Kniegelenkwinkel* große Probleme. Die Hüft- und Kniegelenkwinkel dürfen nicht zu klein gewählt werden, da hierdurch die Kontaktzeiten verlängert werden (Herrmann et al., 2015). Wenn der *Hüftgelenkwinkel* in der „Fertig-Position" zu klein gewählt wird, dann kann keine hinreichende Spannung gegen die hintere Fußstütze erzeugt werden. Demgegenüber begünstigen große Hüftgelenkwinkel den horizontal gerichteten Abdruck vom Startblock und verhindern die vertikale Körperaufrichtung (s. Abb. 27). In diesen Fällen sollte sowohl der Abstand des Startblocks zur Startlinie als auch der Fußstützen untereinander vergrößert werden.

Technisch korrekte „Fertig-Position"

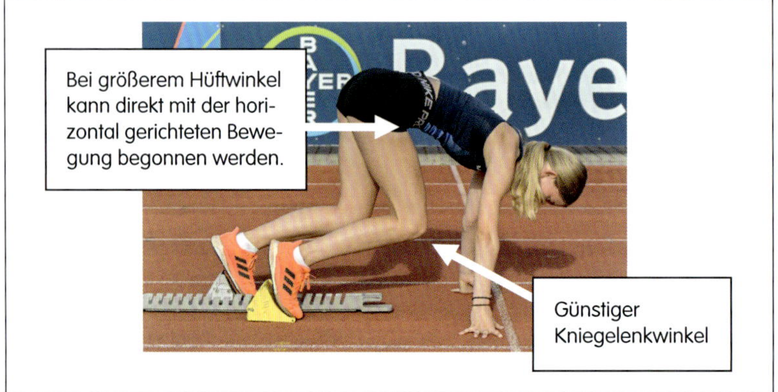

Abb. 27: Großer Hüft- und Kniewinkel bei weiter Startblockeinstellung (mod. nach Herrmann et al., 2015a)

Hüft- und Kniewinkel beachten

Übungsaufgaben zum explosiven Abdruck

Explosiver Abdruck

Das entscheidende Merkmal für den effektiven Start stellt der explosive Abdruck von beiden Fußstützen dar, der maßgeblich durch die große Streckkraftfähigkeit der unteren Extremitäten bestimmt wird. Anfänger neigen dazu, den hinteren Fuß frühzeitig von der Fußstütze zu lösen. In diesem Fall kann der Hinweis helfen, einen flachen Sprung nach vorn auszuführen. Hierdurch wird das hintere Bein schnell und flach nach vorn beschleunigt, während das vordere Bein längere Zeit von der Fußstütze abdrückt. Das hintere Bein bereitet den 1. Schritt vor, während das vordere Bein durch die Hüftgelenkstreckung den Körperschwerpunkt nach vorn führt (Herrmann et al., 2015).

Übungsaufgaben zur Synchronisation der Arme und Beine

Arm- und Beinarbeit abstimmen

Anfänger heben direkt nach dem Startschuss vielfach den Kopf an und führen beide Arme zurück. Bei diesen Fehlerbildern beachten, dass der Gegenarm frühzeitig zum Schwungbein nach vorn schwingt. Übungen mit geringen Zusatzgewichten schulen die spezifische Armkontrolle (z. B. Tennisball, kleiner Medizinball, Herrmann et al., 2015).

Beschleunigung in der Vorlage

Anfänger richten nach dem Abdruck vom Startblock mehrheitlich den Oberkörper auf. Als Hilfestellung empfehlen sich Markierungen auf dem Boden, die beim Überlaufen angeschaut werden sollen. Ebenso kann der Hinweis helfen, nicht zum Ziel, sondern auf die Laufbahn zu blicken.

Strecksprünge mit Ablauf aus verschiedenen Ausgangspositionen

Übungen aus der Liegestützposition

Strecksprünge mit Ablauf

... aus der Liegestützposition

- *Im Wechsel zuerst das eine, anschließend das andere Bein anhocken.* Hierbei auf den aktiven, dynamischen Beinzug nach vorn achten (Variation: Beide Beine gleichzeitig an hocken!).
- *Liegestütz – (Schritt)Hocke – Strecksprung.* Aus dem Liegestütz über die (Schritt)Hocke oder Beidbeinhocke den Strecksprung nach oben ausführen (Landung auf dem Fußballen!).
- *Liegestütz – Hocke – Strecksprung – Skippings.* Direkt nach der Landung mehrere Skippings ausführen.

- *Liegestütz – Hocke – Strecksprung – Ablauf*. Nach der Landung einen Ablauf über kurze Distanzen realisieren (5 – 10 m, s. Abb. 28).

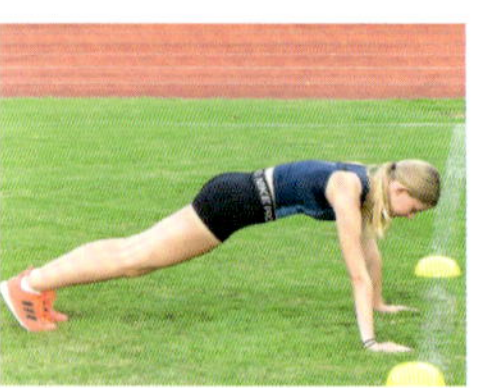
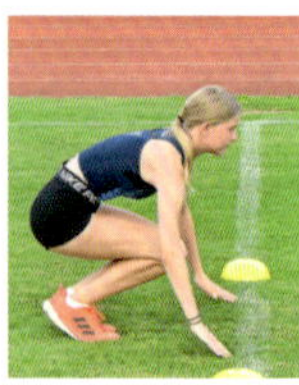
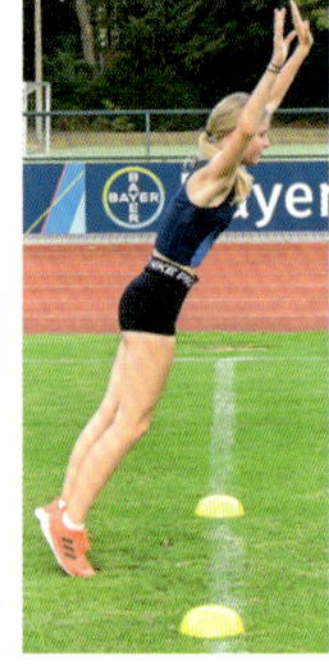

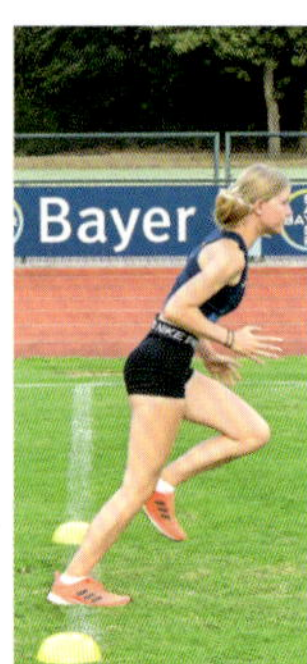

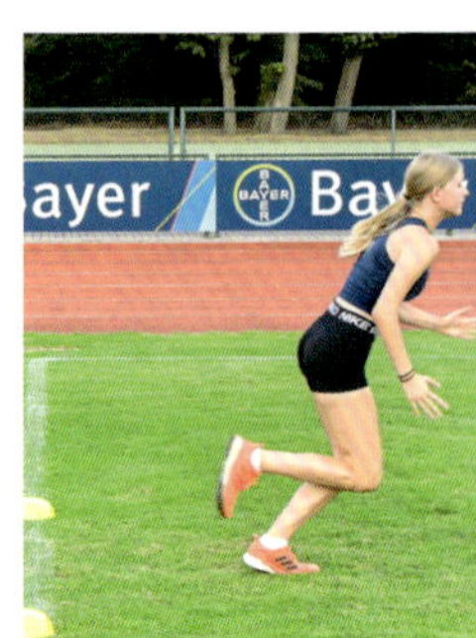

Abb. 28: Liegestütz – Hocke – Strecksprung – Ablauf

Übungen aus der Schritthocke

... aus der Schritthocke

- Den Strecksprung nach „vorn-oben“ aus der tiefen Schritthocke erproben. Hierbei kraftvoll mit dem vorderen Fuß vom Boden abstoßen und das Schwungbein mit großem Kniehub nach „vorn-oben“ führen.

- Wie zuvor, aber nach der Landung auf dem Schwungbein erfolgt der Ablauf über kurze Distanzen (5 – 10 m).

Die Übungen wechselseitig ausführen und auf die vollständige Streckung des Sprungbeins im Kniegelenk nach dem Abdruck vom Untergrund achten. Die aktive Armarbeit unterstützt die Bewegungsausführung und vermindert die Oberkörperrotation um die Körperlängsachse (Hücklekemkes, 2014).

Sprünge aus der „Auf-die-Plätze-Position“ ohne Startblock

... aus der „Auf-die-Plätze-Position“

- Auf das Startkommando den Startsprung mit kraftvollem Abdruck beider Beine nach „vorn-oben“ ausführen.

- Wie zuvor, aber nach der Landung auf beiden Füßen (Schrittstellung) mehrere Skippings über kurze Distanzen realisieren (5 – 10 m).

Beim Startsprung auf die Streckung des Sprung-, Knie- und Hüftgelenks sowie während der Landung auf den gleichzeitigen Bodenkontakt der Füße achten.

Startsprünge mit Ablauf aus dem Startblock

Sprünge aus der „Fertig-Position“ aus dem Startblock (zuerst ohne, dann mit Startkommando!)

- Auf Kommando den Startsprung nach vorn realisieren. Das vordere Bein kraftvoll von der Fußstütze abstoßen und das hintere Bein aktiv sowie schnell nach „vorn-oben“ führen (s. Abb. 29).
- Wie zuvor, aber direkt nach der Landung auf dem Schwungbein erfolgt der Sprunglauf über 15 bis 20 m.

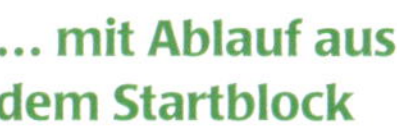

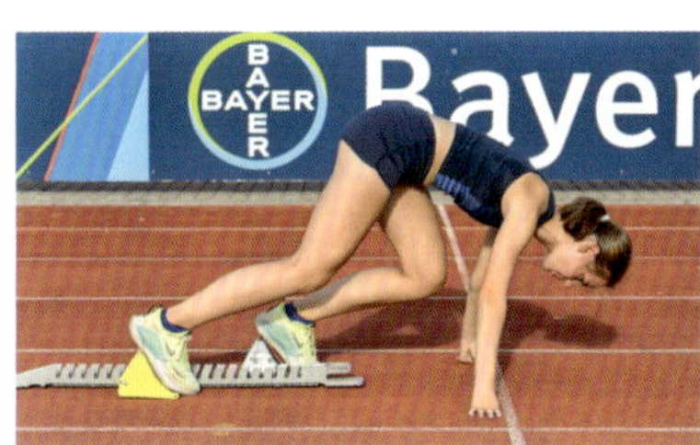

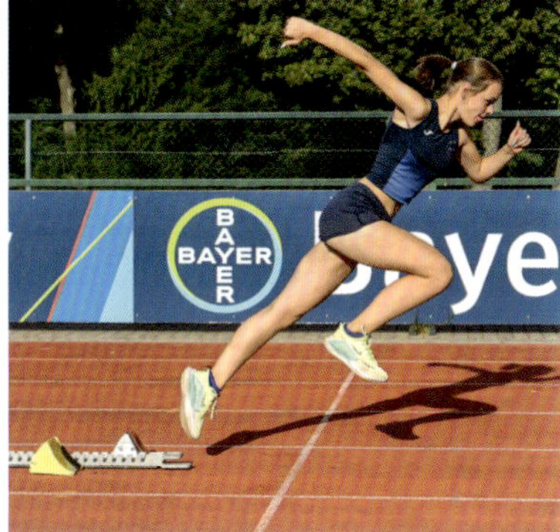

Abb. 29: Sprung aus der „Fertig-Position“

Auf die vollständige Streckung des Kniegelenks des vorderen Beins nach dem Abdruck und das schnelle Vorbringen des Schwungbeins nach „vorn-oben“ achten.

- Schrittsprung unter Beibehaltung der Körpervorlage (Nicht auf maximale Weite, sondern flach und schnell abspringen!).
- Aktiver Absprung nach vorn mit kurzzeitigem Schwungbeineinsatz des hinteren Beins und Landung mit gestreckter Körperhaltung auf der Weichbodenmatte.

Starttechnik und maximale Beschleunigung

Der flache Start und die große Bewegungsbeschleunigung müssen direkt miteinander verbunden werden. Dementsprechend sollten Sprinter mit schnellen, größer werdenden Schritten beschleunigen (Optimales Verhältnis zwischen Schrittlänge und Schrittfrequenz!).

Anregungen zum selbstständigen Experimentieren

Zeuner et al. (2010) und Beckmann (2010) empfehlen für das selbstständige Experimentieren folgende Übungen.

- Sportler erproben „Wie starte ich am schnellsten?“
  Verschiedene Lösungen zwischen dem Hochstart und dem Tiefstart ausprobieren (z. B. Hochstart mit Abdruck von der Fußstütze).
- Unterschiedliche Tiefstartstellungen erproben (Welches Bein ist vorn? Abstand der Fußstütze zur Startlinie und untereinander?).
- Startkommando und Zeitnahme selbstständig ausprobieren.
- Den Start paarweise mit Handicap ausführen und angemessene Handicaps für den Wettkampf mit dem Partner finden.

5.5 Lernen und Trainieren organisieren

Sicherheit

Sicherheitsaspekte

- In kleinen Sporthallen die Hallenwand mit Weichbodenmatten sichern.
- Sicherheitsbestimmungen wie beim *Sprintlauf* (s. Kap. 4.5).

Technik

Technische Ausführung

- Die entscheidenden Kriterien bei der Auswahl der Starttechnik – Hochstart oder Tiefstart – stellen die körperlichen Leistungsvoraussetzungen, die Beschleunigungsfähigkeit und die Kraftfähigkeit der Kinder sowie Jugendlichen dar.
- Die Gelenkbeugewinkel müssen in den verschiedenen Startpositionen der individuellen körperlichen Entwicklung entsprechen.
- Beim *Tiefstart* bestimmen die individuellen körperlichen Merkmale (Körpergröße, Körpergewicht), die Kraftfähigkeit und die Schnelligkeitsfähigkeit der Athleten die Einstellung des Startblocks.
- Die Aneignung der Starttechniken bedarf der komplexen Schulung der Startposition, der Beschleunigungsfähigkeit und des Ablaufs. Zunächst mit der Schulung der Körperposition der Starttechniken beginnen. Beherrscht der Anfänger die Startposition, erfolgt die ganzheitliche Schulung der Starttechniken.

- Die Startübungen erfordern das umfassende körperliche „Aufwärmen“ und die höchste Konzentration der Athleten (s. Bd. 3, Kap. 1.1.1 „Warm-up“).
- Der Starter steht seitlich neben den Startenden, kontrolliert die regelgerechte Startstellung der Läufer und variiert den zeitlichen Abstand zwischen den beiden *Kommandos „Fertig“* und *„Los“* (Zeitabstand: 2–3 sec!).

Methodik

- Die Entwicklung der Beschleunigungsfähigkeit erfolgt durch Starts aus verschiedenen Ausgangsstellungen, aus der Bewegung (Gehen, Traben) und auf unterschiedliche Signale.

Methodische Hinweise

- Das Starten aus *verschiedenen Ausgangspositionen* schult zum einen die Bewegungskoordination, zum anderen die Tiefstarttechnik.
- Die Übungen zur Verbesserung der Beschleunigungsfähigkeit und des Starts erfolgt über 15 bis 30 m.
- Die Aneignung der Starttechnik sollte über Zwischenstartformen vom Hochstart zum Tiefstart erfolgen.

5.6 Wettkämpfe

Pädagogisch orientierte Wettkampfformen

Die nachfolgend exemplarisch skizzierten *pädagogisch orientierten Wettkampfformen* dienen der allmählichen Hinführung der Anfänger zum leichtathletischen Starten.

Auf- und Abstieg

Pädagogisch orientierte Wettkampfformen

Sechs Sportler starten gegeneinander (Mindestens 5 Durchgänge!). Die Ergebnisauswertung erfolgt im Überkreuzsystem. Die drei schnellsten Sprinter steigen auf und die drei langsamsten Athleten ab.

Doppeltes K.O.-System

Sechs Athleten starten gegeneinander. Die drei schnellsten Sprinter erreichen die Hauptrunde, die drei langsamsten Sportler die Hoffnungsrunde. In der Haupt- und Hoffnungsrunde scheiden die drei langsamsten Sprinter aus. Sieger ist der Gewinner des Finals.

Punkte sammeln

Sechs Sportler starten gegeneinander (6 Durchgänge!). Nach jedem Durchgang starten die Sportler mit gleicher Punktzahl gegeneinander. Sieger ist der Sprinter mit der höchsten Punktzahl.

DLV Wettkampfsystem Kinderleichtathletik

DLV Wettkampfsystem Kinderleichtathletik

Das *Starten* ist in Verbindung mit dem schnellen Laufen ebenfalls Inhalt des *DLV Wettkampfsystems Kinderleichtathletik* (DLV, 2018; 2020). Hinweise zu den Wettkampfanforderungen finden sich im Kapitel 4.6 zum *Schnellen Laufen – Sprinten*.

Wettkampfbestimmungen

Startlinie

Startlinie

Die Startlinie (Breite: 5 cm) ist auf der Laufbahn weiß markiert. Bei Läufen, die nicht in Einzelbahnen gestartet werden, muss die Startlinie gekrümmt sein (Evolvente), so dass jeder Athlet dieselbe Distanz zum Ziel zurücklegt.

Startblock

Startblock

Der Startblock besteht aus der starren Metallschiene und zwei sowohl vorwärts und rückwärts verstellbaren als auch neigbaren Fußstützen (Stützfläche: Eben oder nach innen gewölbt), welche an die individuelle Startstellung des Athleten angepasst werden können. Bei Sprintläufen bis einschließlich 400 m schreiben die leichtathletischen Wettkampfbestimmungen den Tiefstart und die Nutzung der Startblöcke vor. Laufstrecken über 400 m erlauben keine Startblöcke.

Startkommando

Startkommando

Das *dreiteilige Startkommando* (Auf die Plätze – Fertig – akkustisches Signal) gilt für die Sprintstrecken zwischen 50 m bis 400 m. Nach dem Kommando *„Auf die Plätze"* müssen die Sprinter mit beiden Händen und mindestens einem Knie den Boden berühren. Auf das Kommando Fertig muss der Sprinter mit beiden Händen den Boden berühren und unverzüglich die „Fertig-Position“ einnehmen. Ab der 800-m-Strecke erfolgt der Start mit dem *zweiteiligen Startkommando* von der Evolvente (Auf die Plätze – akkustisches Signal). Zu einem Fehlstart kommt es dann, wenn sich einer der Läufer vor dem Startsignal bewegt.

Disqualifikationen

Disqualifikationen

Wenn die Startbewegung vor dem akustische Signal erfolgt.

Zeitnahme

Zeitnahme

Hinweise zur Zeitnahme finden sich im Kapitel 4.6 zum *Schnellen Laufen – Sprinten*.

5.7 Leseempfehlungen

Leseempfehlungen

Methodisch-didaktische Leitlinien zum leichtathletischen Starten findet der Leser bei Seger und Bernhart (2012). Die zentralen Leistungskriterien des Startvorgangs beschreiben Herrmann et al. (2015) unter Berücksichtigung aktueller wissenschaftlicher Analysen und sportpraktischer Erfahrungen.

Kapitel

6

Hürdensprinten

6.1 Voraussetzungen schaffen

6.2 Grundlegende Technikmerkmale erkennen

6.3 Techniken aneignen, variieren und optimieren

6.4 Fehler erkennen und Übungsaufgaben entwickeln

6.5 Lernen und Trainieren organisieren

6.6 Wettkämpfe

6.7 Leseempfehlungen

Das *Hürdensprinten* zählt zu den interessantesten und vielseitigsten Bewegungsformen der Leichtathletik, denn dieser fördert im besonderen Maße die Sprintschnelligkeit, die Rhythmusfähigkeit, die Koordination und die Beweglichkeitsfähigkeit. Aus diesem Grund sollte dem Hürdenlaufen bereits im Schulkindalter ein hoher Stellenwert zugeschrieben werden. Das *Hürdensprinten* stellt an Anfänger hohe technisch-koordinative Anforderungen und verlangt die gut ausgeprägte Schnelligkeitsfähigkeit sowie Beweglichkeitsfähigkeit (s. Kap.1.1). Im Gegensatz zu anderen leichtathletischen Disziplinen begrenzen die Wettkampfbedingungen – Höhe und Abstände der Wettkampfhürden – die individuellen technischen Bewegungslösungen. Als *zentrale Ziele des Hürdensprintens* gelten, dass während der Überquerung der Hürde nur wenig Zeit verloren geht und dass nach der Hürde schnellstmöglich zur nächsten Hürde gesprintet wird („Schnell weg, schnell ran!"). Dies setzt die gut ausgeprägte Sprintfähigkeit und die effektive, fehlerfreie Technik der Hürdenüberquerung voraus (Übersprinten und nicht überspringen!).

Ziele des Hürdensprints

6.1 Voraussetzungen schaffen

Dem Hürdenlauf (Hürdensprinten) kommt in der Leichtathletik aufgrund der komplexen Bewegungstechnik ein besonderer Stellenwert zu, da die Hindernisse einen großen Aufforderungscharakter besitzen, die Lernfortschritte in kurzer Zeit erfolgen und die rhythmischen Technikelemente zu nachhaltigen, erlebnisreichen Körpererfahrungen führen. Das Hürdenlauftraining kann dann vielseitig gestaltet werden, wenn die technisch-koordinativen und konditionellen Voraussetzungen frühzeitig ausgebildet werden. Die Grundvoraussetzung für das Hürdensprinten stellt das schnelle Laufen dar, so dass der Aneignung des Hürdensprints zunächst die allgemeine Sprintschulung vorausgeht (s. Kap. 2.2). Im Anschluss erlernen die Kinder und Jugendlichen das Sprinten über verschiedene Hindernisse wie Gerätturnbänke, Geräturnmatten, Schaumstoffblöcke, Pappkartons oder Anfängerhürden.

Voraussetzungen des Hürdensprints

Spielerische Laufformen durch den Hindernisparcours

Für die ersten Erfahrungen mit dem Hürdenlaufen eignen sich spielerische Laufformen durch den Hindernisparcours. Variierende Hindernisabstände schulen das Rhythmusgefühl und bieten vielfältige methodische Möglichkeiten.

Spielerische Hürdenlaufformen

Spezielle Dehn- und Kräftigungsgymnastik

Die umfassende Beweglichkeitsschulung gilt als weitere Grundvoraussetzung für die effiziente Hürdentechnik. Hierzu zählen dehnende, stabilisierende und mobilisierende Übungen sowie die Verbesserung der aktiv-dynamischen Dehnfähigkeit und der Schnellkraftfähigkeit (s. Kap. 1.1).

Dehnen und Kräftigen

- Ausfallschritt mit im Kniegelenk gestrecktem hinteren Bein und geradem Oberkörper.
- Hürdensitz mit außenrotiertem Schwungbein.
- Grätschsitz mit Kippen des Oberkörpers aus der Hüfte nach vorn in die Bauchlage (Gerader Rücken!).

Stabilisieren

Darüber hinaus verlangt der Hürdensprint die ausgeprägte muskuläre Oberkörperstabilität, die durch nachfolgende einfache Übungen gefördert wird.

- Käferlauf und Seitstützlauf.
- Schwungbein- und Nachziehbein-Gehen (s. Hürden-ABC).

Hürden-ABC

Das *Hürden-ABC* dient der zielgerichteten Entwicklung der motorischen Leistungsvoraussetzungen der Hürdensprinttechnik. Die Bewegungsaufgaben lassen sich mit langsamer Laufgeschwindigkeit über niedrige oder ohne Hindernisse lösen. Die Hürden-ABC-Übungen werden zunächst ohne Vorwärtsbewegung realisiert, um das Bewegungsgefühl und den Bewegungsrhythmus zu schulen. Die nachfolgende Auswahl der kombinierbaren Bewegungsaufgaben orientiert sich an Hücklekemkes (2005; 2016), May (2009), Harksen (2012) und Wilms (2015).

Spezielle Hürdenschule

- ***Schwungbein-Gehen.*** Das langsame Vorwärts-Gehen erfolgt mit wechselndem aktivem Kniehub links und rechts sowie anschließendem „Auskicken“ des angefersten Unterschenkels im Kniegelenk. Hierbei muss auf die geradlinige Schwungbeinführung mit angezogener Fußspitze und die aktive Armarbeit geachtet werden (Variationen: Seitenwechsel, Hopserlauf).
- ***Nachziehbein-Gehen.*** Die Bewegung des Nachziehbeins wird beim langsamen Vorwärts-Gehen imitiert, indem das Nachziehbein mit

hoher Knieführung und angezogener Fußspitze abgespreizt wird. Der Oberkörper bleibt gerade (Aktive Armarbeit!). Der „Schwungbein-Gegenarm“ leitet die Nachziehbeinbewegung durch das aktive „Nach-Hinten-Führen“ ein (Zunächst im Wechsel, anschließend auf einer Körperseite!).

- ***Schwungbein-Nachziehbein-Gehen.*** Die Bewegung des Schwungbeins und des Nachziehbeins beim langsamen Vorwärts-Gehen realisieren (Seitenwechsel!).
- ***Hürdenschritt-Gehen.*** Das Schwungbein anheben, mit dem Unterschenkel ausschwingen, den Gegenarm nach vorn führen und den Schwungbeinfuß vor dem Körper aufsetzen. Nach dem Fußaufsatz das Nachziehbein abspreizen, das Kniegelenk vor den Körper führen, das Nachziehbein schnell setzen (Ohne Ausschwingen des Unterschenkels!) und nach 6 bis 8 Schritten die Schwung- sowie Nachziehbeinseite wechseln.
- ***Schwungbein-Zwischenhupf*** (s. Abb. 30). Aus dem beidbeinigen oder einbeinigen Hüpfen nach zwei Bodenkontakten das Kniegelenk anheben und den Unterschenkel im Kniegelenk nach „vornoben auskicken“ (Rechts und links im Wechsel!).

Schwungbein-Zwischenhupf

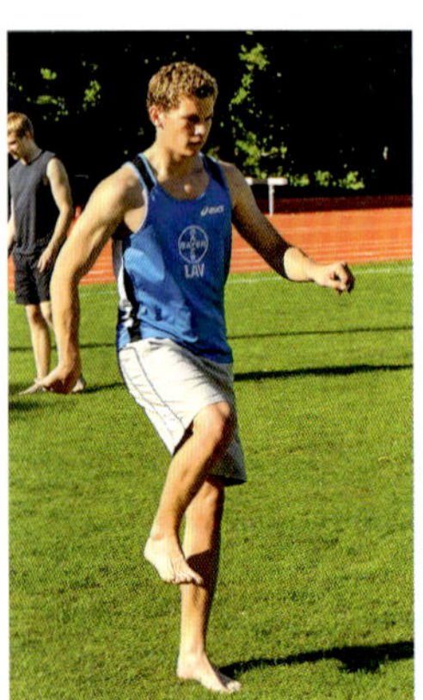
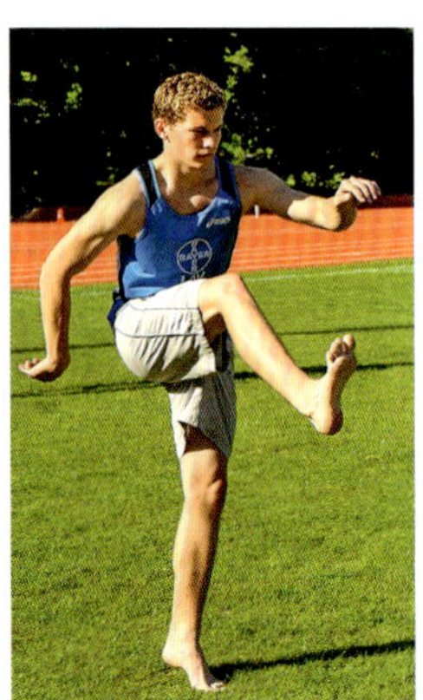
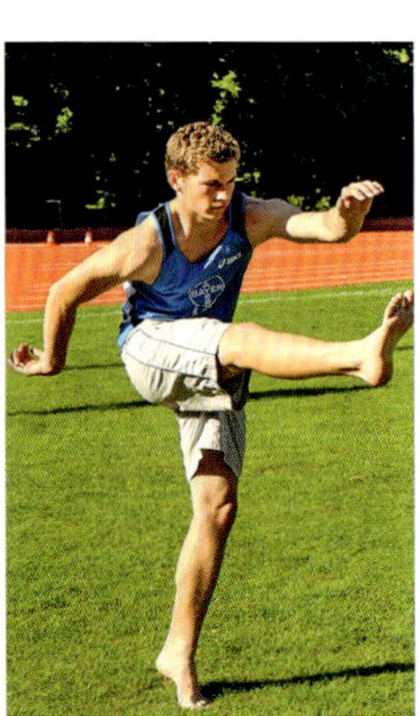
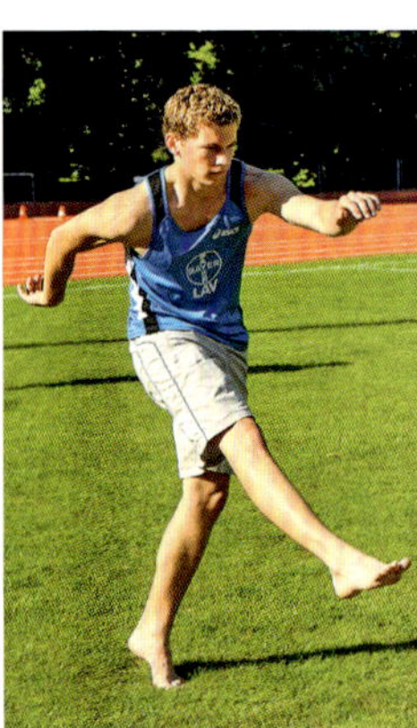

Abb. 30: Schwungbein-Zwischenhupf

- ***Nachziehbein-Zwischenhupf.*** Aus dem einbeinigen Hüpfen nach zwei Bodenkontakten ein Bein seitlich auswinkeln (s. Abb. 31).
- ***Schwungbein-Nachziehbein-Zwischenhupf.*** Aus dem beidbeinigen oder einbeinigen Hüpfen nach zwei Bodenkontakten abwechselnd das Knie anheben, den Unterschenkel im Kniegelenk nach „vorn-oben auskicken“ und ein Bein seitlich abwinkeln.

Nachziehbein-Zwischenhupf

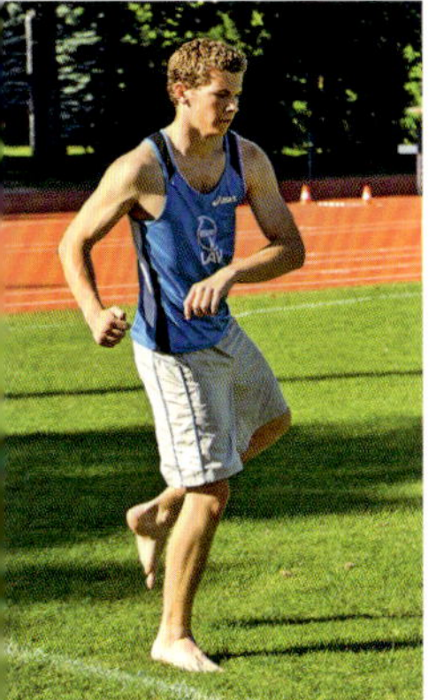
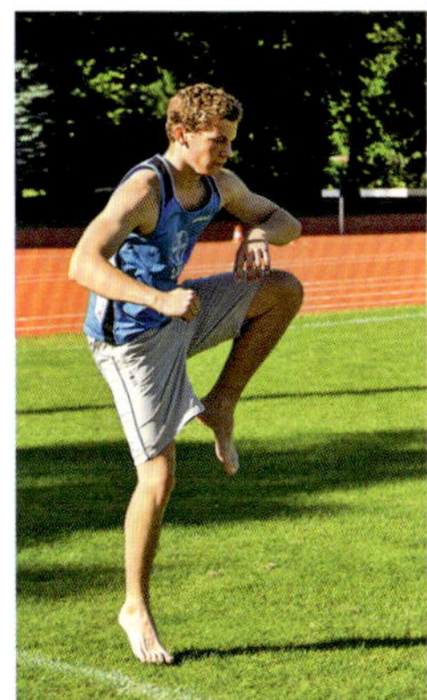
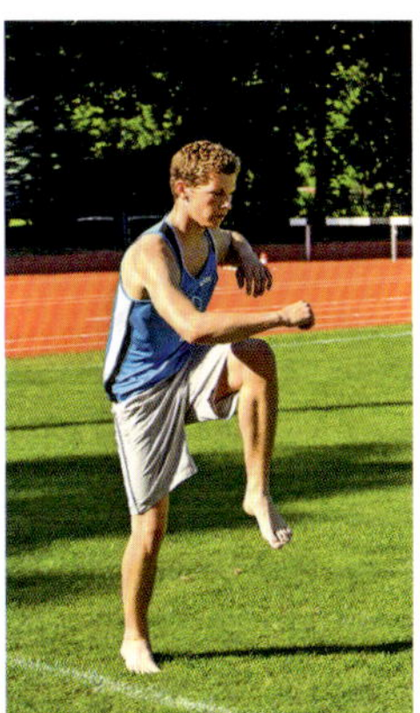
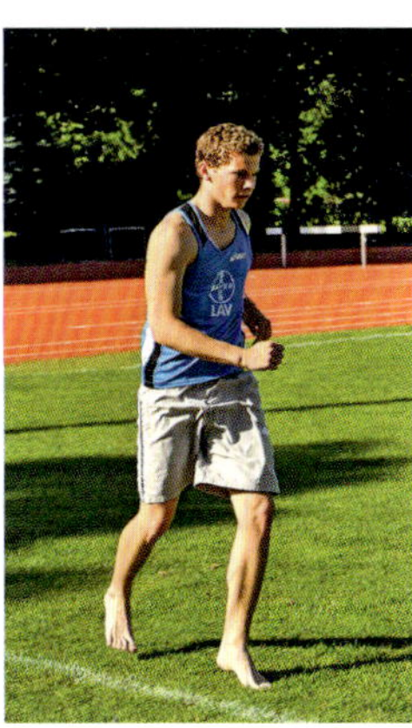

Abb. 31: Nachziehbein-Zwischenhupf

- ***Hürden-Hopserlauf.*** Einbeinig nach vorn abspringen und auf dem Absprungbein landen. Anschließend einen Schritt nach vorn ausführen und mit der Gegenseite fortsetzen. Hierbei das Schwungbein nach vorn und das andere Bein als Nachziehbein zur Seite führen (Körperseite wechseln!).

Variationen Hürden-Hopserlauf

Variationsmöglichkeiten (s. Abb. 32)
- Arme nach oben „strecken" oder hinter dem Kopf verschränken.
- Arme vorwärts oder rückwärts kreisen.
- Arme hinter dem Rücken verschränken.
- Anzahl der Zwischenschritte variieren.
- Übungen sehr schnell oder sehr langsam ausführen.

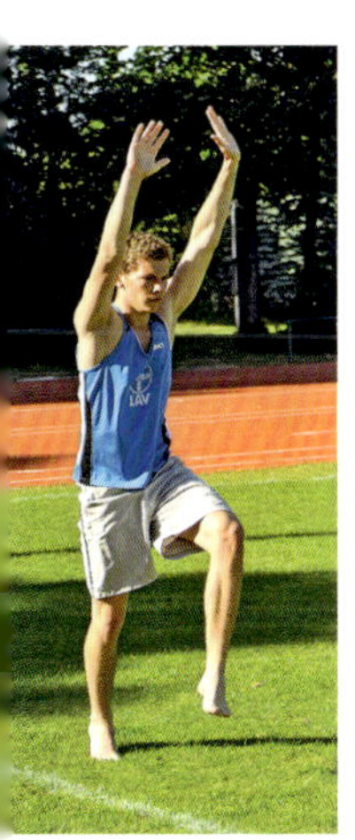
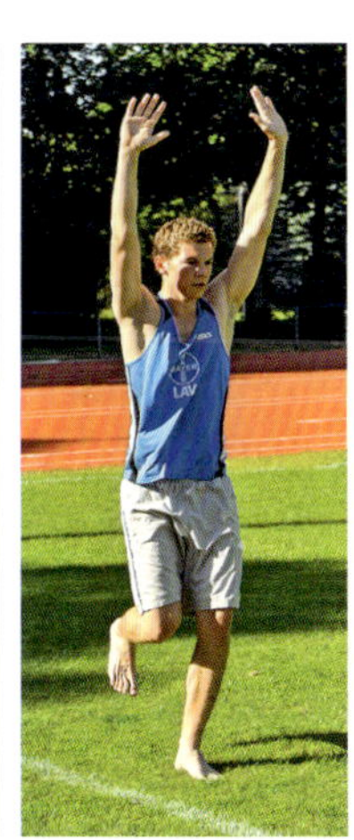
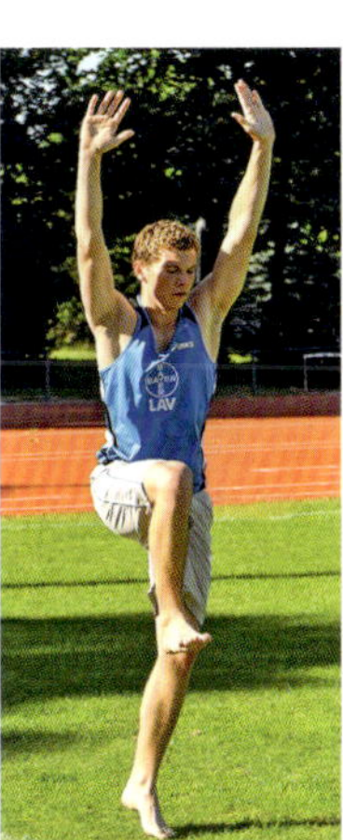
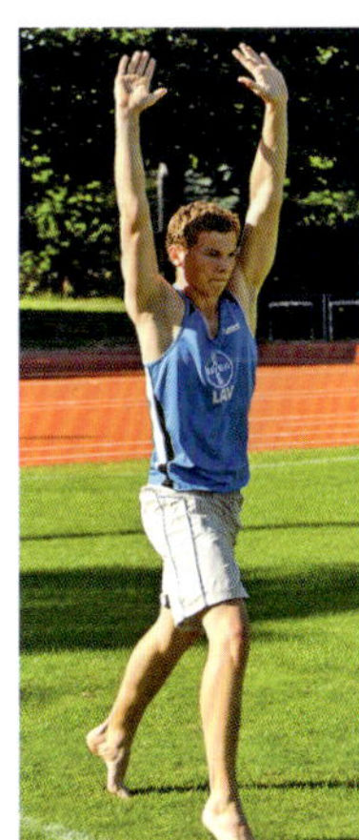
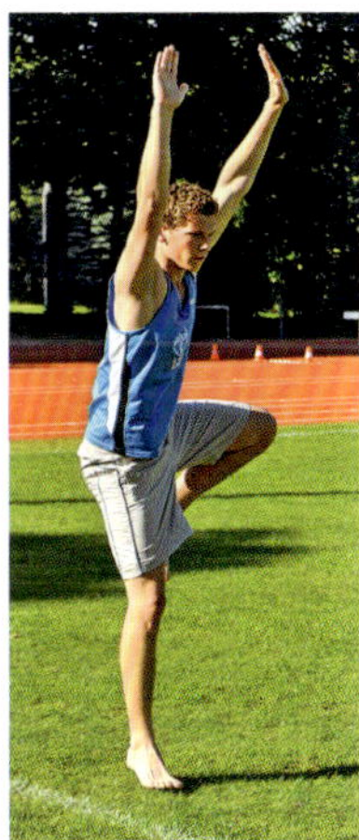

Abb. 32: Hürden-Hopserlauf mit „gestreckten" Armen

6.2 Grundlegende Technikmerkmale erkennen

Der *Hürdensprint* zählt zu den klassischen *Sprintdisziplinen* der Leichtathletik. Die Wettkampfhürden müssen derart überquert werden, dass die nächste Hürde schnellstmöglich erreicht wird. Dies gelingt nur dann, wenn der Athlet die Hürden „übersprintet" und nicht überspringt. Die schnelle Hürdenüberwindung und das anschließende schnelle Weitersprinten (‚Schnell weg – schnell drüber – schnell weiter!) setzt die gut ausgeprägte Sprintschnelligkeitsfähigkeit und Koordinationsfähigkeit voraus (Vorrangig Rhythmusgefühl!). Das effektive Hürdensprinten beeinflussen folgende Faktoren.

Grundlegende Technikmerkmale

- Explosiver Start
- Maximaler Sprint-Anlauf zur 1. Hürde
- Flacher, schneller Hürdenschritt
- Sprintgemäßer Zwischenhürdensprint
- Maximaler Sprint nach der letzten Hürde bis ins Ziel

Startphase

Start

Der Start kann beim Hürdensprinten als Hochstart, Dreipunktstart oder Tiefstart ausgeführt werden (s. Kap. 5.2). Für den optimalen Start muss der Hürdenläufer schnell auf das Startsignal reagieren und sich kraftvoll aus dem Startblock abdrücken. Beim 8-Schritt-Anlauf zur 1. Hürde befindet sich das Abdruckbein (Spätere Nachziehbein) im Startblock vorn.

Anlauf zur 1. Hürde

Anlauf zur 1. Hürde

Den Anlauf zur 1. Hürde kennzeichnet im Gegensatz zum Flachsprint die schnellere und frühere Aufrichtung des Oberkörpers. Dies wirkt sich zwar nachteilig auf die Bewegungsbeschleunigung aus, jedoch ermöglicht die frühe Anvisierung der 1. Hürde deren sichere Überquerung. Die Sprintschritte erfolgen mit hoher Frequenz, um die Laufgeschwindigkeit schnell zu vergrößern und den Abdruckpunkt vor der 1. Hürde exakt zu treffen. Der Abdruck vor der 1. Hürde findet mit verkürztem letzten Schritt statt.

Hürdenschritt

Die Hürden werden generell flach überlaufen (kurze Flugphase!). Der Abdruckpunkt („Take-off") vor der Hürdenüberquerung liegt verhältnismäßig weit vor der Hürde und das „Bodenfassen" findet unmittelbar hinter der Hürde statt (zwei Drittel des Hürdenschritts liegen vor, ein Drittel hinter der Hürde!, s. Abb. 33 u. 34). Das „Angehen der Hürde" erfolgt durch den geradlinigen Anschwung des im Kniegelenk gebeugten Schwungbeins in die Waagerechte mit gleichzeitiger Oberkörperbeugung im Hüftgelenk. Mit dem Abdruck vor der Hürde führt der Hürdensprinter den Gegenarm in Richtung des Schwungbeins. Nach dem Lösen des Abdruckbeins vom Boden folgt die „Klappmesserbewegung". Hierbei hebt der Hürdenläufer das Schwungbein weiter an und senkt den Oberkörper ab. Über der Hürde streckt der Athlet das Schwungbein im Kniegelenk und den Arm der Nachziehbeinseite im Ellbogengelenk nach vorn. Das Abdruckbein wird als Nachziehbein schnellstmöglich seitlich nach außen oben abgespreizt und nach der Hürdenüberquerung mit kleinem Kniegelenkwinkel nach vorn gezogen. Die Nachziehbeinbewegung kann durch den kleinen Hebel schnell ausgeführt werden.

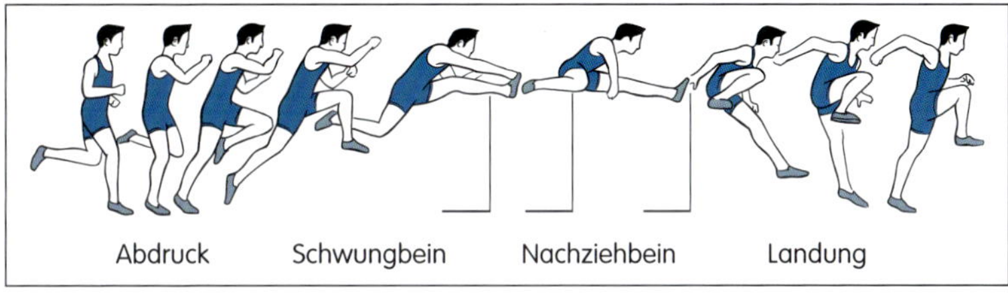

Abb. 33: Hürdenschritt

Die schnelle, aktive Abwärtsbewegung des Schwungbeins und die Oberkörperaufrichtung beginnen dann, wenn der Fuß des Schwungbeins die Hürde passiert. Der Unterschenkel des Nachziehbeins wird während der Hürdenüberquerung nahezu waagerecht gehalten. Die Abwärtsbewegung des Schwungbeins erfolgt mit greifendem Fußaufsatz. Der Fuß setzt mit gestrecktem Fußgelenk und dem Fußballen auf den Boden auf, so dass der Körperschwerpunkt das stützende Bein schnell „überholt" und die Bremswirkung gering bleibt. Gleichzeitig bewegt sich das Nachziehbein nach vorn in Richtung der Position des Kniehebelaufs und begünstigt den schnellen Sprint von der Hürde weg (s. Abb. 34).

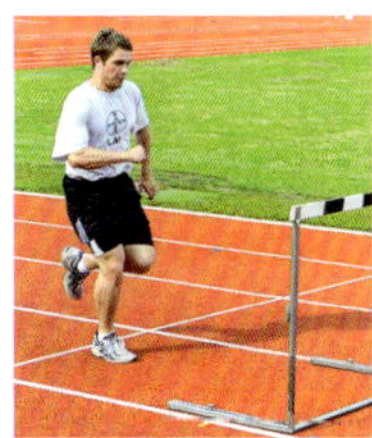
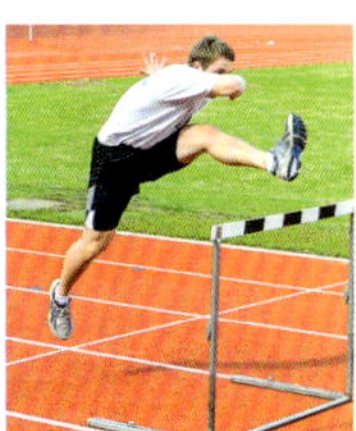
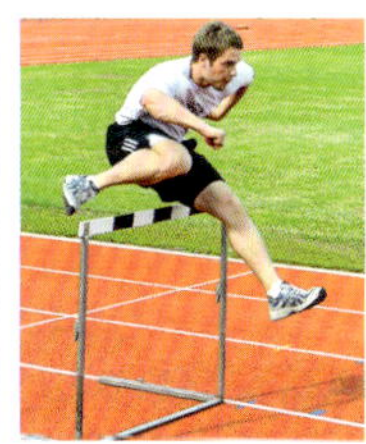
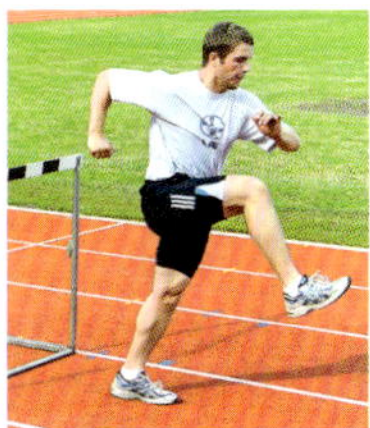

Abb. 34: Hürdenschritt

Zwischenhürdensprint

Zwischenhürden-sprint

Der Zwischenhürdensprint ist für die schnelle Überwindung der nächsten Hürde von besonderer Bedeutung und sollte im 3-Schritt-Rhythmus (3 Schritte zwischen den Hürden) sowie mit hoher Schrittfrequenz erfolgen (Gestrecktes Hüftgelenk!). Bei aufrechter Laufposition fällt der erste Schritt kürzer, der zweite kraftvoller und der dritte kürzer aus.

Lauf nach der letzten Hürde ins Ziel

Nach der letzten Hürde

Nach der letzten Hürde sprintet der Athlet maximal bis ins Ziel. Kurz vor dem Ziel erfolgt das „Nach-vorn-Werfen" des Oberkörpers.
Heemsooth (1997) benennt vier charakteristische Merkmale des Hürdensprints.

Charakteristische Merkmale des Hürdensprints

- Die Einzelzeiten des Zwischenhürdensprints sind leistungsbestimmender als die Einzelzeiten der Hürdenüberquerung.
- Leistungsstarke Hürdensprinter zeigen im Vergleich mit leistungsschwachen Athleten deutlich kürzere Bodenkontaktzeiten,
- „drücken" aus größerer Entfernung vor der Hürde ab und
- zeigen einen flacheren Kurvenverlauf des Körperschwerpunkts.

Als individuelle Technikmerkmale des Hürdenlaufs gelten die Ausprägung der Streckung des Schwungbeins im Kniegelenk, der Verlauf der Nachziehbeinbewegung, die Oberkörpervorlage und die Armarbeit.

Leistungsbestimmende Faktoren

Die durch die leichtathletischen Wettkampfbestimmungen festgelegten altersspezifischen Hürdenhöhen und Hürdenabstände (s. Tab. 7, Kap. 6.6) erfordern den technisch korrekten Hürdenschritt (Hürdenüberquerung) sowie den geringen Geschwindigkeitsverlust sowohl zwischen als auch über den Hürden. Folgende Kriterien spielen eine besondere Rolle (Harksen, 2012; Hücklekemkes, 2016).

Leistungs-bestimmende Faktoren

- Schneller Start und große Beschleunigung bis zur 1. Hürde mit progressiver Schrittlängendynamik.
- Distanzverhalten vor und nach der Hürde.
- Gestaltung des Take-off-Schritts vor der Hürde und aggressives „Hineingehen" in die Hürden.

- Effektive Hürdenüberquerung.
- Zeitliche Minimierung der Hürdenüberquerung und des 1. Zwischenhürdenschritts.
- Geschwindigkeitsverhalten vor, über und nach der Hürde.
- Kurze Stützzeiten vor und nach der Hürde.
- Schneller Sprint von der Hürde.
- Frequenzbetontes Sprinten mit Vortrieb zwischen den Hürden.
- Nach der letzten Hürde schneller Sprint ins Ziel.

6.3 Techniken aneignen, variieren und optimieren

Ganzheitlichkeit und Variabilität

Den Hürdensprint kennzeichnet zum einen die *große Bewegungskomplexität* (Zahlreiche motorische Aktionen schnell hintereinander: Start, Hürdenüberquerung und Zwischenhürdenlauf), zum anderen die *umfassende Bewegungsorganisation* (Zahlreiche gleichzeitige motorische Aktionen: Schwung- und Nachziehbeinführung in der Überquerungsphase; s. Kap. 1.2). *Biomechanische Technikanalysen* verdeutlichen, dass der Hürdenschritt und der Zwischenhürdensprint eine Einheit mit engen Wechselwirkungen bilden, die nur ganzheitlich vermittelt werden kann. Neben der Rhythmusschulung und der Hürdenüberquerung muss insbesondere das Distanzverhalten zur Hürde geschult werden (Bernhart & Sterzel, 2013). Hierzu sollten im Training die Schrittlänge, die Schrittfrequenz und die Bodenkontaktzeiten variiert werden (Heemsoth, 1997).

Rhythmisierung vor Isolierung

Das Anfängertraining zielt zunächst auf die Ausbildung des *Rhythmusgefühls* beim Überlaufen (Übersprinten) flacher Hindernisse mit festen sowie unterschiedlichen Abständen unter Berücksichtigung der beidseitigen Hindernisüberquerung (z. B. Schaumstoffblöcke, Pappkartons; Harksen, 2012; Ullrich, 2012). Im Mittelpunkt stehen Spiel-, Übungs- und Wettbewerbsformen. Das oberste Übungsziel stellt das ökonomische Übersprinten der Hindernisse dar (Nicht überspringen!, Hücklekemkes, 2020a, b).

Methodische Leitlinien zur Aneignung des Hürdensprintens

Medler und Katzenbogner (1990), Hücklekemkes (2002) sowie Harksen (2012) benennen für die Aneignung und die Optimierung des Hürdensprints folgende methodische Leitlinien.

- Übungen zur Förderung des technisch korrekten Übersprintens der Hürden auswählen (Kein Überspringen der Hürden!).

- Im Vordergrund stehen der flüssige Laufrhythmus und der Sprintlauf über flache Hindernisse.
  - Zunächst wettbewerbslose, später wettbewerbsbetonte Übungsformen mit (nicht) rhythmischer Hindernisanordnung.
  - Zu Beginn mit geringer, später mit großer Sprintgeschwindigkeit.

Zunächst über niedrige Hindernisse

- *Leistungsdifferenzierung*. Mindestens zwei Übungsbahnen mit unterschiedlichen Hürdenabständen aufbauen, so dass der leistungsschwächste Sportler die Abstände bewältigen kann.

- Die *Hürdenschrittschulung* erfolgt nach der Rhythmusschulung (Anheben und Vorbringen des Schwungbeins, Vorbeugen des Oberkörpers, Abdrücken und Nachziehen des Abdruckbeins). Anschließend stehen das Übergehen und das Überlaufen höherer Hindernisse mit dem Schwerpunkt der Schulung der Bewegung des Nachziehbeins sowie des Schwungbeins im Vordergrund.

Zur *Vermittlung* des Rhythmusgefühls üben die Anfänger das Überlaufen von mindestens drei Hindernissen. Als Hauptziel gilt die Entwicklung des „Zwangssprints" über der Hürde. Während der rhythmischen Überquerung der 1. Hürde bleibt der Laufcharakter erhalten. Der Schritt-Rhythmus und die Schritttechnik bilden eine Einheit. Die Schrittlänge, die Schrittfrequenz und die Bodenkontaktzeiten müssen ständig angepasst werden. Als *Grundrhythmus* wird der *3-Schritt-Rhythmus* angestrebt. Alters- und leistungsgerechte Hürdenabstände (5–7 m) und Hürdenhöhen (40–70 cm) erleichtern das technisch korrekte Überlaufen der Hürden. Nach den ersten Versuchen mehrere Übungsbahnen mit unterschiedlichen Hürdenabständen und Hürdenhöhen anbieten. Im Sinne der *Verletzungsprophylaxe* empfehlen sich spezielle Übungshürden mit gepolstertem Hürdenbrett und Klappmechanismus (s. Abb. 35, Bild 3) oder unterschiedlich hohe Pappkartons. Die Bedeutung der korrekten Hürdentechnik verdeutlichen dem Anfänger die variable Gestaltung und Steigerung der Hürdenabstände sowie der Hürdenhöhe.

Abstände und Höhen der Hürden mit Sorgfalt auswählen!

Methodische Leitlinien der rhythmusorientierten Schulung

Bewegungszergliederung „Von der Mitte nach außen"

Trotz der engen Wechselwirkungen zwischen dem Hürdenschritt und dem Zwischenhürdenlauf lässt sich die Hürdentechnik im Rahmen der funktionalen methodischen Übungsreihe hinsichtlich bestimmter Bewegungsabschnitte zergliedern, indem die Zieltechnik nach der Bedeutung der Teilbewegungen für die Erreichung der Bewegungsziele – rhythmisches Sprinten und Hürdenschritt – von der Bewegungsmitte nach außen unterteilt wird. Vertraut wird den *Vereinfachungsprinzipien* der *Verkürzung der Bewegungslänge* (Reduzierung der Bewegungskomplexität), der *Verringerung der Bewegungsbreite* (Vereinfachung der Bewegungsorganisation) und der *Veränderung der variablen Bewegungsparameter* (Erleichterung der situativen Bedingungen, s. Kap.1.3).

Vereinfachungsprinzipien

Das Hauptziel des methodischen Vorgehens der Vermittlung der Hürdentechnik besteht in der Realisierung schneller, hochfrequenter Bewegungsmuster unter drei Schwerpunkten (Herrmann, 2015b).

1. Geschwindigkeitsorientierte Rhythmusentwicklung
2. Isolierte Entwicklung der Nachziehbeinbewegung
3. Kombination der Punkte 1 und 2

Das methodische Vorgehen lässt sich folgendermaßen gliedern.

Methodische Übungsreihe

Rhythmisches Übersprinten flacher Hindernisse

Aus vorgegebenem Anlauf mehrere Hürden übersprinten

3-Schritt-Rhythmus über drei Hürden erarbeiten

Aneignung des Hürdenschritts

Rhythmisches Übersprinten im Hürdenschritt

Zusammenführung der Bewegungsteile

Rhythmisches Übersprinten flacher Hindernisse durch Variation der Art, Höhe, Anzahl und Abstände der Hindernisse

Bevor die Anfänger die Wettkampfhürden nutzen können, muss das Gefühl für das rhythmische Sprinten und Übersprinten flacher Hindernisse ausgebildet werden, bei denen die Sportler ohne „Langziehen" der Schritte oder „Dribbeln" mit maximaler Geschwindigkeit sprinten (Großer Abstand des letzten Fußkontakts vor den Hindernissen!, Hücklekemkes, 2005).

Hindernisgarten

- ***Hindernisgarten.*** In spielerischer Form über in der Sporthalle oder auf dem Sportplatz liegende Hindernisse (z. B. Gerätturnmatten,

Gymnastikreifen, Schaumstoffblöcke) oder Markierungen laufen. Auf Kommando des Lehrers die Hindernisse übersprinten und beim nächsten Signal traben.

- ***Pfützentreten.*** Mehrere Gerätturnmatten („Pfützen“) liegen unregelmäßig in der Sporthalle verteilt. Die Sportler treten mit dem rechten oder linken Bein kraftvoll in die „Pfützen“ oder Überlaufen diese und treten schnell in die hinter den Gerätturnmatten platzierten Gymnastikreifen (Reifenrand unter die Gerätturnmatte legen!).

Pfützentreten

Übungsbahnen aus drei Hindernissen oder Anfängerhürden

- Rhythmisches Überlaufen von Gerätturnmatten, flachen Schaumstoffblöcken oder Pappkartons mit festgelegten geraden und ungeraden Schrittfolgen.

Hindernis- und Hürdenbahnen durchlaufen

- Flaches Überlaufen der Hindernisse mit dahinter liegenden Gymnastikreifen, in die hinein getreten werden muss.
- Über mindestens drei Anfängerhürden laufen (Später mehr!) und den Anlauf zur 1. Hürde abstimmen.
- Aus dem Hochstart oder dem Tiefstart über flache Anfängerhürden (Höhe: 30 – 40 – 50 – 60 cm) im 3- oder 5-Schritt-Rhythmus sprinten und allmählich den 3-Schritt-Rhythmus festigen.

Für die Übungsaufgaben gelten folgende generelle Hinweise.

- Drei Übungsbahnen mit unterschiedlichen Hürdenabständen aufbauen (Abhängig von der Körpergröße, Beinlänge und Leistungsfähigkeit der Sportler).

Abstände und Rhythmen

- Zunächst flache Hindernisse (Anfängerhürden) mit gleichen, variablen oder zunehmenden Abständen.
- Gerader oder ungerader Laufrhythmus.

... zunächst unterschiedliche wählen

- ***Rhythmusfindung.*** Zunächst geringe Laufgeschwindigkeit mit verkürzten Abständen, später submaximale und maximale Sprintgeschwindigkeit.

... dann allmählich gleich vorgeben

- ***Zu Beginn des Lernprozesses.*** Wenige Korrekturen und Instruktionen („Springen vermeiden“ oder „Schwungbein finden“).
- ***Im Lernverlauf.*** 3-Schritt-Rhythmus mit unterschiedlichen Hürdenabständen aber gleichem Rhythmus (Abstände von 5,50 – 6,50 m).

Aneignung des Hürdenschritts

Schwung- und Nachziehbein-bewegung gesondert schulen

Für Anfänger wird das Nachziehbein erst bei größeren Hürdenhöhen bedeutsam. Das seitliche Abwinkeln des Nachziehbeins erfordert die ausgeprägte Beweglichkeitsfähigkeit im Hüftgelenk und sollte trotz der ganzheitlichen Schulung des Hürdenschritts ebenso wie die ausschleudernde Schwungbeinbewegung zunächst isoliert geübt werden. Im Einzelnen muss das *Schwungbein* schnell und gerade zur Hürde geführt und das *Nachziehbein* über der Hürde im Kniegelenk sowie Fußgelenk 90° gebeugt werden (Auf die technisch korrekte Ausführung achten!).

- Übungen des *Hürden-ABCs* unter Beachtung der korrekten Hürdentechnik zunächst an 4 bis 6 Hürden anbieten (Höhe: 50–70 cm). Im Verlauf des Lernprozesses die Einzelübungen im Sinne des ganzheitlichen Ansatzes miteinander kombinieren und frühzeitig in die Gesamtbewegung integrieren.

Übungen aus dem Stand an einer Hürde zur Erarbeitung der Bewegung des Schwungbeins und des Nachziehbeins

... aus dem Stand

- *Schwungbeinhüpfer vor der Hürde.* Auf dem Nachziehbein hüpfen, das Schwungbein bis zur Waagerechten führen und den Unterschenkel im Kniegelenk nach „vorn-oben" zur Hürde „auskicken".
- Das *Abwinkeln des Nachziehbeins über die Hürde* mit Partnerhilfe oder Abstützung an der Wand erproben (s. Abb. 35). Die Nachziehbeinbewegung derart imitieren, indem das Kniegelenk (Kniegelenkwinkel: Geschlossen!) mit großer Geschwindigkeit, angezogener Fußspitze und ohne Ausweichbewegungen aktiv nach vorn gezogen wird.

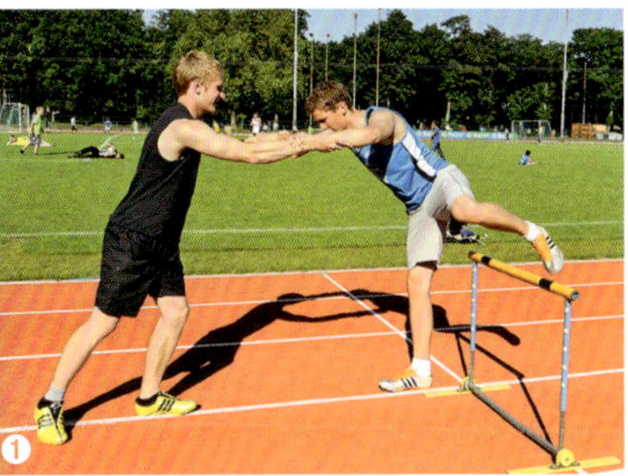

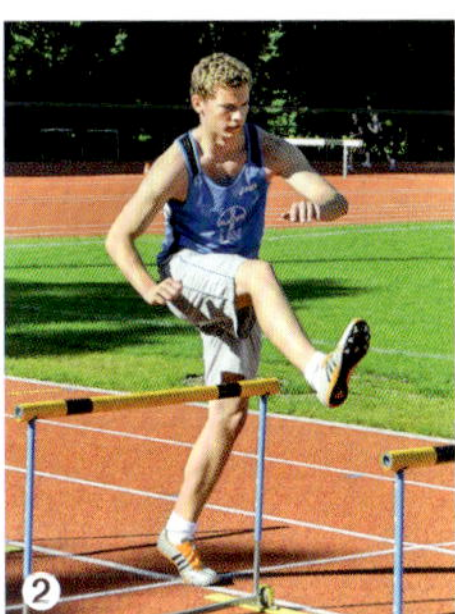

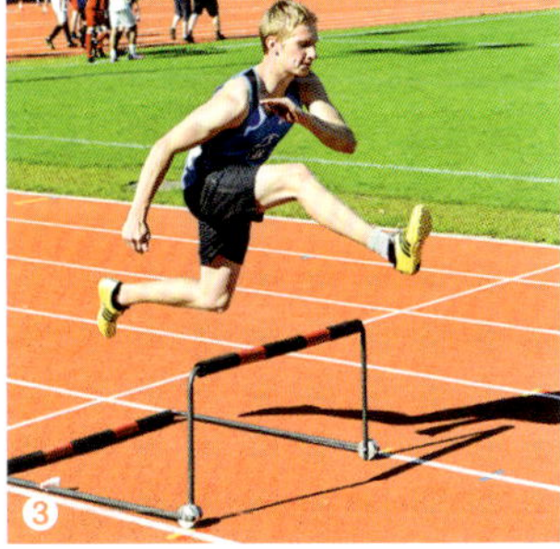

Abb. 35: Erwerb des Hürdenschritts. Nachziehbeinübung mit Partner-hilfe (1), Üben der Schwungbeinbewegung (2) und erste Läufe über niedrige Übungshürden mit Klappmechanismus (3)

- *Nachziehbeinschulung mit Schwungbeinimitation.* Bei geringfügiger Oberkörpervorlage mit dem (späteren) Nachziehbein hinter der Hürde stehen, das Schwungbein im Kniegelenk strecken, das Nachziehbein im Kniegelenk beugen und anschließend nach vorn ziehen (Partnerhilfe, Abstützung an der Hallenwand).

Übungen aus dem Gehen zur Bewegungsschulung des Schwungbeins und Nachziehbeins

… aus dem Gehen

- Aus dem Gehen mit geradlinig geführtem Schwungbein und abgespreiztem Nachziehbein ein Kastenlängsteil „überrutschen" (Angehgeschwindigkeit steigern!).
- Im 1-Schritt-Rhythmus mit dem Nachziehbein über 5 bis 10 Hürden seitlich an der Hürde vorbei gehen (Hürdenhöhe: 1 bis 2 Stufen unter Wettkampfhöhe, Hürdenabstand: 1–2 m, s. Abb. 36).

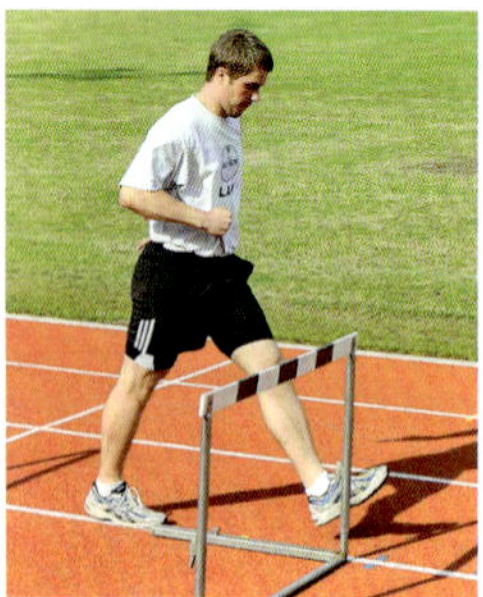
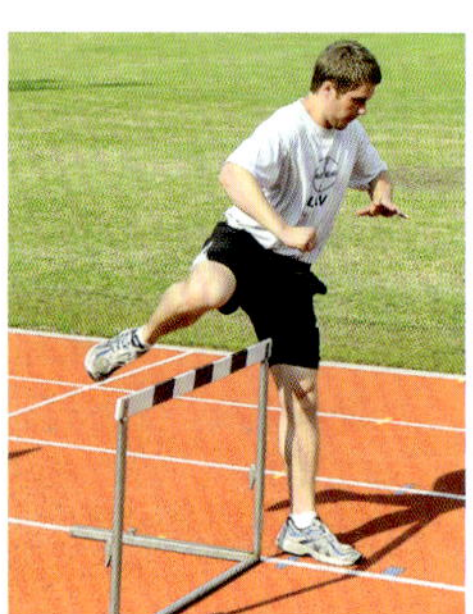
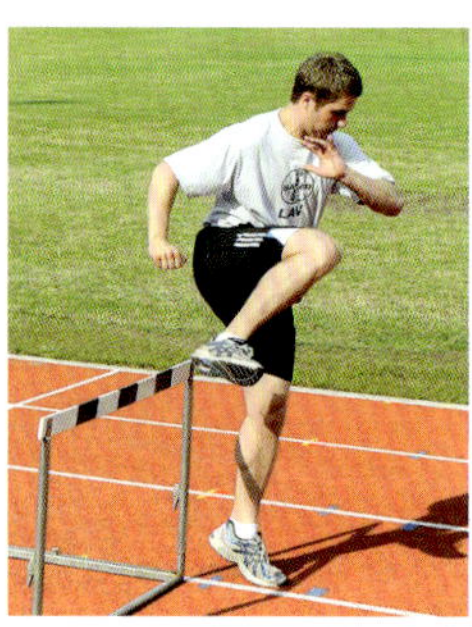
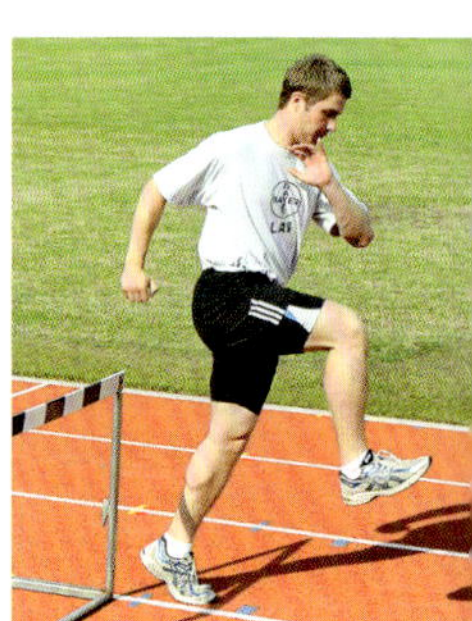

Abb. 36: Schulung der Nachziehbeinbewegung aus dem Gehen

Den Schwungbeinfuß eine Fußlänge seitlich hinter der Hürde aufsetzen und die Nachziehbeinbewegung ausführen. Bei vorgebeugtem Oberkörper befinden sich der Führarm mit gebeugtem Ellbogengelenk und die Hand auf Schulterhöhe vor dem Oberkörper. Bei Rhythmusstörungen den Hürdenaufbau derart verändern, dass das Schwungbein über die höhere und das Nachziehbein über die niedrigere Hürde geführt werden kann.

- Wie zuvor, aber seitlich an der Hürde vorbeigehen und das Schwungbein über die Hürde führen (Ausreichender Abstand!).
- Hürden versetzt aufstellen und abwechselnd das Schwungbein sowie das Nachziehbein schulen.
- Mit einem Schritt zwischen die Hürden „treten" und das Schwungbein sowie das Nachziehbein über die Hürde führen.

Übungen aus dem Gehen im 3-Schritt-Rhythmus zur Aneignung der Bewegung des Schwung- und Nachziehbeins (5 – 10 Hürden, Abstand: Individuell)

- Mit drei Gehschritten zwischen den Hürden fortbewegen und das Schwungbein sowie das Nachziehbein über die Hürde führen (Hohe Gehposition und hinreichender Abstand!).
- Allmähliche Steigerung der Gehgeschwindigkeit.

Die *zentralen Ziele der Technikschulung des Hürdenschritts* bestehen darin, folgende Elemente der Hürdenüberquerung auszubilden.

Ziel der Technikschulung des Hürdenschritts

- Abdruck vom Nachziehbein
- Schwungbein schwingt zur Hürde
- Flugphase mit Abspreizung des Nachziehbeins
- Landung auf dem Schwungbein
- Nachziehbein setzt zum Laufschritt vor

Rhythmisches Übersprinten und Hürdenschritt kombinieren

Rhythmus und Hürdenschritt kombinieren

Im Lernverlauf den rhythmischen Zwischenhürdensprint mit dem Hürdenschritt verbinden. Hierbei müssen in Abhängigkeit von der Wettkampfstrecke sowohl die Startbewegung (Hochstart oder Tiefstart, und Beschleunigung zur 1. Hürde) als auch der Zieleinlauf berücksichtigt werden.

- Sprints über flache Hindernisse mit unterschiedlichen und gleichmäßigen Schritt-Rhythmen sowie variablem Schwungbein sowie Nachziehbein.

... im Sprint

- 3 bis 6 Hürden mit gleichmäßigen Abständen im 3- und 5-Schritt-Rhythmus übersprinten (Geradliniger Schwungbeineinsatz sowie aktive Landung auf dem Fußballen!).
- Wie zuvor, aber seitlich versetzt über die Hürden sprinten und das Schwungbein oder Nachziehbein über die Hürde führen (s. Abb. 37).
- Unterschiedliche Hürdenabstände (5,50 – 8,00 m) und Hürdenhöhen anbieten (76 cm, 84 cm, 91 cm) sowie den 3-Schritt-Rhythmus anstreben.

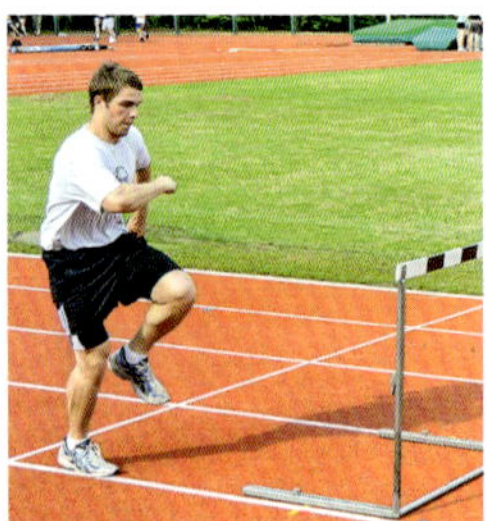
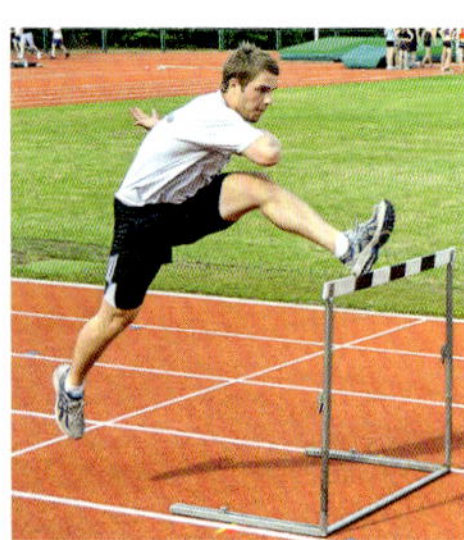
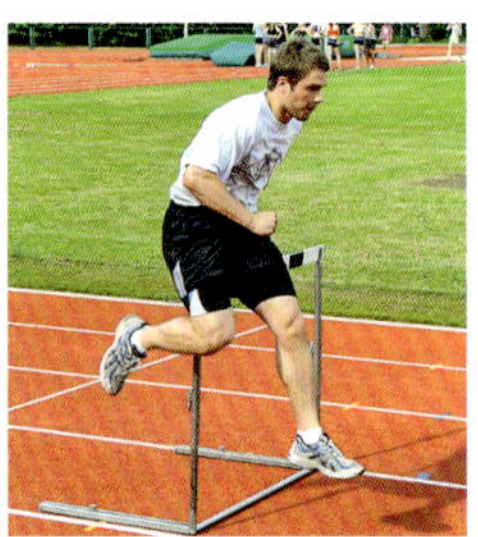
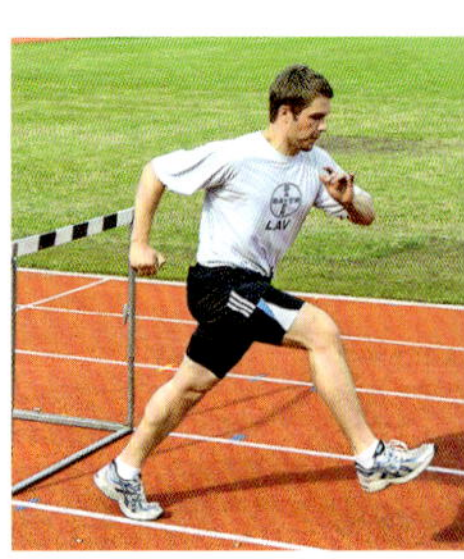

Abb. 37: Schulung der Schwungbeinbewegung aus dem Laufen

- Wie zuvor, aber zur Schulung des Schwungbeins und des Nachziehbeins flache sowie hohe Hürden überwinden (Mit dem Schwungbein über flache und dem Nachziehbein über hohe Hindernisse!).
- Aus dem Hochstart oder dem Tiefstart im 3-Schritt-Rhythmus zunächst über 3 Hürden und später über bis zu 8 Hürden sprinten.

Die verwendeten Hindernisse müssen die gefahrlose Überquerung mit großer Laufgeschwindigkeit ermöglichen. Beim Austausch der flachen Hürden durch Wettkampfhürden die erste („Einstiegshürde") und die letzte Hürde („Konditionshürde") erst später durch höhere Hürden ersetzen.

6.4 Fehler erkennen und Übungsaufgaben entwickeln

Das Training des Hürdensprints sollte die Bedeutung der Bewegungsvariabilität herausstellen. Anfänger werden mit einer großen Anzahl unterschiedlicher Übungsaufgaben konfrontiert und lernen zwischen verschiedenen Bewegungsmöglichkeiten abzuschätzen.

Übungsaufgaben zur Verbesserung der Anlaufgeschwindigkeit zur 1. Hürde

Anlauf zur 1. Hürde optimieren

Das schnelle Anlaufen zur 1. Hürde löst bei Anfängern einerseits eine „gewisse Angst" aus. Andererseits verhindern die geringe horizontale Anlaufgeschwindigkeit und die Unsicherheit hinsichtlich der Schrittanzahl (Trippelschritte vor der Hürde), dass die 2. Hürde im 3-Schritt-Rhythmus erreicht wird (Gustedt, 2019, 2020). Als *Übungsaufgaben* bieten sich Abläufe aus dem Hoch-, Dreipunkt- oder Tiefstart an. Des Weiteren können die Athleten erproben, wie sich die optimale Anlaufgeschwindigkeit zur 1. Hürde ermitteln lässt. Die Sprintschritte können mit Markierungen seitlich der Laufbahn oder durch rhythmisches Klatschen vorgegeben werden. Übungshürden mit Klappmechanismus bauen die Ängste hinsichtlich der Hürdenüberquerung ab. Empfohlen wird, das Schwung- und Nachziehbein sowie die Schrittzahl vorzugeben. Beim *8-Schritt-Anlauf bis zur 1. Hürd*e befindet sich das Abdruckbein (Nachziehbein) im Startblock vorn.

Übungsaufgaben zur Anpassung der Distanz des Abdruckpunkts vor den Hürden

Distanz zur 1. Hürde anpassen

Bei Anfängern bedingt die nicht korrekte Distanz des Abdruckpunkts zur 1. Hürde ungleichmäßige Schrittlängen, variierende Schrittanzahlen und geringe Schrittfrequenzen. Die *zu geringe Distanz des Abdruckpunkts zur Hürde* führt zum steilen Absprung, so dass der Anfänger dem anschließenden Landedruck nicht standhalten kann. Dementsprechend geben das *Hüft- sowie Kniegelenk des Landebeins* nach und die Horizontalgeschwindigkeit nimmt ab. Des Weiteren kann der Athlet das Schwungbein nicht geradlinig nach „vorn-oben" über die Hürde führen, sondern muss mit dem Unterschenkel seitlich ausweichen („Außensichel"), damit der Fuß des Schwungbeins über die Hürde gelangt. Die *zu große Distanz des Abdruckpunkts zur Hürde* bedingt die flache Flugkurve und das Umstoßen der Hürde.

Das *flache Überlaufen der Hürde* schulen Abläufe mit großem Krafteinsatz und festgelegter Schrittanzahl bis zum markierten Abdruckpunkt vor der Hürde ebenso wie die Korrektur der Distanz zur 1. Hürde oder der Zwischenhürdenabstände (Gustedt, 2019). Die *technisch korrekte Schwungbeinbewegung* kann durch die Hürden-ABC-Übungen mit Fokus auf den geradlinigen Schwungbeineinsatz vermittelt werden. Das *seitliche Ausweichen um die Hürde* verhindern rechts und links neben der Einzelbahn aufgestellte Hürden.

Übungsaufgaben zur Schulung der Nachziehbeinbewegung

Nachziehbeinbewegung schulen

Die fehlende Abspreizung des Nachziehbeins während der Hürdenüberquerung – nicht hinreichende Hüftbeweglichkeit oder nicht korrekte Bewegungsvorstellung – bedingt das Umstoßen der Hürde (Verletzungsgefahr!). Empfohlen wird das spezielle Beweglichkeitstraining für den Hüftbereich oder das isolierte Üben der Nachziehbeintechnik (s. Kap. 6.3).

Übungsaufgaben zur Koordinierung der Armbewegungen

Anfänger zeigen vielfach nicht koordinierte Ausweichbewegungen der Arme, welche in der fehlenden Abstimmung mit der Beinbewegung und der unruhigen Armbewegung während der Hürdenüberquerung begründet liegen. In diesem Fall eignen sich die *Hürden-ABC-Übungen* (z. B. Arme in Vorhalte oder ein Arm in Hoch- und der andere in Vorhalte).

Armbewegungen koordinieren

Im Zwischenhürdenlauf die Sprintgeschwindigkeit halten und nicht springen

Der Zwischenhürdensprint erfordert kurze Schritte und hohe Schrittfrequenzen, um die große Sprintgeschwindigkeit zwischen den Hürden aufrechtzuerhalten und die nächste Hürde optimal zu erreichen. Wenn die Sprintschritte zwischen den Hürden in die Länge gezogen werden, dann führt dies zum Geschwindigkeitsverlust und die nächste Hürde kann nur springend erreicht werden. Die zu geringe Sprintgeschwindigkeit ergibt sich vielfach aus der 1. Hürdenüberquerung. In diesem Fall sollten die Hürdenabstände verkürzt, die Hürdenhöhen verringert oder die Zwischendistanzen im 4-Schritt-Rhythmus überwunden werden. Resultiert der *Geschwindigkeitsverlust aus der abgebrochenen Nachziehbeinbewegung*, muss der dynamische Einsatz des Nachziehbeins einzeln geschult werden, indem das Nachziehbein nach der Hürdenüberquerung mit kleinem Kniegelenkwinkel schnell nach vorn gezogen wird.

Im Zwischenhürdenlauf das Tempo halten

Bedingt der *Respekt vor der Hürdenhöhe* die auffällige vertikale Sprungbewegung und lange Flugzeit über der Hürde, verringert sich die Schrittgeschwindigkeit zwischen den Hürden. In diesem Fall kann die Reduzierung der Hürdenhöhe oder der Einsatz von Übungshürden mit gepolstertem Hürdenbrett und Klappmechanismus helfen.

Übungsaufgaben zur Optimierung der Take-off-Bewegung

Die zu große Touch-down-Distanz beim letzten Bodenkontakt des Abdruckbeins vor der Hürde (s. Kap. 6.2) führt zum erhöhten Bremsimpuls und zur Verringerung der horizontalen Geschwindigkeit. Gleichzeitig wird das Kniegelenk gebeugt (Verlängerung der Amortisation) und die Abdruckbewegung in die Vertikale gerichtet. Ein weiterer Nachteil des großen Bremsimpulses besteht darin, dass das Nachziehbein nicht rechtzeitig nach der Hürdenüberquerung vor den Körper des Sportlers geführt werden kann, um den aktiven Sprint von der

Hürde weg einzuleiten (Herrmann, 2015b). Bei diesen Fehlerbildern eignen sich Läufe über flache Hürden mit Akzentuierung der Take-off-Bewegung (z. B. 3-Schritt-Rhythmus über die Hürdenstrecke).

- Beim Take-off vor jeder Hürde den Fuß des Abdruckbeins „peitschend" nach „hinten-unten" zum Boden schlagen und mit dem Unterschenkel „greifend" nach hinten ziehen.
- Sobald der Schwungbeinfuß das Hürdenbrett passiert, das Schwungbein mit greifendem Fußaufsatz aktiv hinter der Hürde aufsetzen. Hierbei können das Schwung- und Nachziehbein zeitgleich am Boden landen, um den Ablauf von der Hürde optimal vorzubereiten (Herrmann, 2015b; Hücklekemkes, 2020a).

Variieren und Anpassen

Nach dem Ansatz des „Differenziellen Lernens" (s. Kap. 1.3) kann die Optimierung des Hürdenlaufs dadurch unterstützt werden, indem variable Aufgaben die Anpassungsfähigkeit an die neue Bewegungstechnik fördern. Heemsoth (1997, 2009) und Harksen (2012) favorisieren folgende Übungsaufgaben.

- Den *optimalen Abdruckpunkt vor der Hürde* durch systematisch veränderte Hürdenabstände und Hürdenhöhen erkunden (Zu- oder abnehmende Abstände: 10–20 cm, s. Abb. 38).
- Zur *Akzentuierung der Verbindung der Hürdenüberquerung und des Zwischenhürdenlaufs* sprinten die Athleten mit Zusatzaufgaben über 5 bis 6 Hürden (Kniehebelauf, fixierte Hände an der Hüfte, Hände in der Seithalte).

Hürdenabstände variieren

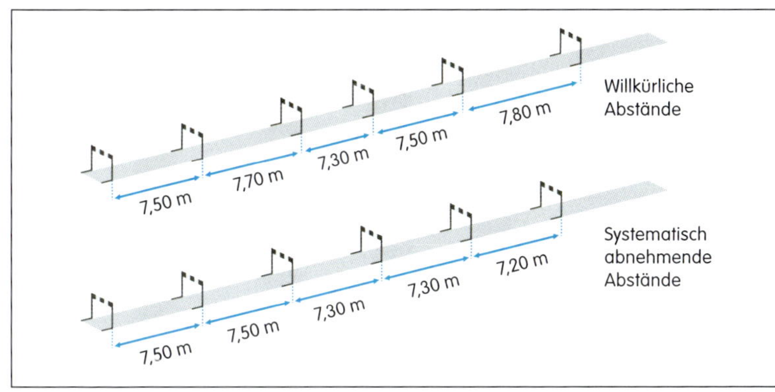

Abb. 38: Veränderte Hürdenabstände

- Die Hürdensprinter absolvieren zur *Akzentuierung der Schwungbeinbewegung und des Nachziehbeins* an 5 bis 8 Hürden mehrere Sprints im 1- oder 3-Schritt-Rhythmus (Abstand: 3–4 m u. 6–7 m).
  - Mit dem *Schwungbein* seitlich an der Hürde vorbei sprinten (Kurze Bodenkontaktzeit und Distanz beachten!).
  - Mit dem *Nachziehbein* seitlich an der Hürde vorbei sprinten (Schneller Fußaufsatz des Nachziehbeins hinter der Hürde!).

Hürdenrhythmen variieren

- Zur *Akzentuierung des aktiven Weiterlaufens hinter der Hürde* an 5 bis 8 Hürden kürzere Sprints im 1-Schritt-Rhythmus (ein Schritt zwischen der Hürde, Abstand: 3–4 m) oder 3-Schritt-Rhythmus (Abstand: 6–7 m).
- Zur *Erarbeitung des rhythmischen Zwischenhürdenlaufs* die Schritt-Rhythmen bewusst wechseln (s. Abb. 39).
  - Über „wilde Abstände" sprinten, indem die Abstände derart variabel gestaltet werden, dass diese nur durch den Wechsel des Schrittrhythmus schnell bewältigt werden können.
  - Über „feste Abstände" sprinten und den Schrittrhythmus durch vorgegebene Hürdenabstände wechseln.
- Innerhalb des Sprintlaufs den 3- und 5-Schritt-Rhythmus variieren.
- Zur Vergrößerung der Abdruckdistanz vor der Hürde sogenannte „Ochser" überlaufen, um die vorzeitige Streckung des Schwungbeins im Kniegelenk zu verhindern.

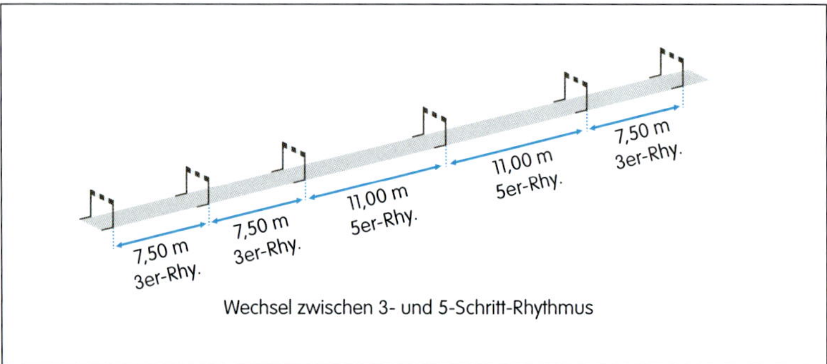

Abb. 39: Veränderte Hürdenrhythmen

Differenzielles Lernen mittels variabler Bewegungsaufgaben

Variable Übungsaufgaben vermitteln dem Anfänger ein breites Spektrum an Bewegungserfahrungen, indem verschiedene Bewegungslösungen aufgezeigt werden. Hierdurch werden die im Lernprozess auftretenden Fluktuationen hinsichtlich des Schritt-Rhythmus oder der

Schwung- und Nachziehbeinbewegung verstärkt, der Erfahrungsschatz bereichert und das motorische Fundament sowie die variable Verfügbarkeit vergrößert (Schöllhorn et al., 2009b; Hotz, 2010, s. Kap. 1.2).

Zur Förderung der Lernbereitschaft sollte das Üben nicht alleinig durch Instruktionen und Rückmeldungen des Lehrers unterstützt werden. Ebenso bedeutend sind nach Zeuner et al. (2010) das „forschende" Lernen und Körpererfahrungen.

Selbstständiges Experimentieren

Selbstständig experimentieren

- Wettläufe paarweise mit Handicap durchführen und das optimale Handicap für das Laufen mit dem Partner finden.
- Bei welcher Höhe und welchem Hürdenabstand nimmt die Differenz zur Flachsprintzeit zu?

Körpererfahrungen

Körperwahrnehmung betonen

- Die 1. Hürde als besonderes Hindernis erfahren.
- Bei welcher Höhe und welchen Abständen der Hürden besteht das Gefühl des „flüssigen" Laufs?
- Wann muss die Hürde „attackiert" oder „überflogen" werden?

6.5 Lernen und Trainieren organisieren

Sicherheit

Sicherheitsaspekte

Sicherheitsbestimmungen wie beim *Sprintlauf* (s. Kap. 4.5)

Technik

Technische Ausführung

- *Flache Hindernisse* eignen sich zur Akzentuierung des Sprintcharakters während der Hindernisüberwindung.
- Übungsbahnen aus Hindernissen mit unterschiedlichen Hindernisabständen.
- Zu Beginn des Aneignungsprozesses sollte bei der Art und der Abstände der Hindernisse Folgendes beachtet werden.
  - Keine starren Hindernisse wie Kastenlängsteile, Gerätturnbänke oder umgelegte Wettkampfhürden verwenden (Verletzungsrisiko,

Angst vor Verletzung). Am besten eignen sich Schaumstoffblöcke, Pappkartons und Anfängerhürden mit gepolstertem Hürdenbrett und Klappmechanismus (s. Abb. 37).
- Kleine Abstände zwischen den Hindernissen (Hürden) bevorzugen, um das sprintgemäße Überlaufen zu fördern. *Zu große Abstände zwischen den Hindernissen* führen zum „Langziehen" der Schritte und verhindern das Sprinten. Zu kleine Abstände unterbinden den aktiven Fußaufsatz mit kurzfristigem Bodenkontakt.

- Beim Übersprinten hoher Hindernisse auf das schnelle „Bodenfassen" achten.
- *Leistungsstarke Sportler.* Abstand und Höhe der Hürden vergrößern.
- Wettkämpfe sind erst dann sinnvoll, wenn die Anfänger die Hürdenabstände „flüssig" sprinten können.

Methodik

Methodische Hinweise

- Das methodische Vorgehen zielt auf die ganzheitliche Vermittlung des Hürdensprints. Mit dem Überlaufen von „Gräben" wird der Rhythmus und die geradlinige Schwungbeinführung geschult.
- Im Vordergrund steht das rhythmische Übersprinten der Hindernisse!
- An Übungsbahnen aus Hindernissen oder Hürden zunächst mit geringen Höhen beginnen und anschließend durch größere Höhen die technisch korrekte Hürdenüberquerung vorbereiten (Individualität beachten!).
- Im Verlauf der Unterrichtsreihe sollte die Schrittanzahl des Zwischenhürdenlaufs den Idealwert „3" erreichen. Bei leistungsschwächeren Sportlern empfehlen sich 4 Schritte.
- Wettbewerbsformen erst bei Beherrschung der Hürdentechnik!

6.6 Wettkämpfe

Pädagogisch orientierte Wettkampfformen

Die nachfolgend exemplarisch skizzierten *pädagogisch orientierten Wettkampfformen* dienen der allmählichen Hinführung der Anfänger zur normierten leichtathletischen Wettkampfform des *Hürdensprints*.

Vergleich leistungsstarker und leistungsschwacher Athleten

Pädagogisch orientierte Wettkampfformen

- Bei gleicher Streckenlänge über hohe und flache Hürden.
- Vorgaben oder Erleichterungen für leistungsschwächere Sportler.
- Hürdenläufer gegen „Flachläufer".
- Ansteigende und abnehmende Hürdenhöhen bei gleicher Ausgangshöhe.
- *Differenzierter Hindernissprint*. Strecke, Anlauf und Auslauf sind identisch, aber unterschiedliche Hürdenabstände (Streckenlänge: 30 m, 40 m oder 50 m).

DLV Wettkampfsystem Kinderleichtathletik

Das *Hürdensprinten* ist ebenfalls Inhalt des *DLV Wettkampfsystems Kinderleichtathletik* (DLV, 2018; 2020).

DLV Wettkampfsystem Kinderleichtathletik

- Altersklasse U 8 (6–7 Jahre):
  Hindernis-Flachsprint-Staffel über 30 m.
- Altersklasse U 10 (8–9 Jahre):
  Hindernis-Flachsprint-Staffel über 30 bis 40 m.
- Altersklasse U 12 (10–11 Jahre):
  Hindernis-Flachsprint-Staffel über 40 bis 50 m.

Die Staffelteams der drei Altersklassen U 8 bis U 12 absolvieren die Hindernisstrecke (U 8: 30 m, U 10: 30–40 m, U 12: 40–50 m) auf dem Hinweg und die Flachsprintstrecke auf dem Rückweg (U 8: 30 m, U 10: 30–40 m, U 12: 40–50 m). In den drei Altersklassen U 8 bis U 10 erfolgt der Start aus der frei gewählten Startposition auf ein akustisches Signal. Das Staffelteam, das innerhalb von 3 min die längste Strecke zurücklegt, erhält die meisten Punkte. Die erzielten Teamleistungen werden in die Rangfolge gesetzt. In der Altersklasse U 12 sind Einzelwertungen möglich (DLV, 2018; 2020).

Wettkampfbestimmungen

Die *Wettkampfhürde* besteht aus Metall (oder anderem geeigneten Material) und die mit Kontrastfarben gestrichene Hürdenlatte aus Holz (oder nicht metallischem Material, s. Abb. 40). Des Weiteren verfügt

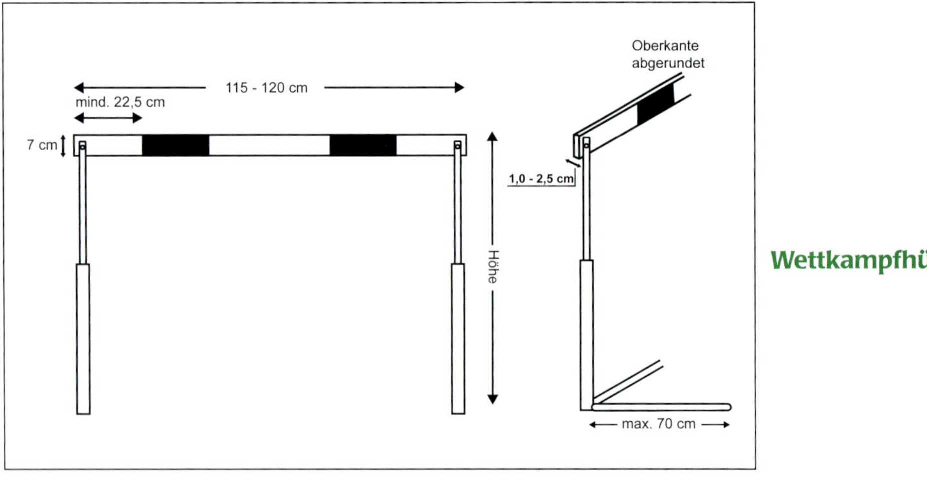

Wettkampfhürde

Abb. 40: Wettkampfhürde (mod. nach Internationaler Wettkampfregelungen, Arbeitsgemeinschaft der Regelkommission von DLV, FLA, ÖLV und SwA, 2022/2023)

Tab. 7: Altersklassen und Hürdensprintstrecken

Strecke	Bahn-Markierung	Alters-klasse	Hürden-anzahl	Hürden-höhe	Anlauf	Abstand	Auslauf
110 m	Blau	Männer	10	106,7 cm	13,72 m	9,14 m	14,02 m
110 m	Blau	MJ U20	10	99,1 cm	13,72 m	9,14 m	14,02 m
110 m	Rot	MJ U18	10	91,4 cm	13,72 m	8,90 m	16,18 m
100 m	Gelb	Frauen	10	83,8 cm	13,00 m	8,50 m	10,50 m
100 m	Gelb	WJ U20	10	83,8 cm	13,00 m	8,50 m	10,50 m
100 m	Gelb	WJ U18	10	76,2 cm	13,00 m	8,50 m	10,50 m
80 m	Gelb	MJ U16	7	83,8 cm	13,50 m	8,60 m	14,90 m
80 m	Schwarz	WJ U16	8	76,2 cm	12,00 m	8,00 m	12,00 m
60 m	Schwarz	MJ U14	6	76,2 cm	11,50 m	7,50 m	11,00 m
60 m	Schwarz	WJ U14	6	76,2 cm	11,50 m	7,50 m	11,00 m

die Wettkampfhürde über *zwei Standfüße* (Länge: 70 cm) und zwei weit außen angebrachte Stützen (Hürdenbreite: 1,20 m), die den rechtwinkligen Rahmen bilden. Dieser kann durch Querstäbe stabilisiert werden. Verschiebbare Gegengewichte in den Hürdenfüßen gewährleisten die Standfestigkeit der Hürde. Die Wettkampfhürde kann für die jeweilige Altersklasse und Streckenlänge in der Höhe angepasst werden.

Weitere Bestimmungen

Leichtathletische Hürdenwettkämpfe erfolgen in Einzelbahnen. Der Hürdensprinter muss über jede Hürde laufen und durchgängig die zugeteilte Einzelbahn nutzen. Darüber hinaus gelten die allgemeinen Bestimmungen für den Sprintlauf.

Disqualifikationen

- Die Hürde wird nicht überlaufen oder absichtlich umgestoßen.
- Das Nachziehbein wird seitlich unterhalb der Hürdenlatte geführt.

6.7 Leseempfehlungen

Lese-empfehlungen

Theoretische Grundlagen und abwechslungsreiche Praxisübungen zur Aneignung der Hürdentechnik thematisieren in der Zeitschrift *Leichtathletiktraining* die Beiträge von Heemsoth (1997), Hücklekemkes (2005, 2006b, 2020a, b), Gonschinska (2008), Harksen (2012), Ullrich (2012) und Gustedt (2016, 2019, 2022). Spezielle Lauf-ABC-Übungen für das Hürdensprinten stellen May (2009) und Hücklekemkes (2016) vor. Für die Ausbildung der leistungsbestimmenden Faktoren des Hürdensprints – optimale Take-off-Bewegung und schneller Zwischenhürdensprint – finden sich bei Herrmann (2015b) spezifische Übungsaufgaben.

Kapitel 7

Sprint-Staffel

In den leichtathletischen Sprint-Staffeln beeinflusst die Übergabe des Staffelstabs maßgeblich die Wettkampfleistung. Neben der effektiven Sprinttechnik stellt der Transport des Staffelstabs und die schnelle, fehlerfreie Stabübergabe unter schwierigen Bedingungen – maximale Sprintgeschwindigkeit, eingeschränkter Bewegungsraum (Wechselraum) und Zustand der Ermüdung – besondere Anforderungen an die Staffelläufer (Haberkorn & Plaß, 1992).

Anforderungen an das Staffellaufen

Das *Staffellaufen* bietet als alleiniger leichtathletischer Mannschaftswettbewerb nicht nur eine ausgezeichnete Trainingsmöglichkeit zur Verbesserung des individuellen Sprintvermögens, sondern fördert ebenfalls besonders den Teamgeist und die Motivation der Athleten. Die Staffelläufer müssen sich an den engbegrenzten Wechselraum (Länge: 30 m) und den Partner anpassen können sowie durch die Teamarbeit zur Mannschaftsleistung beitragen. Diese besonderen Herausforderungen bedingen, dass nicht die Sprinter mit den vier besten Einzelzeiten das Staffelteam bilden, sondern ebenso die Mobilisation der Leistungsbereitschaft und der Leistungsfähigkeit der einzelnen Staffelmitglieder als bedeutsam für den Wettkampferfolg der Mannschaft angesehen werden.

7.1 Voraussetzungen schaffen

Physische und psychische Fähigkeiten

Soziales Verhalten

Das Staffellaufen fördert neben der Entwicklung vielseitiger physischer und psychischer Fähigkeiten insbesondere das soziale Verhalten der Athleten. Des Weiteren lassen sich leistungsschwächere Sprinter effektiv in das Staffelteam eingliedern, da bei kurzen Sprintstrecken die Geschicklichkeit beim Stabwechsel die nicht hinreichend ausgeprägte Sprintkraftfähigkeit oder Sprintschnelligkeitsfähigkeit ausgleichen kann. Einfache Fangspiele wie „Tag-Nacht" oder „Komm mit – Lauf weg" (s. Kap. 5.1) schulen ebenso die zentralen Merkmale des Staffelsprints – beschleunigen, verfolgen und einholen – wie die in Abbildung 41 dargestellten variantenreichen Spiel- und Wettkampfformen des Staffellaufens.

Vorbereitende Spiel- und Wettkampfformen

Spiel- und Wettkampfformen

Für die Kinder- und Jugendleichtathletik eignen sich insbesondere die klassischen Staffelformen wie Pendelstaffeln, Umkehrstaffeln oder Rundenstaffeln, die in der Sporthalle und im Leichtathletikstadion

Staffelvielfalt

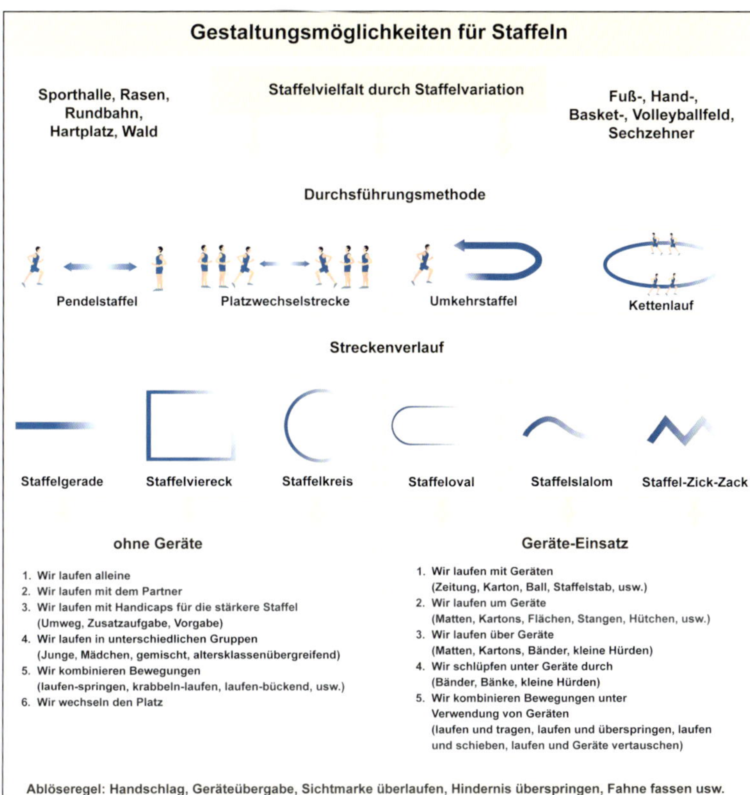

Abb. 41: Staffelvielfalt durch Staffelvariationen (mod. nach May, 2013, S. 23)

unter Verwendung von Kleingeräten oder Großgeräten als Vorbereitungsspiele, Abschlussspiele sowie Gruppenwettkämpfe eingesetzt werden können (Katzenbogner & Medler 1992; Lütgeharm, 2012).

Pendelstaffel (20–50 m)

Bei der Pendelstaffel steht sich die Hälfte jedes Teams in der Reihe gegenüber (Abstand: 20–50 m, s. Abb. 42). Auf das Startkommando sprintet der Startläufer (Nr. 1) zur gegenüberliegenden Seite, übergibt den Staffelstab an den Läufer Nr. 2 und stellt sich anschließend hinter dem letzten Läufer der eigenen Gruppe an. Nach der Übergabe des Staffelstabs sprintet der Läufer Nr. 2 zur gegenüberliegenden Seite. Auf diese Art und Weise pendelt der Staffelstab zwischen beiden Teamhälften hin und her. Der Durchgang ist dann beendet, wenn das letzte Gruppenmitglied die Ziellinie überquert.

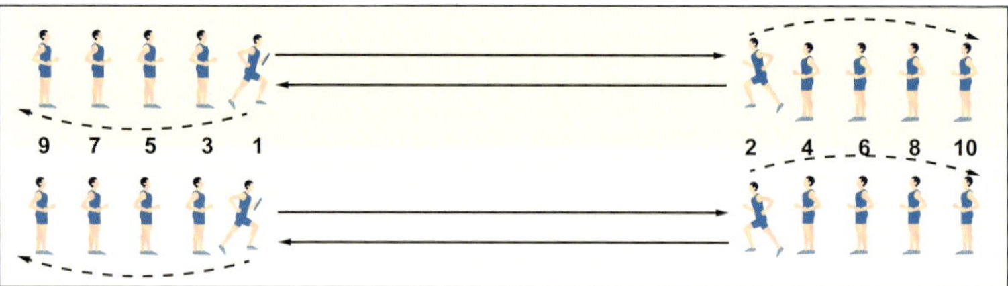

Abb. 42: Grundaufstellung der Pendelstaffel

Pendelstaffel

Die *Staffelstabübergabe* erfolgt derart, dass für jedes Team auf den Startlinien eine Wechselmarke steht (Fahnenstange). Der stabübergebende Läufer sprintet in Anlaufrichtung links an der Fahnenstange vorbei und übergibt den Stab mit der rechten Hand. Der stabannehmende Partner steht rechts neben der Fahnenstange und empfängt den Staffelstab mit dem rechten Arm auf der linken Seite der Wechselmarke (Fahnenstange, s. Abb. 43). Auf diese Art und Weise erfolgt keine Behinderung der an- und ablaufenden Athleten.

Variationen

Variationen der Pendelstaffel

- Im Slalom um Trainingspylonen oder Fahnenstangen sprinten.
- Die Startläufer erhalten anstelle des Staffelstabs einen Ball, der auf unterschiedliche Art und Weise befördert wird (z. B. Ball prellen).
- Zwischen den Startlinien befinden sich mehrere Hindernisse (z. B. Gerätturnbänke, Pappkartons, kleine Kästen).

Staffelstabübergabe Pendelstaffel

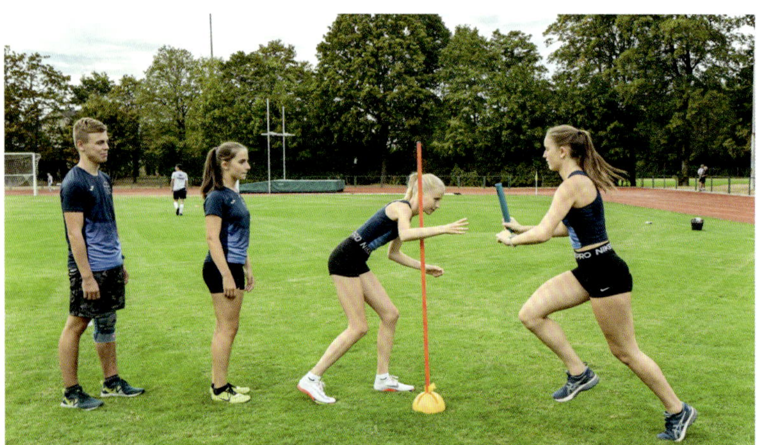

Abb. 43: Staffelstabübergabe bei der Pendelstaffel

Umkehrstaffel (Wendestaffel, 20–50 m)

Bei der Umkehrstaffel (Wendestaffel) stehen die Staffelmitglieder in der Reihe hintereinander (s. Abb. 44). Der 1. Sportler sprintet auf das Startkommando zur Wendemarke, umrundet diese, sprintet zurück, übergibt den Staffelstab dem nächsten Sportler (Nr. 2) und reiht sich hinter dem letzten Gruppenmitglied ein. Die Stabübergabe erfolgt vergleichbar zur Pendelstaffel von vorn. Es gewinnt das Team, dessen letzter Läufer zuerst die Ziellinie überquert.

Jmkehrstaffel

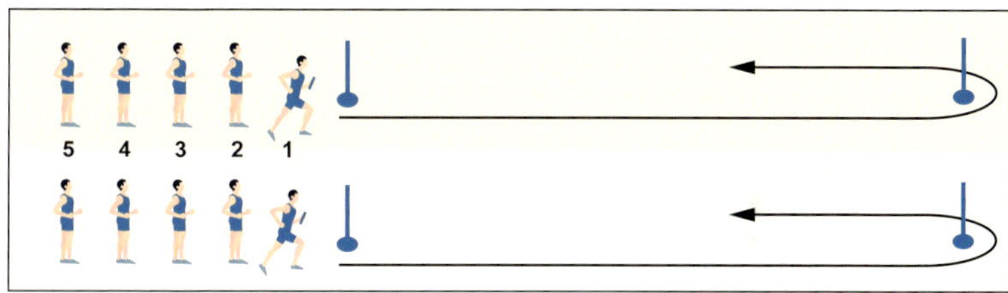

Abb. 44: Grundaufstellung der Umkehrstaffel (Wendestaffel)

Variationen

/ariationen der Jmkehrstaffel

- Die Sportler befördern auf unterschiedliche Art und Weise einen Ball (z. B. Ball prellen).
- Die Staffelläufer erhalten zusätzlich zum Staffelstab ein weiteres kleines Sportgerät (z. B. Staffelstab, Medizinball, Gymnastikball). Beide Geräte müssen beim Wechsel übergeben werden.

Umlaufstaffel (20–50 m)

Die Mannschaftsaufstellung der Umlaufstaffel entspricht der Grundaufstellung der Umkehrstaffel, die eigene Mannschaft wird aber vor der Übergabe des Staffelstabs umlaufen, um Zusammenstöße zu vermeiden. Hierfür befindet sich hinter jeder Mannschaft eine zusätzliche Wendemarke (z. B. Trainingspylone, Fahnenstange, s. Abb. 45–47).

Jmkehrstaffel nit Überlaufen

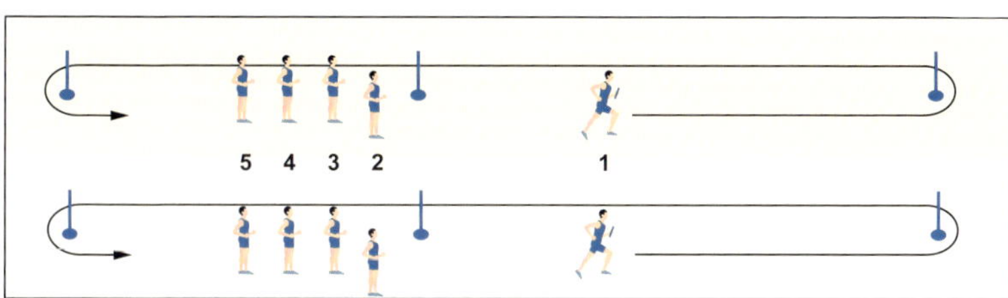

Abb. 45: Grundaufstellung der Umlaufstaffel mit Wendemarke

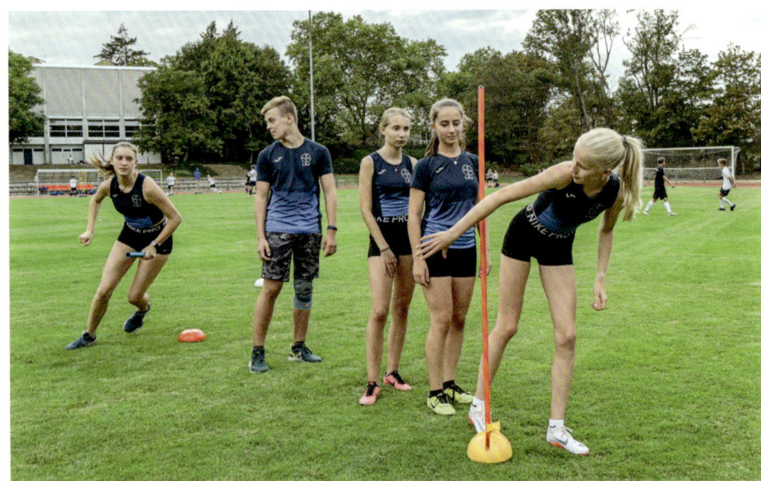

Umlaufstaffel

Abb. 46: An der Wendemarke

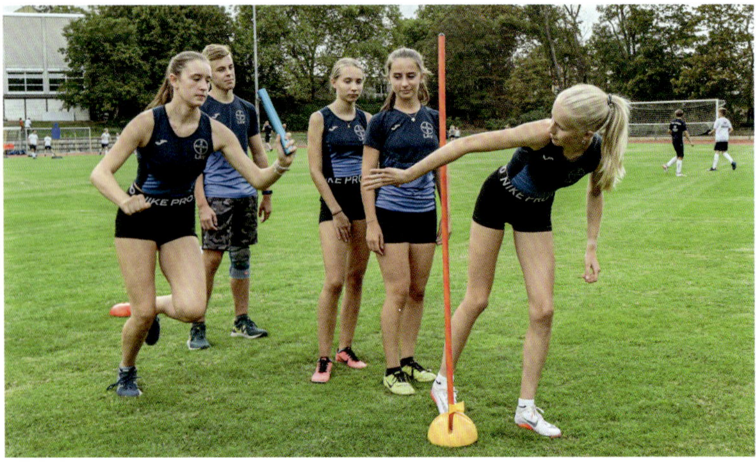

Staffelstab-übergabe

Abb. 47: Staffelstabübergabe bei der Umlaufstaffel

Die Stabübergabe erfolgt von hinten entweder von unten oder von oben, um die Athleten auf den Staffelwechsel bei Rundenstaffeln vorzubereiten.

Rundenstaffel (Kreisstaffel, 20–50 m)

Die Sportler laufen auf der Rundbahn (Ebenfalls: Viereck oder Dreieck!) bis zum Stabwechsel entweder eine Runde oder von Wechsel zu Wechsel die festgelegte Teilstrecke. Die Übergabe des Staffelstabs erfolgt von hinten.

7.2 Grundlegende Technikmerkmale erkennen

In den leichtathletischen Sprint-Staffeln stellt die Sprintleistungsfähigkeit der einzelnen Staffelmitglieder nicht den alleinigen leistungsbestimmenden Faktor für stabile Wettkampfergebnisse dar, sondern vor allem die sichere Übergabe des Staffelstabs bei großer Laufgeschwindigkeit im eingeschränkten Wechselraum.

Leistungsbestimmende Faktoren

Der Sprint-Staffellauf stellt an das Staffelteam folgende Anforderungen (Haberkorn & Plaß, 1992; Hücklekemkes, 2000a, b; Rotter, 2004).

- *Sprintfähigkeit der Staffelmitglieder.* Vergleichbar zum Einzelsprint müssen die Staffelläufer die Teilstrecken in kürzester Zeit bewältigen.

eistungs- estimmende aktoren

- *Stabgeschwindigkeit innerhalb des Wechselraums.* Optimale Nutzung des engbegrenzten Wechselraums, damit die Stabübergabe bei maximaler Sprintgeschwindigkeit erfolgt (Zeitgewinn: > 2,5 sec).
- *Zweckmäßige Wechselart.* Laufwege und Stabannahme. Innenwechsel, Außenwechsel oder Frankfurter-Wechsel.
- *Taktische Aspekte.* Bei der Zusammenstellung des Staffelteams müssen die konditionellen, koordinativen und psychischen Fähigkeiten sowie die anthropometrischen Faktoren der einzelnen Staffelmitglieder berücksichtigt werden (z. B. Besetzung der Teilstrecken nach Startfähigkeit, Kurvenverhalten, Sprintausdauerfähigkeit und Wechselsicherheit).

Den Sprint-Staffellauf charakterisieren zahlreiche disziplinspezifische Technikelemente, die im Training gezielt und systematisch entwickelt werden müssen. Die zentrale Technik des Sprint-Staffellaufs, der Staffelstabwechsel findet ohne Blickkontakt statt, damit der stabannehmende Läufer hoch beschleunigen kann. Den effektiven Staffelstabwechsel beeinflussen maßgeblich die Technik der Stabübergabe, die Wechselart, die Ablaufgenauigkeit und der Geschwindigkeitsverlauf der stabannehmenden sowie stabübergebenden Athleten (Abnahme der Stabgeschwindigkeit während des Wechselvorgangs vermeiden!).

Staffelstart

taffelstart

Die technische Ausführung des Staffelstarts entspricht im Wesentlichen dem Ablauf des Hochstarts oder des Tiefstarts (s. Kap. 5). Beim

Start in die Kurve der Laufbahn muss beachtet werden, dass die ersten 10 m geradlinig gesprintet werden, d. h. die Kurve wird tangential angelaufen. Dementsprechend muss der Startläufer den Startblock an der Außenseite der Laufbahn platzieren.

Optimale Nutzung des engbegrenzten Wechselraums

Den optimalen Staffelstabwechsel kennzeichnet, dass die Stabübergabe „fliegend“ erfolgt. Der stabannehmende Sportler beschleunigt vor der Stabannahme, damit zum Zeitpunkt der Stabübergabe sowohl für den stabübergebenden als auch stabannehmenden Staffelläufer die maximale Sprintgeschwindigkeit besteht. Der zur Verfügung stehende, engbegrenzte Wechselraum sollte aufgrund der großen Stabgeschwindigkeit vollständig genutzt und der Staffelstab am Ende des Wechselraums übergeben werden (ca. 25 m nach der Ablaufposition, s. Abb. 48).

Nutzung des Wechselraums

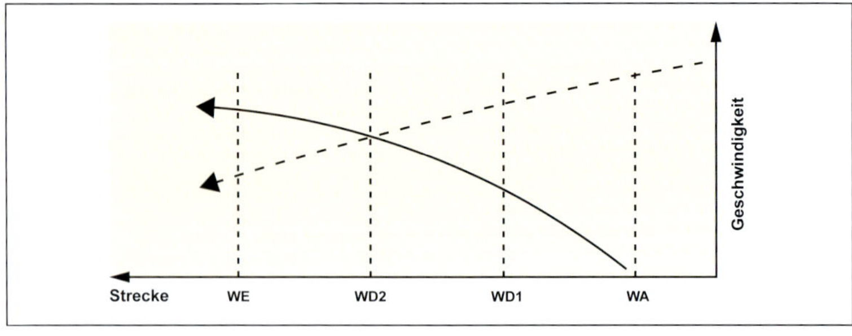

Übernahmepunkt

Abb. 48: Geschwindigkeitsverläufe des stabübergebenden Läufers (– –) und des stabübergebenden Läufers (—), Übernahmepunkt des Staffelstabs (Schnittpunkt beider Linien) sowie optimale Nutzung des Wechselraums (WA: Wechselraumanfang, WD1: 1. Wechselraumdrittel, WD2: 2. Wechselraumdrittel, WE: Wechselraumende)

Als Hilfsmittel für den exakten Ablauf des Staffelstabwechsels und zur Unterstützung der optimalen Beschleunigung des stabannehmenden Staffelläufers vor der Stabübergabe dient die vor dem Wechselraum individuell platzierte Kontrollmarke (Koinzidenzmarke). Der stabannehmende Sportler startet dann den Beschleunigungslauf, wenn der stabübergebende Athlet die Kontrollmarke erreicht. Als Richtwert für den optimalen *Abstand zwischen Staffelpartnern mit vergleichbarem Leistungsniveau* gelten ca. 25 Fußlängen von der Ablauflinie bis zur Kontrollmarke (Athletinnen: ca. 6,50 m, Athleten: ca. 7,50 m). Dieser Abstand muss bei schnelleren stabübergebenden Partnern verlängert und bei schnelleren stabannehmenden Sportlern verkürzt werden.

Staffelpartner mit vergleichbarem Leistungsniveau

Ablaufposition des stabannehmenden Sportlers

Der Ablauf des stabannehmenden Staffelläufers erfolgt aus derjenigen Körperposition, die einerseits günstige Bedingungen bietet, den stabübergebenden Partner zu beobachten und dessen Laufgeschwindigkeit einzuschätzen, andererseits die größtmögliche eigene Bewegungsbeschleunigung gewährleistet. Im *Nachwuchsbereich* sollte dementsprechend dem *Hochstart* der Vorzug gegeben werden (s. Abb. 49). Dies bedeutet, dass der stabannehmende Läufer den ankommenden Partner mit aufrechter Kopfhaltung und parallel zur Laufbahn ausgerichteten Beckenachse sowie Schulterachse erwartet (Vorderer Fuß auf der Fußsohle, Kniegelenk ca. 90 cm gebeugt!), um das Erreichen der Kontrollmarke durch den stabübergebenden Partner bestmöglich erfassen zu können. Das Körpergewicht lastet auf dem vorderen Bein. Der hintere Fuß drückt mit dem Fußballen gegen die Laufbahn und der Blick richtet sich nach hinten. Bei ausreichender Erfahrung kann zur tiefstartähnlichen Stellung – in der Regel zum Dreipunktstart – übergegangen werden (s. Abb. 50).

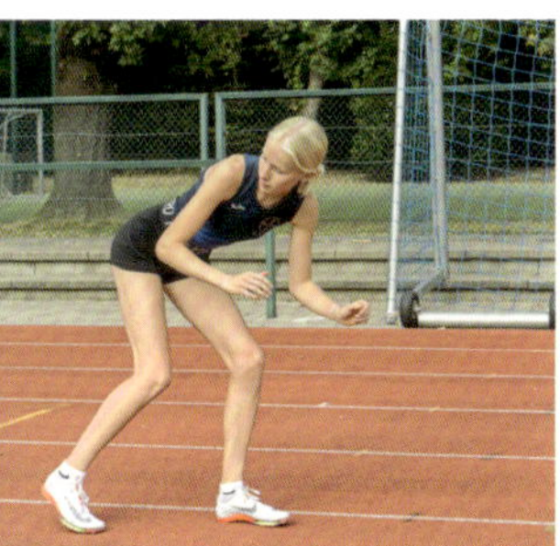
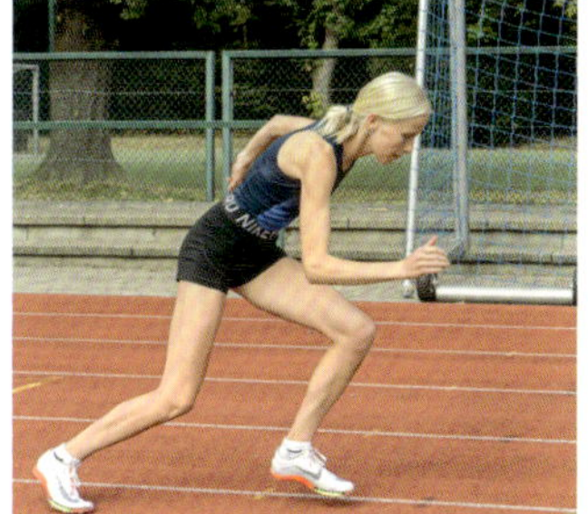
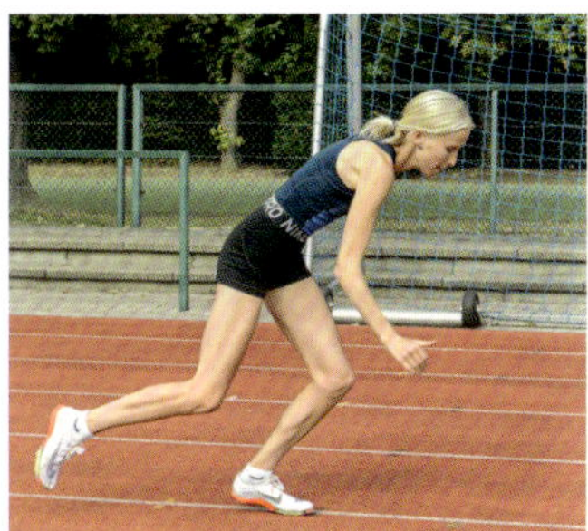

Abb. 49: Hochstart als Ablaufposition

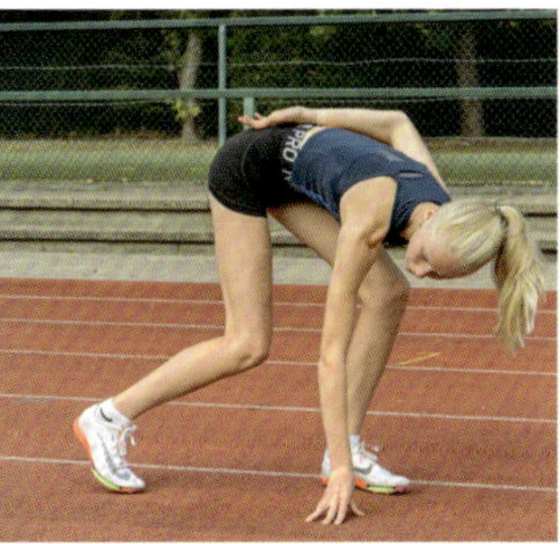
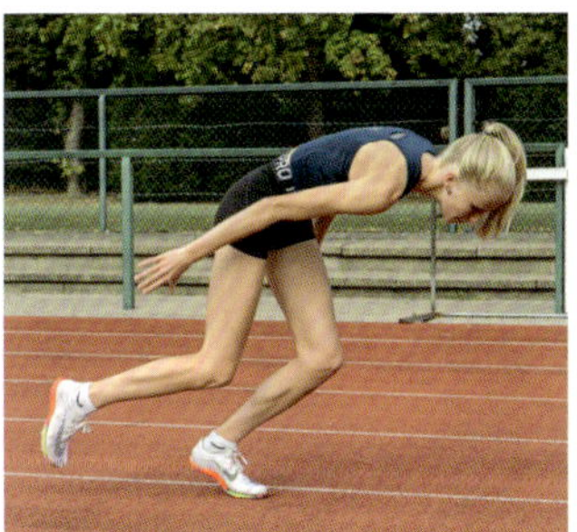
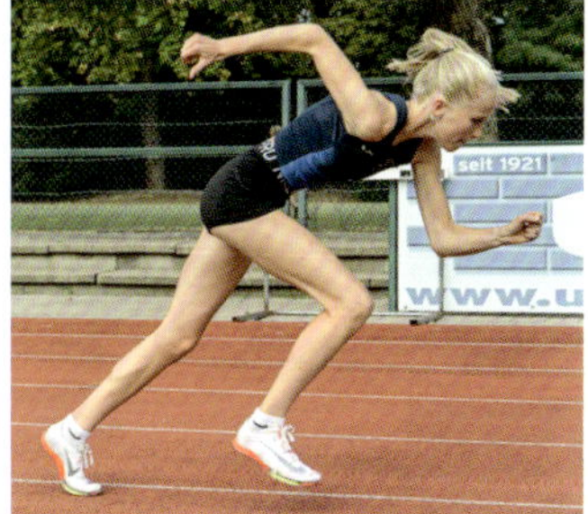

Abb. 50: Dreipunktstart als Ablaufposition

Staffelstabübergabe

Die Techniken der Übergabe des Staffelstabs orientieren sich an den Raumwegen des stabtragenden Arms und des Staffelstabs. In der *Kinderleichtathletik* und bei *Langsprint-Staffeln* (4 x 400 m) dominiert die frontale Stabübergabe, bei welcher der Staffelstab mit direktem Blickkontakt mit der rechten Hand abgegeben und mit der linken Hand angenommen wird. Hierzu wechselt der Staffelstab während des Laufens die Hand. Der *Vorteil der frontalen Stabübergabe* liegt in der großen Sicherheit des Stabwechsels begründet. Als *Nachteil* gilt die deutliche Verringerung der Stabgeschwindigkeit. In den *Kurzsprint-Staffeln* fällt die Abnahme der Stabgeschwindigkeit während der Stabübergabe von hinten wesentlich geringer aus.

Langsprint-Staffel Frontal

Sprint-Staffel von hinten

Stabwechsel von unten – Schwungtechnik aufwärts (Aufwärtswechsel)

Beim *Stabwechsel von unten* gibt der stabübergebende Sportler den Staffelstab von unten nach oben in die Hand des stabannehmenden Partners weiter, dessen zurückgestreckte geöffnete Hand sich hinter dem Oberkörper auf Hüfthöhe befindet (s. Abb. 51). Die *Nachteile der Stabübergabe von unten* bestehen darin, dass während der Stabübergabe zum einen relativ nah an den Partner herangelaufen werden muss; zum anderen muss der Staffelstab während des Sprintlaufs nachgefasst werden, um diesen nach der Stabübergabe sicher in der Hand halten und beim nächsten Stabwechsel effektiv weitergeben zu können. Jedes Nachfassen oder Umgreifen erhöht das Risiko des Stabverlustes. Des Weiteren ist die Zielfläche der Hand relativ klein und weit vom Auge des stabübergebenden Läufers entfernt. Im Nachwuchsbereich sollte der Stabwechsel von unten im Sinne der Vermittlung vielfältiger Bewegungserfahrungen geübt werden.

Schwungtechnik aufwärts

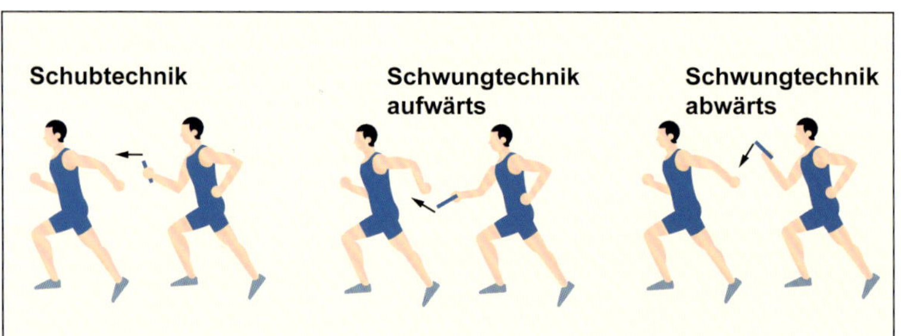

Abb. 51: Übergabetechniken von hinten (Schub- und Schwungtechnik)

Übergabetechniken von hinten

Stabwechsel von oben – Schwungtechnik abwärts (Abwärtswechsel)

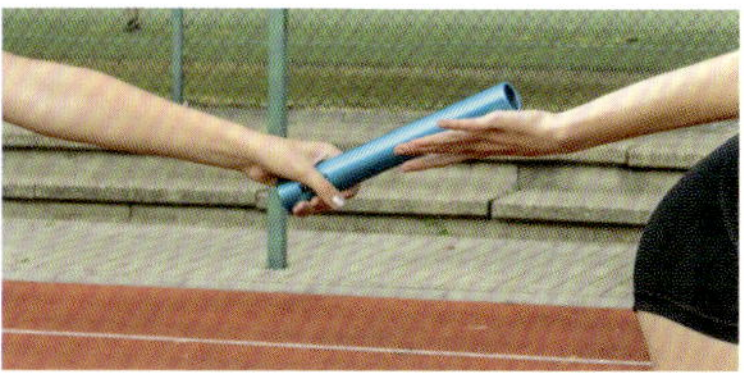

Abb. 52: Schwungtechnik abwärts

Beim Stabwechsel von oben streckt der stabannehmende Läufer den Arm nahezu horizontal nach hinten. Der Daumen wird abgespreizt und die Handinnenfläche zeigt nach oben. Der stabübergebende Partner legt oder schiebt den Staffelstab von „vorn-oben" nach „vorn-unten" in die offene Hand des stababnehmenden Staffelläufers (s. Abb. 51 u. 52).

Schwungtechnik abwärts

Der *Vorteil des Stabwechsels von oben* besteht zwar darin, dass die Athleten den Staffelstab nicht nachfassen müssen, da der Staffelstab nach der Übergabe immer am unteren Ende in der Hand gehalten wird. Der *Nachteil* des Stabwechsels von oben besteht jedoch darin, dass der Staffelstab schwunghaft und bogenförmig in die Hand des stababnehmenden Partners hineingeschlagen wird (Risiko des Verfehlens!).

Schubtechnik abwärts (Abwärtswechsel)

Schub-Druck-Technik abwärts

Bei der *Schubtechnik abwärts* (s. Abb. 51 u. 53) führt der stabübergebende Athlet den Staffelstab mit im Ellbogengelenk gestrecktem Arm sowie geradliniger schulterhoher Schubbewegung nach vorn in Richtung der geöffneten schulterhohen Hand („Schub") des stabannehmenden Läufers und drückt den gerade gehaltenen Staffelstab in dessen Hand.

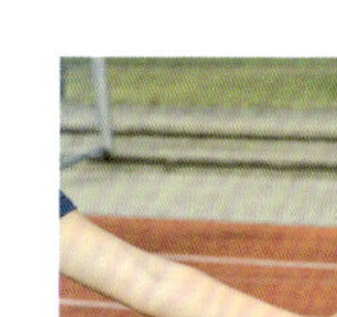

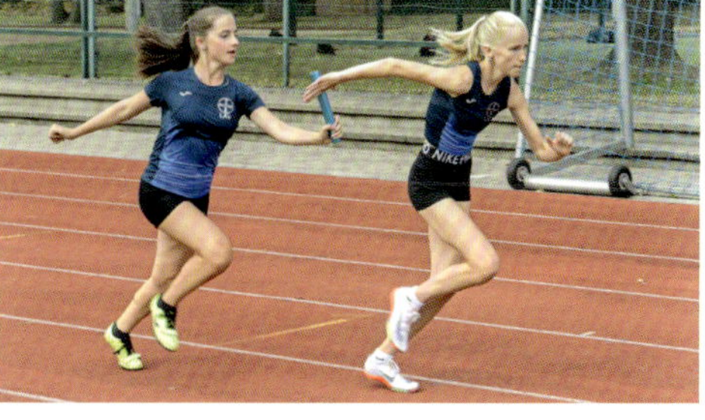

Abb. 53:
Wechsel: Schubtechnik

Die *Schub-Druck-Technik* (Aufrecht gehaltener Staffelstab!) stellt für die Sprint-Staffel die favorisierte Zieltechnik dar, da die Stabübergabe durch das geradlinige „Nach-vorn-Schieben" des Staffelstabs die bessere Zielgenauigkeit und den größeren Raumgewinn bietet. Im *Vereinssport* ist die Schub-Druck-Technik mit der Wechselart *Frankfurter*

Wechsel zu bevorzugen. Im *Schulsport* können die anderen Wechselarten der Stabübergabe erprobt und geschult werden.

Wechselarten

In der Leichtathletik werden in Abhängigkeit vom Laufweg und der Stabannahme folgende *Wechselarten* unterschieden: Innenwechsel, Außenwechsel und Gemischter Wechsel (Frankfurter Wechsel). Beim *Innenwechsel* wird der Staffelstab von der rechten auf die linke Hand übergeben, während beim *Außenwechsel* der Staffelstab von der linken auf die rechte Hand wechselt. Der *Gemischte Wechsel (Frankfurter Wechsel)* besteht aus zwei Innenwechseln und einem Außenwechsel.

Innenwechsel

Innenwechsel

Beim *Innenwechsel* hält der Startläufer den Staffelstab mit der rechten Hand und übergibt dem Partner den Staffelstab in die linke (innere) Hand. Dieser wechselt den Staffelstab vor der nächsten Übergabe zum Innenwechsel in die rechte Hand. Voraussetzung hierfür ist, dass der stabannehmende Sportler bis zur Stabübergabe auf der Laufbahn außen und der stabübergebende Läufer innen läuft.

Vorteile

- Kurzer Laufweg in der Kurve der Laufbahn.
- Der stabannehmende Läufer kann die auf die Laufbahn innen aufgeklebte Kontrollmarke und den Kurvenlauf des stabübergebenden Partners optimal beobachten.

Nachteile

- Stabannahme mit der (vielfach) nicht dominanten Hand.
- Rhythmusstörungen während des Laufens aufgrund des Stabwechsels von der linken in die rechte Hand.

Außenwechsel

Außenwechsel

Beim *Außenwechsel* trägt der stabübergebende Athlet den Staffelstab in der linken Hand. Der stabannehmende Partner steht innen und übernimmt den Staffelstab mit der rechten (äußeren) Hand.

Vorteil

- Stabannahme mit der rechten (vielfach) dominanten Hand.

Nachteile

- Langer Laufweg in der Kurve der Laufbahn.
- Rhythmusstörungen während des Laufens aufgrund des Stabwechsels von der rechten in die linke Hand.
- Schlechtes Sichtfeld zum anlaufenden Partner.

Gemischter Wechsel (Frankfurter Wechsel)

Gemischter Wechsel oder Frankfurter Wechsel

Der *Gemischte Wechsel (Frankfurter Wechsel)* wird mehrheitlich in der 4 x 75-m-Staffel und der 4 x 100-m-Staffel favorisiert. Hierbei werden nacheinander ein Innenwechsel, ein Außenwechsel und ein Innenwechsel realisiert (s. Abb. 54). Die Läufer Nr. 2 und Nr. 4 starten auf der Laufbahn relativ weit außen. Die Stabübergabe erfolgt von rechts (Startläufer) – auf links – auf rechts – auf links (Schlussläufer).

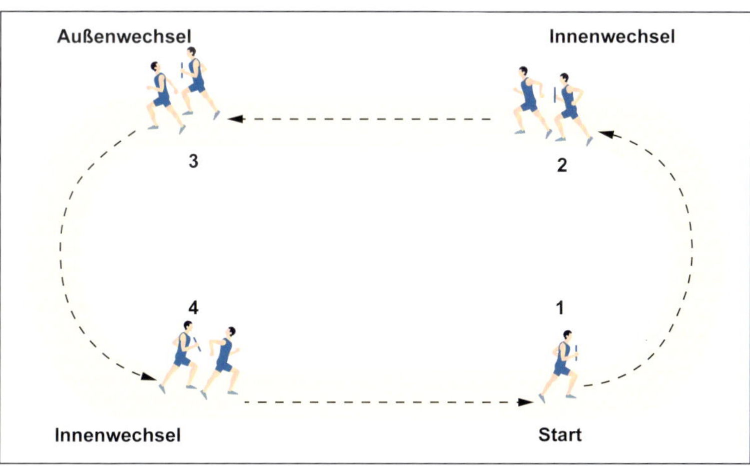

Abb. 54: Gemischter Wechsel (Frankfurter Wechsel)

Vorteile

- Auf den vier Teilabschnitten wird die kürzeste Strecke gelaufen.
- Kein Stabwechsel während des Laufens von der linken in die rechte Hand.
- Die stabannehmenden Athleten stehen in der Laufbahn am Kurvenausgang außen, somit besteht ein gutes Sichtfeld zum stabübergebenden Partner.

Nachteil

- Für die innen wechselnden Läufer erfolgt die Stabannahme mit der (vielfach) nicht dominanten Hand.

Zusammenfassend lässt sich für die Stabübergabe und die Wechselart festhalten, dass sich hinsichtlich der *Stabübergabe* die *Schub-Druck-Technik* aufgrund der besseren Zielgenauigkeit und des größeren Raumgewinns gegenüber den anderen Wechseltechniken auszeichnet. Als *Wechselart* wird der *Gemischte Wechsel (Frankfurter Wechsel)* in Kombination von Innenwechsel und Außenwechsel bevorzugt, da die Handwechsel sowie längere Laufwege vermieden werden. Bei *Nachwuchsstaffeln im Schulkindalter* können zum einen aufgrund der kürzeren Streckenlängen und der hierdurch bedingten Verschiebungen der Ablaufpositionen auf der Rundbahn sowie zum anderen hinsichtlich der Wechselsicherheit spezifische Modifizierungen der Stabübergabe und der Wechselart erfolgen.

Empfehlung

Schub-Druck-Technik mit Frankfurter Wechsel

7.3 Techniken aneignen, variieren und optimieren

Für das Sprint-Staffeltraining sind diejenigen Staffelformen nicht geeignet, bei denen die Stabübergabe – wie bei der Pendelstaffel und der Umkehrstaffel – gegen die Laufrichtung des Partners erfolgt. Vielmehr sollten diejenigen Staffelformen genutzt werden, bei denen die Stabübergabe mit großer Sprintgeschwindigkeit in Laufrichtung erfolgt, um kurze „Stablaufzeiten" zu ermöglichen. Hierfür strecken die stabübergebenden sowie stabannehmenden Sportler die Arme im Ellbogengelenk und fassen das Ende des Staffelstabs. Die Stabübergabe erfolgt am Ende des Wechselraums mit größtmöglicher Sprintgeschwindigkeit (s. Abb. 48, Rotter, 2004). Im *Mittelpunkt des Anfängertrainings* stehen zunächst einfache An- sowie Ablaufübungen ohne Staffelstab und anschließend die Vermittlung der Stabübergabe als stabübergebender und stabannehmender Läufer.

Stabübergabe in Laufrichtung

An- und Ablaufübungen ohne Staffelstab

Fangspiele und Ablaufspiele

Fangspiele und Ablaufspiele (z. B. Bänderrauben, Paarfangen) spiegeln in den Rollen „Jäger und Gejagter" die Situation wider, in welcher der ankommende Sportler versucht den Ablaufenden zu erreichen.

Ablaufen nach optischem Reiz

Ablaufübungenen schulen bei Heranwachsenden die Fähigkeit dann mit dem Ablauf zu beginnen, wenn sich „zwei Punkte treffen“. Beim Staffellauf ist dies dann der Fall, wenn der ankommende Staffelläufer den Fuß in der Nähe der Kontrollmarke aufsetzt (Katzenbogner, 1994).

An- und Ablaufübungen ohne Staffelstab

- Der Trainer rollt den Ball zur Gruppe (Linienaufstellung mit Blick nach hinten). Überrollt der Ball die vorab festgelegte Linie, versucht jedes Gruppenmitglied das vorgegebene Ziel als Erster zu erreichen.
- Der Trainer rollt den Ball unterschiedlich schnell. Die Kinder und Jugendlichen müssen einschätzen, ab welchem Zeitpunkt zum Ziel gelaufen werden muss.

Fangen mit Sichtmarken

Die Athleten müssen das Starten aus der Position des Hochstarts oder des Dreipunktstarts mit Zurückdrehen des Kopfes beherrschen.

Fangen mit Sichtmarken

- Partner 1 nähert sich von der Grundlinie trabend dem markierten Bereich (z. B. Gymnastikreifen), der 3 bis 4 m vor Partner 2 liegt. Partner 1 berührt mit der Hand die Innenfläche des markierten Bereichs und sprintet zurück zur Grundlinie. Die Berührung der Innenfläche des markierten Bereichs gilt für Partner 2 als Startsignal den Partner 1 zu fangen.
- Partner 1 nähert sich trabend dem markierten Bereich und berührt dessen Innenfläche. Dies gilt für Partner 2 als Zeichen nach vorn zur Grundlinie zu sprinten. Partner 1 verfolgt Partner 2 und versucht diesen vor der Grundlinie abzuschlagen.

Fangen und Treffen von Zielflächen

In den Übungen zum *Fangen und Treffen von Zielflächen* muss die Zielfläche mit der Hand und großer Sprintgeschwindigkeit getroffen werden.

An- und Ablaufen mit Zielflächen treffen

- Partner 1 erhält die Aufgabe, die rechte oder linke Schulter des Partners 2 mit der Hand zu berühren.
- Beide Partner laufen seitlich versetzt hintereinander. Der vordere Sportler schwingt den rechten Arm mit geöffneter Handfläche nach oben, der hintere Partner schlägt mit der linken Hand auf die Handfläche.

- Wie zuvor, aber der hintere Athlet gibt das Startkommando („Hepp"), bei dem der vordere Partner den Arm sowie die Hand hochschwingt und der hintere Partner auf dessen Handfläche schlägt (Beidseitig üben!).

Methodische Leitlinien zur Aneignung der Stabübergabe

Stabübergabe schulen

An die Schulung des An- und Ablaufverhaltens ohne Staffelstab schließt sich die Vermittlung der Stabübergabe in der Bewegung an. Hierzu können der Übungsort und die Streckenführung variiert werden.

Das zielgerichtete Üben der Stabübergabe umfasst folgende methodische Teilschritte.

Methodische Übungsreihe

Stabübergabe im Gehen und Traben

Stabübergabe im Laufen mit Geschwindigkeitssteigerung

Stabübergabe mit Lauf-ABC

Stabübergabe mit submaximalem und maximalem Sprint

Stabübergabe im Wechselraum mit Wettkampfcharakter

Stabübergabe im Gehen und Traben

Vier Staffelläufer gehen oder traben als Team versetzt hintereinander.

- Läufer 1 hält den Staffelstab in der Hand. Auf dessen Kommando (z. B. „Hepp", „Hopp" oder „Hand") streckt Läufer 2 den Arm schnell waagerecht nach hinten und öffnet für den Stabwechsel die Hand nach oben. Der gleiche Vorgang wiederholt sich beim Stabwechsel von Läufer 2 auf 3 und von Läufer 3 auf 4. Zum Schluss wird der Staffelstab nach hinten gereicht und die Sportler wechseln erneut.

Stabübergabe im Gehen und Traben

- Läufer 1 erhält zwei Staffelstäbe. Die Übungsausführung erfolgt wie zuvor, jedoch wird durch den zusätzlichen Staffelstab die Wechselfrequenz erhöht. Stabübergabe: Von hinten nach vorn!
- Im ständigen Wechsel nacheinander die vier Positionen durchlaufen. Wer am Gruppenanfang beide Staffelstäbe erhält, lässt sich hinter die Gruppe zurückfallen und beginnt auf der Position 1 erneut mit dem Wechsel von rechts auf links.

- Beim *Frankfurter Wechsel (Gemischter Wechsel)* stehen die Läufer 1 und 3 versetzt nach links sowie die Läufer 2 und 4 versetzt nach rechts. Läufer 1 hält den Staffelstab in der rechten Hand. Auf dessen Kommando (z. B. „Hepp") streckt Läufer 2 den linken Arm schnell zum Wechsel nach „hinten-oben".

Stabübergabe im Laufen mit Geschwindigkeitssteigerung

Vergleichbar der Aufstellung während der Wechselschulung im Gehen und Traben laufen die Athleten seitlich versetzt hintereinander. Die Stabübergabe erfolgt paarweise oder gruppenweise entweder von rechts auf links oder von links auf rechts (Beidhändig üben!). Der Abstand zum vorderen Staffelläufer bleibt konstant (Abstand: ca. 1,50 m), damit die Stabübergabe mit im Ellbogengelenk gestrecktem Arm erfolgen kann. Die zunächst moderate Laufgeschwindigkeit wird allmählich gesteigert. Der Schwierigkeitsgrad kann erhöht werden, indem die Stabübergabe während des Steigerungslaufs erfolgt.

Stabübergabe im Laufen mit Geschwindigkeitssteigerung

- Zwei Sportler laufen seitlich versetzt hintereinander. Der vordere Staffelläufer schwingt den linken Arm mit geöffneter Handfläche nach „hinten-oben" (Startkommando) und der hintere Partner übergibt den Staffelstab mit der rechten Hand.
- Wie zuvor, aber der hintere Läufer gibt das Startkommando. Auf das Kommando „Hepp" schwingt der vordere Partner den Arm hoch und der hintere Partner übergibt den Staffelstab. Anschließend wird der Staffelstab zum hinteren Athleten zurückgegeben. Variation: Der hintere Sportler übergibt den Staffelstab, läuft am Partner vorbei und erhält den Staffelstab.
- Wie zuvor, aber in der Vierergruppe und die Gruppenanordnung entspricht dem Gemischten Wechsel. Handfolge der Stabübergabe: Rechts-links-rechts-links!

Stabübergabe mit Lauf-ABC

Stabübergabe mit Lauf-ABC

Die Stabübergabe kann paarweise in die Koordinationsübungen des Lauf-ABC einbezogen werden (z. B. Fußgelenkarbeit, Skippings, Kniehebelauf).

Stabübergabe mit submaximalem und maximalem Sprint

Stabübergabe im Sprint

Beim submaximalen Sprint (Steigerungslauf, Intensität: 90 %) steht der stabübergebende Läufer 30 bis 50 m hinter dem stabannehmenden Partner. Sobald der stabübergebende Sportler die Ablaufmarke überläuft (ca. 5 m vor dem stabannehmenden Läufer), beschleunigt der stabannehmende Athlet aus dem Hochstart oder Dreipunktstart und streckt auf das Startkommando des stabübergebenden Läufers den Arm schulterhoch nach hinten (z. B. „Hepp“, „Hopp“ oder „Hand“). Bei sicherer Beherrschung der Stabübergabe mit submaximalem Sprint wird die Intensität bis zum *maximalen Sprint* gesteigert und unter Wettkampfbedingungen optimiert. Beispielsweise sollte bei der 4 x 100-m-Staffel der Wechsel auf den Schlussläufer in der Zielkurve geübt werden. Im Vergleich zur submaximalen Sprintgeschwindigkeit muss die individuelle Kontrollmarke weiter zur Ablaufposition entfernt liegen.

Stabübergabe im Wechselraum mit Wettkampfcharakter

Stabübergabe im Wechselraum

Die Staffelstabübergabe erfolgt im letzten Drittel des Wechselraums, so dass der Staffelstab die maximale Geschwindigkeit erreicht. Der stabannehmende Staffelläufer muss exakt auf die Ablaufmarke achten und mit maximaler Geschwindigkeit in den Wechselraum sprinten. Der stabübergebende Partner muss das Startkommando verständlich rufen und bis zur Stabübergabe ebenfalls maximal sprinten. Der stabannehmende Läufer streckt unmittelbar nach dem Startkommando den Arm mit weit geöffneter Hand nach hinten. Der stabübergebende Partner legt den Staffelstab „vorn-oben“ nach „vorn-unten“ in die Hand des stabannehmenden Sportlers und darf den Staffelstab erst dann loslassen, wenn dieser fest in der Hand des Partners liegt (Hücklekemkes, 2000b; 2018).

Bei *frühzeitigem Ablauf des stabannehmenden Sportlers* ruft der stabübergebende Läufer das Startkommando früher, um den Partner zu informieren, dass sich dieser zu weit entfernt befindet. Der stabannehmende Partner führt den Arm nach hinten und läuft mit im Ellbogengelenk gestrecktem Arm bis zum Wechsel (frühes Kommando bedeutet: Sofort den Arm nach hinten führen und aufpassen!). Bei zu weitem Abstand muss das Startkommando ebenfalls direkt erfolgen und der stabannehmende Läufer muss die Laufgeschwindigkeit reduzieren, um den „Wechsel zu retten“ (Nicht abstoppen, aber die Laufgeschwindigkeit verringern!).

7.4 Fehler erkennen und Übungsaufgaben entwickeln

Stababnehmende Staffelläufer werden mit der scheinbar widersprüchlichen Forderung konfrontiert, zunächst „davonzulaufen“ und erst danach den Staffelstab zu erhalten. Aus dieser Anforderung resultieren bei Anfängern folgende häufig zu beobachtende Fehlerbilder (Rotter, 2004).

Häufige Fehlerbilder

- Frühzeitiger, zu später oder zu langsamer Ablauf
- Blick zurück zum stabübergebenden Partner
- Ablauf mit fortwährendem „Nach-hinten-Halten“ des Arms

Wenn der Abstand vermeintlich nicht passt ...

Zeitpunkt des Kommandos

Der *stabannehmende Läufer* darf erst dann mit maximaler Beschleunigung ablaufen, wenn der stabübergebende Partner die Kontrollmarke erreicht. Aus Sicherheitsgründen tendieren stabübergebende Athleten zu einem geringen Sicherheitsabstand mit der Folge, dass die Arme der beiden Staffelläufer nicht im Ellbogengelenk gestreckt werden können und damit Zeit verloren geht. Das Startkommando sollte während der Rückwärtsbewegung der Hand des stabannehmenden Sportlers erfolgen. Hierdurch kann der stabannehmende Athlet die Armbewegung fortsetzen und den Wechsel beschleunigen.

Arme auf Schulterhöhe

Staffelläufer müssen während der Übergabe des Staffelstabs die Arme auf Schulterhöhe halten, damit die stabannehmende Hand besser beobachtet und der Staffelstab auf dem kürzesten Weg übergeben werden kann. Vielfach bemerkt der stabannehmende Sportler nicht, dass der Arm dann nach unten sinkt, wenn die Stabübergabe nicht direkt erfolgt. Dementsprechend sind die Arme der beiden Staffelläufer nicht auf derselben Ebene.

Hand ruhig halten

Staffelstab in die Hand schieben

Der stabannehmende Athlet sollte den Staffelstab nicht nachfassen oder greifen, sondern die Hand ruhig und offen halten sowie auf die Stabübergabe warten. Hierdurch kann der stabübergebende Staffelläufer den Übergabepunkt besser fokussieren und den Staffelstab geradlinig in die Hand des Partners schieben (Nicht hineinschlagen!).

Überlaufen des Wechselraums vermeiden

Bei *frühzeitigem Ablauf des stabannehmenden Sportlers* muss der stabübergebende Partner zur Vermeidung des Überlaufens des Wechselraums das Startkommando früher geben. Der stabannehmende Athlet läuft aufgrund des gestreckten Arms langsamer. Wenn sich beim ausbleibenden Wechsel das Ende des Wechselraums nähert, dann sollte der stabannehmende Läufer nicht plötzlich abbremsen, sondern die Laufgeschwindigkeit verringern und der stabübergebende Partner die Laufgeschwindigkeit bis zur Stabübergabe aufrechthalten.

Taktik der Staffelaufstellung (4 x 100-m-Sprint-Staffel)

Bei der *Besetzung der Teilstrecken der 4 x 100-m-Sprint-Staffel* spielen die Startfähigkeit, das Kurvenlaufverhalten, die Wechselsicherheit und die Sprintausdauerfähigkeit der einzelnen Staffelläufer eine bedeutsame Rolle. Bekanntermaßen sind die *Teilstrecken der 4 x 100-m-Sprint-Staffel* nicht gleich lang. Der *Startläufer* (1. Kurve) sprintet durch das Anlaufen und Ablaufen ca. 110 m, der *zweite* (Gegengerade) und *dritte Staffelläufer* (2. Kurve) jeweils ca. 130 m sowie der *Schlussläufer* ca. 120 m. Im Einzelnen sollten bei der Verteilung der Staffelläufer auf die vier Positionen der 4 x 100-m- und 4 x 75-m-Sprint-Staffel folgende taktische Hinweise berücksichtigt werden (Katzenbogner, 1994; Rotter, 2004; Gustedt, 2016).

Taktik der Staffelaufstellung

4 x 100-m-Staffel

Position 1

Position 1

Startverhalten Kurvenlauftechnik

Bei der *Position 1* der 4 x 100-m-Sprint-Staffel (s. Abb. 54) dominieren das *Startverhalten* (Beschleunigungsfähigkeit, Ablaufverhalten) und die *Kurvenlauftechnik*, während die Schnelligkeitsausdauerfähigkeit (maximal 110 m) und die Wechseltechnik (nur Stababgabe) weniger bedeutungsvoll erscheinen. In der *Kinderleichtathletik* sollten für die 4 x 75-m-Sprint-Staffel diejenigen Kinder als Startläufer ausgewählt werden, die effektiv starten können oder Probleme beim Stabwechsel zeigen (Korrekter Anlauf und Stabübernahme). Des Weiteren muss beachtet werden, dass bei der 4 x 75-m-Sprint-Staffel der Startläufer die 1. Gerade zurücklegt.

Position 2

Position 2

Schnelligkeitsausdauer Wechseltechnik Kurventechnik

Auf der Position 2 der 4 x 100-m-Sprint-Staffel (s. Abb. 54) sollte aufgrund der längsten Teilstrecke (ca. 130 m) und der beiden Wechselvorgänge vorrangig Sprinter mit gut ausgeprägter Schnelligkeitsausdauerfähigkeit und fehlerfreier Wechseltechnik eingesetzt werden. Für die Kinderleichtathletik ist zu beachten, dass die 2. Teilstrecke der 4 x 75-m-Sprint-Staffel in der Kurve der Laufbahn liegt.

Position 3

Position 3

Leichte Sportler Kurventechnik

Für die Position 3 der 4 x 100-m-Sprint-Staffel (s. Abb. 54) eignen sich kleine, leichtere Athleten mit effektiver Kurventechnik, die weniger den Fliehkräften des Kurvenlaufs ausgesetzt sind.

Position 4

Position 4

Ablaufverhalten Stabannahme Psychische Belastungen

Der Schlussläufer auf der Position 4 der 4 x 100-m-Sprint-Staffel (s. Abb. 54) sollte über ein effektives Ablaufverhalten und große Stabannahmequalitäten verfügen. Zudem muss der Schlussläufer die größten psychischen Belastungen ertragen und sollte über große „Kämpferqualitäten" verfügen.

7.5 Lernen und Trainieren organisieren

Sicherheit

**icherheits-
ıspekte**

- Ringe und Uhren vor dem Staffellauf ablegen.
- Die Laufbahn nach der Übergabe des Staffelstabs nicht frühzeitig verlassen, um den Zusammenstoß mit anderen Läufern zu vermeiden.
- Es gelten die Sicherheitshinweise zum *Schnellen Laufen* (s. Kap. 4.5).

Technik

**'echnische
linweise**

- Die Bedeutung der Wechselqualität ist abhängig von der Länge der Sprintstrecke. Je kürzer die Laufstrecke, desto größer der Einfluss der Wechselqualität auf das Endergebnis.
- Bei *Anfängern* bewährt sich mit Blick auf die optimale Wahrnehmung der Kontrollmarke der Hochstart mit aufrechter Kopfhaltung. Mit zunehmender Erfahrung kann aus der Dreipunkt- oder Vierpunkthaltung mit der größeren Beschleunigungsmöglichkeit gestartet werden.
- Staffelstabübergabe beidseitig üben!
- Im *Training* wettkampfähnliche Situationen und Störfaktoren simulieren. Beispielsweise können Läufer auf den beiden Nebenbahnen gleichzeitig unterschiedlich weit entfernte Kontrollmarken überlaufen (z. B. 4, 5 u. 6 m). Der stabannehmende Athlet startet dann, wenn der stabübergebende Partner die eigene Kontrollmarke überläuft.
- Der stabannehmende Staffelläufer sollte den stabübergebenden Partner ganzheitlich wahrnehmen und den Blick nicht alleinig auf dessen Füße richten, um die Laufgeschwindigkeit einzuschätzen.

Methodik

- *Material:* Staffelstäbe, Trainingspylonen und Kontrollmarken (z. B. kleine Gummistreifen, Klebeband).
- In Staffelspielen sollte das Staffelteam nicht mehr als acht Teilnehmer umfassen (Weniger Teilnehmer pro Mannschaft, dafür mehr Staffelteams!).
- In Staffelspielen *eindeutige Regeln für die Staffelstabübergabe* festlegen. Der Athlet darf erst dann ablaufen, wenn der ankommende Läufer mit der Hand abschlägt, Gegenstände überreicht (z. B. Staffelstab,

Zeitung), bestimmte Linie überläuft oder Hindernis überspringt oder durchkriecht (z. B. Hürde, Gerätturnmatte, gespannte Leine).

Methodische Hinweise

- Die Übungen zur Aneignung des Ablaufens und des wettkampfnahen Wechselns mit hoher Intensität realisieren, um die Beschleunigungsfähigkeit und die maximale Sprintgeschwindigkeit zu schulen.
- Anfänger sollten sowohl die Rolle des stabannehmenden als auch des stabübergebenden Staffelläufers erproben.
- Im Rahmen von Staffelwettkämpfen erfolgen vielfach mehrere Durchgänge. Aus diesem Grund erscheinen motivationsfördernde Punktewertungen sinnvoll. Gesamtsieger wird das Staffelteam, das nach der festgelegten Anzahl an Durchgängen die höchste Punktzahl aufweist. Punktabzug oder Disqualifikation: Fehlstart oder Nichtumrundung der Wendemarke.
- Alternativen zur „unordentlichen" Reihenaufstellung wählen, da jedes Teammitglied den Rennverlauf miterleben möchte.
  - Linienaufstellung (großer Platzbedarf!).
  - Das Staffelteam gewinnt, das „ordentlich" in der Reihe steht.
  - Die Teammitglieder sitzen auf der schräg stehenden Gerätturnbank.
- Bei der Zusammenstellung der Mannschaften laufstarke und laufschwächere Sportler gleichmäßig verteilten, damit ein spannender Wettstreit entsteht.

7.6 Wettkämpfe

Pädagogisch orientierte Wettkampfformen

Die nachfolgend exemplarisch aufgeführten *pädagogisch orientierten Wettkampfformen* dienen der allmählichen Hinführung der Anfänger zur normierten leichtathletischen Wettkampfform der *Sprint-Staffel*.

Staffel mit Zusatzaufgaben

Pädagogisch orientierte Wettkampfformen

Pendelstaffel mit einfachen Zusatzaufgaben
- Gräben überspringen (z. B. zwei Linien, Gerätturnmatte).
- Hindernisse durchlaufen (z. B. Längskastenelement).
- Im Slalom um kleine Trainingspylonen oder Stangen.
- Bälle prellen oder Gerätturnmatten befördern.

Vorgabestaffel oder Handikap-Staffel

Schwächeren Staffelteams entsprechende Vorsprünge gewähren, so dass die Staffelteams nahezu gleichzeitig das Ziel erreichen.

DLV Wettkampfsystem Kinderleichtathletik

DLV Wettkampf-system Kinder-leichtathletik

Das *Staffellaufen* ist gleichermaßen Inhalt des *DLV Wettkampfsystems Kinderleichtathletik* (DLV, 2018; 2020).

- Altersklasse U 8 (6–7 Jahre):
  30-m-Hindernis-Pendelstaffel
- Altersklasse U 10 (8–9 Jahre):
  30-m- bis 40-m-Hindernis-Pendelstaffel
- Altersklasse U 12 (10–11 Jahre):
  4 x 50-m- und 6 x 50-m-Sprint-Staffel

Auf der Rundlaufbahn befinden sich kleine weiße 50-m-Ablaufmarkierungen, an denen sich die Staffelläufer aufstellen (kein Wechselraum!).

Wettkampfbestimmungen

Wechselraum

Wechselraum

Die Länge des Wechselraums der *Sprint-Staffeln* (4 x 75 m, 4 x 100 m, 4 x 200 m) beträgt 30 m (s. Abb. 55). Den Beginn und das Ende des

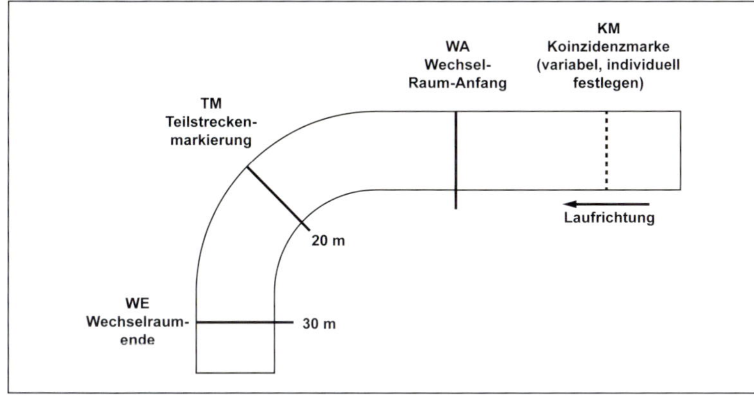

Abb. 55: Wechselraum 4 x 100-m-Sprint-Staffel

Wechselraums kennzeichnen gelbe Begrenzungslinien (s. Abb. 54). Bei der *4 x 400-m-Sprint-Staffel* und den *Mittelstrecken-Staffeln* beträgt die Länge des Wechselraums 20 m.

Der Wechselraum beginnt und endet an dem Rand der gelben Wechselraummarkierung, die in Laufrichtung näher zur Startlinie liegt. Die Teilstreckenmarke im letzten Drittel des Wechselraums dient den Staffelläufern als Orientierung (Noch 10 m bis zum Wechselende!, s. Abb. 55). Zusätzliche individuelle Markierungen (Klebestreifen: maximal 5 x 40 cm) dürfen vor den Wechselräumen als Kontrollmarken aufgeklebt werden. Normierte Wechselräume sind erst ab der Altersklasse U 14 (12 – 13 Jahre) für die 4 x 75-m-Staffel vorgesehen. Bei einer 4 x 50-m-Staffel stehen die Athleten an der Teilstreckenmarkierung.

Der stabannehmende Staffelläufer muss innerhalb des Wechselraums anlaufen. Die Stabübergabe muss innerhalb des Wechselraums erfolgen. Während der Stabübergabe ist die Position des Staffelstabs entscheidend. Die Stabübergabe ist dann erfolgt, wenn sich der Staffelstab im alleinigen Besitz des stabannehmenden Läufers befindet. Die Stabübergabe außerhalb des Wechselraums führt zur Disqualifikation des jeweiligen Staffelteams.

Falls der Staffelstab zu Boden fällt, darf nur derjenige Staffelläufer den Staffelstab aufheben, der den Staffelstab fallen gelassen hat. Hierbei darf die zugeordnete Laufbahn nur dann verlassen werden, wenn die Laufstrecke nicht abgekürzt und kein anderer Läufer behindert wird. Der Staffelstab darf dem Partner nicht zugeworfen werden.

Staffelstab

Staffelstab

In Sprint-Staffeln müssen farbige Staffelstäbe verwendet und während des Laufs in der Hand gehalten werden. Der Staffelstab besteht aus einer runden glatten Röhre (Länge: 28 – 30 cm, Ø: 4 cm, Mindestgewicht: 50 g).

Laufbahn nicht frühzeitig verlassen

In der Laufbahn bleiben!

Nach der Stabübergabe müssen die stabübergebenden Athleten so lange in der eigenen Laufbahn bleiben, bis diese frei ist und kein anderer Staffelläufer behindert wird. Behinderungen anderer Athleten durch absichtliches, frühzeitiges Verlassen der Laufbahn bedingen die Disqualifizierung des Staffelteams.

Disqualifikationen

Disqualifikationen

- Die Staffelstabübergabe erfolgt außerhalb des Wechselraums.
- Der stabannehmende Staffelläufer beginnt den Lauf außerhalb des Wechselraums.

7.7 Leseempfehlungen

Leseempfehlungen

Empfehlenswerte abwechslungsreiche Spiel- und Übungsformen für das Staffeltraining in der Kinder- und Jugendleichtathletik thematisieren in der Zeitschrift *Leichtathletiktraining* die Beiträge von Rotter (2004), Hücklekemkes (2006a; 2018), Lütgeharm (2012) und Gustedt (2016; 2020; 2022).

Literatur

Arbeitsgemeinschaft der Regelkommission von DLV, FLA, ÖLV und SwA & Hartz, K. (Red.). (2022/2023). *Internationale Wettkampfregeln (IWR)* (Ausgabe 2022–2023). Kaiserslautern: Tailor & Partner.

Atkinson, R. C. & Shiffrin, R. M. (1968). Human memory: A proposed system and its control processes. In K. W. Spence & J. T. Spence (Eds.), *The psychology of learning and motivation: Advances in research and theory* (pp. 89-197). New York: Academic.

Baltes, P. B. (1990). Entwicklungspsychologie der Lebensspanne: Theoretische Leitsätze. *Psychologische Rundschau, 41,* 1-24.

Baltes, P. B. (1997). Die unvollendete Architektur der menschlichen Ontogenese: Implikationen für die Zukunft des vierten Lebensalters. *Psychologische Rundschau, 48,* 191-210.

Bauersfeld, K. H. & Schröter, G. (2015). *Grundlagen der Leichtathletik: Das Standardwerk für Ausbildung und Praxis*. Aachen: Meyer & Meyer.

Beckmann, H. (2010). Starten wie die Champions oder wie's am schnellsten ist? *Lehrhilfen für den Sportunterricht, 59* (3), 8-11.

Bernhart, J. & Sterzel, B. (2013). Variables Hürdentraining. *Leichtathletiktraining, 24* (3-4), 48-55.

Brandes, M., Roscher, M. & Schröder, T. (2010). Zur Förderung der Selbstständigkeit im Kompetenzbereich „sich ausdauernd bewegen". *Lehrhilfen für den Sportunterricht, 59* (12), 266-273.

Bräutigam, M. (2003). *Sportdidaktik: Ein Lehrbuch in 12 Lektionen*. Aachen: Meyer & Meyer.

Daugs, R. & Reinhard, Ch. (1984). Zur Steuerung des Techniktrainings durch Videorückmeldung. In R. Andresen & G. Hagedorn (Hrsg.), *Die Steuerung des Sportspiels in Training und Wettkampf* (S. 112-127). Ahrensburg: Czwalina.

Demetriou, Y., Hapke, J. & Olufemi, C. (2019). Kompetenzorientiert und bewegungsintensiv Ausdauerbelastungen im Sportunterricht thematisieren. *sportunterricht, 68* (8), 338-344.

Deutscher Leichtathletik Verband [DLV] (Hrsg.). (2008). *Jugendleichtathletik-Sprung. Rahmentrainingsplan des Deutschen Leichtathletik-Verbandes für die Sprungdisziplinen im Aufbautraining*. Münster: Philippka.

Deutscher Leichtathletik Verband [DLV] (Hrsg.). (2012). *Jugendleichtathletik-Sprint. Rahmentrainingsplan des Deutschen Leichtathletik-Verbandes für die Sprintdisziplinen im Aufbautraining*. Münster: Philippka.

Deutscher Leichtathletik Verband [DLV] (Hrsg.). (2014). *Jugendleichtathletik-Lauf. Rahmentrainingsplan des Deutschen Leichtathletik-Verbandes für die Lauf- und Gehdisziplinen im Aufbautraining*. Münster: Philippka.

Deutscher Leichtathletik Verband [DLV] (Hrsg.). (2017). *Grundlagentraining (Jugendleichtathletik U 12 – U 18). Offizieller Rahmentrainingsplan des Deutschen Leichtathletik-Verbandes für das Grundlagentraining*. Münster: Philippka.

Deutscher Leichtathletik Verband [DLV] (Hrsg.). (2018). *Kinderleichtathletik (Altersklassen U 8 – U 12). Offizieller Rahmentrainingsplan des Deutschen Leichtathletik-Verbandes für das Grundlagentraining* (5. Vollständig überarbeitete und erweiterte Auflage.) Münster: Philippka.

Deutscher Leichtathletik Verband [DLV] (Hrsg.). (2020). *Wettkampfsystem Kinderleichtathletik*. Darmstadt: DLV.

Fitts, P. M. (1954). The information capacity of the human motor system in controlling the amplitude of movement. *Journal of Experimental Psychology, 47,* 381-391.

Freiwald, J. & Engelhardt, M. (1994). Beweglichkeit und ihre Einschränkungen. Vor Training und Therapie Faktoren genau analysieren. *T&W Sport und Medizin, 6*, 327-336.

Frey, G., Hildenbrandt, E. & Kurz, D. (1995). *Laufen, Springen, Werfen*. Hamburg: Rowohlt.

Gonschinska, Ch.-I. (2008). Schnell über die Hürden sprinten. *Leichtathletiktraining, 19* (9-10), 14-21.

Gries, A. (2022. Schnelle Hirnzellen treffen schnelle Beine. Reaktionsläufe mit Denkaufgaben. *Leichtathletiktraining, 33* (8), 34-39).

Grosser, M. (1991). *Schnelligkeitstraining*. München: BLV.

Grosser, M. & Renner, T. (2007). *Schnelligkeitstraining* (2. Aufl.). München: BLV.

Grosser, M., Starischka, S. & Zimmermann, E. (2012). *Das neue Konditionstraining*. München: BLV.

Gustedt, C. (2016). Feinschliff für den Teamerfolg. Teil 1 und Teil 2. *Leichtathletiktraining, 27* (7), 26-29, (8), 10-13.

Gustedt, C. (2019). Auf Fehlersuche. Die häufigsten Fehler im Hürdensprint und wie sie korrigiert werden können. Teil 1. *Leichtathletiktraining, 30* (5), 32-38.

Gustedt, C. (2020). Rhythmisierung im Training entwickeln. *Leichtathletiktraining, 31* (2-3), 28-33.

Gustedt, C. (2022). Staffel-Lernen leicht gemacht. *Leichtathletiktraining, 33* (4), 12-17.

Haberkorn, Ch. & Plass, R. (1992). *Spezielle Didaktik der Sportarten: Leichtathletik I (Didaktische Grundlagen – Lauf) und II (Sprung-Wurf-Stoß)*. Frankfurt: Diesterweg-Sauerländer.

Harksen, R. (2012). Sicher und schnell durch den Hürdenwald. *Leichtathletiktraining, 23* (2-3), 28-36.

Heemsoth, C. (1997). Der Hürdensprint ist im Nachwuchstraining von zentraler Bedeutung. *Leichtathletiktraining, 8* (5-6), 19-21.

Heemsoth, C. (2009). Variabilität im Hürdensprint – Ziel und Methode. In H. Beckmann & P. Wastl (Hrsg.), *Perspektiven für die Leichtathletik – Nachwuchsarbeit und Differenzielles Lehren und Lernen* (S. 45-54). Hamburg: Czwalina.

Henkel, A. & Heim, R. (2006). *Bildung durch Bewegung in Kindertagesstätten*. Magdeburg: Ministerium für Gesundheit und Soziales des Landes Sachsen-Anhalt.

Herrmann, V. (2015a). Von Kopf bis Fuß auf Sprinten eingestellt. Teil 1. *Leichtathletiktraining, 26* (1), 30-37.

Herrmann, V. (2015b). Take-off und Rhythmusentwicklung. Methodik zur Schulung des Hürdensprints. Teil 1 und 2. *Leichtathletiktraining, 26* (8), 26-31, (11), 14-19.

Herrmann, V. (2017). Schnelle Beine dank Sprint-ABC und Co. Teil 1 und 2. *Leichtathletiktraining, 28* (2-3), 13-19, (4), 21-27.

Herrmann, V., Kremer, T., Seeger, A. & Willwacher, S. (2015). Auf die Plätze, fertig – und dann? *Leichtathletiktraining, 26* (1), 4-9.

Hermann, W. & Wieczorek, H. (1993). *Stundenblätter Leichtathletik. 7. bis 8. Schuljahr*. Stuttgart: Klett.

Herz, A. & Zeuner, A. (2005). Schulung der Grundlagenausdauer im Sportunterricht – Ein schwieriger Stoff. *sportunterricht, 54* (9), 263-267.

Heuer, H. & Prinz, W. (1987). Initiierung und Steuerung von Handlungen und Bewegungen. In M. Amelang (Red.), *Bericht des 35. Kongress der Deutschen Gesellschaft für Psychologie* (S. 289-299). Göttingen: Hogrefe.

Hick, W. E. (1952). On the rate of gain of information. *Quarterly Journal of Experimental Psychology, 4*, 11-26.

Hirtz, P. (2007). Koordinative Fähigkeiten und Beweglichkeit. In K. Meinel & G. Schnabel (Hrsg.), *Bewegungslehre – Sportmotorik* (11. Aufl.) (S. 212-242). Aachen: Meyer & Meyer.

Hirtz, P., Ockhardt, I. & Schwarzer, U. (2002). Koordinativ-motorische Entwicklung in der Pubeszenz. In G. Ludwig & B. Ludwig (Hrsg.), *Koordinative Fähigkeiten – koordinative Kompetenz* (S. 153-158). Kassel: Universität Kassel.

Hollmann, W. & Hettinger, T. (2000). *Sportmedizin – Arbeits- und Trainingsgrundlagen*. Stuttgart: Schattauer.

Hommel, H. & Killing, W. (2007). Sprünge beobachten und analysieren. *Leichtathletiktraining, 18* (11), 4-16.

Hossner, E.-J. & Künzell, S. (2012). Differenzielles Lehren und Lernen: Eine Kritik. *Sportwissenschaft, 42*, 83-95.

Hottenrott, K. & Gronwald, T. (2009). *Ausdauertraining in Schule und Verein*. Schorndorf: Hofmann.

Hottenrott, K. & Gronwald, T. (2010). Praxisideen für ein Ausdauertraining mit Schülern. *Lehrhilfen für den Sportunterricht, 59* (3), 1-7.

Hotz, A. (2010). Ohne Vielseitigkeit keine sinnvolle Einseitigkeit. *Leichtathletiktraining, 21* (2-3), 6-13.

Hücklekemkes, J. (2000a). Staffellaufen leicht gemacht. *Leichtathletiktraining, 11* (7), 4-9.

Hücklekemkes, J. (2000b). Kurz getreten – schnell gesprintet. *Leichtathletiktraining, 11* (9-10), 44-49.

Hücklekemkes, J. (2002). Explosives Starten vielfältig erlernen. *Leichtathletiktraining, 13* (4), 4-9.

Hücklekemkes, J. (2005). Hürdensprinten mit Methode. Teil 1 und 2. *Leichtathletiktraining, 16* (8), 4-11, (11), 28-31.

Hücklekemkes, J. (2006a). Staffellaufen mit Spaß. *Leichtathletiktraining, 17* (8), 32-39.

Hücklekemkes, J. (2006b). Technisch gut über die Hürden sprinten. *Leichtathletiktraining, 17* (9-10), 48-55.

Hücklekemkes, J. (2014). Mit Reifensprints die Schrittfrequenz verbessern. *Leichtathletiktraining, 25* (5), 27-33.

Hücklekemkes, J. (2015). Sieben Möglichkeiten für ein abwechslungsreiches Sprint-ABC. *Leichtathletiktraining, 26* (9-10), 16-20.

Hücklekemkes, J. (2016). Schnellkoordination für Hürdensprinter. Teil 1 und 2. *Leichtathletiktraining, 27* (5), 34-38, (6), 10-13.

Hücklekemkes, J. (2018). Das Einmaleis der Sprintstaffel. *Leichtathletiktraining, 29* (5), 34-39.

Hücklekemkes, J. (2020a). Hürdensprint für jede Könnensstufe. *Leichtathletiktraining, 31* (7), 28-31.

Hücklekemkes, J. (2020b). Die Herausforderung des Hürdensprints bewältigen. Technikschwächen erkennen und Probleme beheben. *Leichtathletiktraining, 31* (12), 14-19.

Jonath, U., Krempel, R., Haag, E. & Müller, H. (1995). *Leichtathletik 1 (Laufen), 2 (Springen) und 3 (Werfen und Mehrkampf)*. Reinbek: Rowohlt.

Katzenbogner, H. (1993). Erster Schritt zum Sieg. *Leichtathletiktraining, 4* (5-6), 27-32.

Katzenbogner, H. (1994). Staffellaufen – Nur Übung macht den Meister. *Leichtathletiktraining, 5* (8), 5-12.

Katzenbogner, H. & Medler, M. (1992). Kleine Staffeln (1). *Leichtathletiktraining, 3* (4), 27-31.

Klee, A. & Wiemann, K. (2009). *Methoden und Wirkungen des Dehnungstrainings.* Zugriff am 26.11.2023 unter: https:circuit-training-dehnen-dr-klee.de/dokumente/Klee_Dehnungsmethoden2.pdf

Klee, A. & Wiemann, K. (2012). *Dehnen*. Schorndorf: Hofmann.

Körner, P. (2014). Mit Rhythmus zum Erfolg. Koordinationstraining mit Übungen zur Rhythmisierungsfähigkeit. Teil 1. *Leichtathletiktraining, 25* (11), 4-12.

Körner, P. (2015). Mit Rhythmus zum Erfolg. Koordinationstraining mit Übungen zur Rhythmisierungsfähigkeit. Teil 2. *Leichtathletiktraining, 26* (1), 16-23.

Kosel, A. (2010). *Schulung der Bewegungskoordination* (7. Aufl.). Schorndorf: Hofmann.

Kupper, C. (2018). Kniffliges Koordinationstraining. *Leichtathletiktraining, 29* (6), 17-21.

Kurz, D. (2017). *Pädagogische Fragen zum Sport. Ausgewählte Beiträge*. Hildesheim: arete.

Lühnenschloß, D. & Dierks, B. (2005). *Schnelligkeit*. Schorndorf: Hofmann.

Lütgeharm, R. (2012). Von der Pendel- zur Umkehrstaffel. *Leichtathletiktraining 23* (5), 16-21.

Mallow, J. (1996). Die Ausdauer – Ein Stiefkind des Grundlagentrainings? *Leichtathletiktraining, 7* (3), 18-21.

Martin, D., Carl, K. & Lehnertz, K. (2001). *Handbuch Trainingslehre*. (3. Aufl.). Schorndorf: Hofmann.

Mattes, K. & Manzer, S. (2017). Was zeichnet schnelle Sprinter aus? Analyse der Sprinttechnik von Sprintern des DLV-Bundeskaders. *Leichtathletiktraining, 28* (12), 18-24.

May, R. (2009). Das „ABC" der Leichtathletik. Teil 1 bis 4. *Leichtathletiktraining, 20* (3), 4-11, (4), 4-8, (5), 18-21, (8), 12-15.

May, R. (2013). „Vier gewinnt!" Staffeln – Einzige Mannschaftsleistung in der Leichtathletik. *Leichtathletiktraining, 24* (11), 22-27.

Medler, M. & Katzenbogner, H. (1990). Ein Weg zum Hürdenlauf. *Leichtathletiktraining, 1* (5), 23-31.

Monz-Dietz, L. (2002). Rasenläufe – Ein vielseitiges Trainingsmittel. *Leichtathletiktraining, 13* (8), 30-33.

Muelbredt, O. (2012). Komplexe Übungen an der Koordinationsleiter. *Leichtathletiktraining, 23* (12), 4-9.

Neumaier, A. & Mechling, H. (1994). Taugt das Konzept „koordinativer Fähigkeiten" als Grundlage für sportartspezifisches Koordinationstraining? In P. Blaser, K. Witte & C. Stucke (Hrsg.), *Steuerungs- und Regelvorgänge der menschlichen Motorik* (S. 207-212). Sankt Augustin: Academia.

Olivier, N., Marschall, F. & Büsch, D. (2008). *Grundlagen der Trainingswissenschaft und -lehre*. Schorndorf: Hofmann.

Olivier, N. & Rockmann, U. (2003). *Grundlagen der Bewegungswissenschaft und -lehre*. Schorndorf: Hofmann.

Oltmanns, K. (1999). Körperwahrnehmung in der Laufschule. *Leichtathletiktraining, 10* (7), 6-11.

Oltmanns, K. (2000). Kaum bekannt: die Koordinationsleiter. *Leichtathletiktraining, 11* (11), 37-39.

Oltmanns, K. (2001). Schnelligkeit ist keine Hexerei. *Leichtathletiktraining, 12* (9), 38-43.

Oltmanns, K. (2002). Schnelle Füße – kurze Kontakte. *Leichtathletiktraining, 13* (12), 6-11.

Oltmanns, K. (2006). Viele Wege führen zur Ausdauer. *Leichtathletiktraining, 17* (5), 58-63.

Panzer, S. (2004). *Lernen und Umlernen einer komplexen sportlichen Bewegungsfertigkeit*. Lengerich: Pabst Science Publishers.

Panzer, S. (2017). Motorisches Umlernen. In K. Hottenrott & I. Seidl (Hrsg.), *Handbuch Trainingswissenschaft – Trainingslehre* (S. 272-274). Schorndorf: Hofmann.

Reim, F. (2010). Subjektive Belastungssteuerung beim Ausdauertraining in der Schule. *Lehrhilfen für den Sportunterricht, 58* (7), 7-10.

Römer, J., Schöllhorn, W.I., Jaitner, T. & Preiss, R. (2009). Differenzielles Lernen im Volleyball. Ein Unterrichtsvorhaben zur Verbesserung der Annahme. *sportunterricht, 58*, 41-45.

Roth, K. (1984). Prinzipien des Technik-Lernens. Teil 1: Allgemeines. Aspekte der Informationsvorgabe. *Lehre und Praxis des Handballtrainings, 11*, 13-15.

Roth, K. (1985a). Prinzipien des Technik-Lernens. Teil 2: Aspekte des Übens. *Lehre und Praxis des Handballtrainings, 1*, 13-15.

Roth, K. (1985b). Prinzipien des Technik-Lernens. Teil 3: Aspekte der Korrektur. *Lehre und Praxis des Handballtrainings, 5*, 13-17.

Roth, K. (1988). Zur Korrektur (Reprogrammierung) von Bewegungen im Sport. In R. Daugs (Hrsg.), *Neuere Aspekte der Motorikforschung* (S. 70-87). Clausthal-Zellerfeld: dvs.

Roth, K. (1989). *Taktik im Sportspiel*. Schorndorf: Hofmann.

Roth, K. (1990). Ein neues „ABC" für das Techniktraining im Sport. *Sportwissenschaft, 20*, 9-26.

Roth, K. (1991a). Einführung in das Schwerpunktthema „Techniktraining". *Sportpsychologie, 5*, 2-3.

Roth, K. (1991b). Erst das Leichte, dann das Schwere – Stufenweise richtig lehren. *Sportpsychologie, 5*, 5-10.

Roth, K. (1999). Die fähigkeitsorientierte Betrachtungsweise. In K. Roth & K. Willimczik (Hrsg.), *Bewegungswissenschaft* (S. 227-288). Hamburg: rororo.

Roth, K. (2003a). Wie lehrt man schwierige geschlossene Fertigkeiten? In Bielefelder Sportpädagogen (Hrsg.), *Methoden im Sportunterricht* (4. Aufl.) (S. 27-46). Schorndorf: Hofmann.

Roth, K. (2003b). Wie verbessert man koordinative Fähigkeiten? In Bielefelder Sportpädagogen (Hrsg.), *Methoden im Sportunterricht* (4. Aufl.) (S. 85-102). Schorndorf: Hofmann.

Roth, K. (Hrsg.). (2005). Grundvorlesung „Bewegung und Training". Heidelberg: ISSW.

Roth, K. & Kröger, C. (2015). *Ballschule – Ein ABC für Spielanfänger* (5. Aufl.). Schorndorf: Hofmann.

Roth, K. & Roth, Ch. (2009a). Entwicklung koordinativer Fähigkeiten. In J. Baur, K. Bös, A. Conzelmann & R. Singer (Hrsg.), *Motorische Entwicklung. Ein Handbuch* (2. Aufl.) (S. 197-225). Schorndorf: Hofmann.

Roth, K. & Roth, Ch. (2009b). Entwicklung motorischer Fertigkeiten. In J. Baur, K. Bös, A. Conzelmann & R. Singer (Hrsg.), *Motorische Entwicklung. Ein Handbuch* (2. Aufl.) (S. 227-247). Schorndorf: Hofmann.

Rotter, D. (2004). Erfolgreich Staffellaufen trainieren! *Leichtathletiktraining, 15* (5), 26-30.

Schädle-Schardt, W. (2000). Überlernen – Ein zu Unrecht vergessenes Forschungsfeld. *Sportwissenschaft, 4*, 454-470.

Schiebl, F. (1998). (Red.). *Kinder Sportschulen. Lehrplan. Allgemeine sportartübergreifende Grundlagenausbildung für Kinder.* Stuttgart: Interessensgemeinschaft Kindersportschule KISS, Baden Württemberg.

Schippert, D. (1993). „Jeder kann gewinnen!" Anregungen für „chancengleiche" Sprintwettkämpfe. *Lehrhilfen für den Sportunterricht, 42* (9), 133-134.

Schmidt, P. (2006). Dauerlaufen leicht gemacht. *Leichtathletiktraining, 17* (2- 3), 47-51.

Schmidt, R. A. (1975). A schema theory of discrete motor skill learning. *Psychological Review, 82,* 225-260.

Schmidt, R. A. (1988). *Motor Control and learning: A behavioral emphasis* (2nd ed.). Champaign: Human Kinetics.

Schmidtbleicher, D. & Gollhofer, A. (1985). Einflussgrößen des reaktiven Bewegungsverhaltens und deren Bedeutung für die Sportpraxis. In M. Bührle (Hrsg.), *Grundlagen des Maximal- und Schnellkrafttrainings* (S. 271-281). Schorndorf: Hofmann.

Schöllhorn, W. I. (1999a). *Schnelligkeitstraining*. Reinbek: Rowohlt.

Schöllhorn, W. I. (1999b). Individualität – ein vernachlässigter Parameter? *Leistungssport, 29,* 7-11.

Schöllhorn, W. I. (2003). *Eine Sprint- und Laufschule für alle Sportarten*. Aachen: Meyer & Meyer.

Schöllhorn, W. I. (2011). *Schneller Sprinten und Laufen in allen Sportarten*. Schorndorf: Hofmann.

Schöllhorn, W. I., Beckmann, H. & Janssen, D. (2009a). Differenzielles Lehren und Lernen in der Leichtathletik. In H. Beckmann & P. Wastl (Hrsg.), *Perspektiven für Leichtathletik* (S. 55-70). Hamburg: Czwalina.

Schöllhorn, W. I., Beckmann, H., Janssen, D. & Michelbrink, M. (2009b). Differenzielles Lehren und Lernen im Sport. Ein alternativer Ansatz für einen effektiven Schulsportunterricht, *Sportunterricht, 58,* 36-40.

Schöllhorn, W. I., Michelbrink, M., Welminski, D. & Davids, D. (2009c). Increasing stochastic perturbations enhances acquisition and learning of complex sport movements. In D. Araujo, H. Ripoll & M. Raab (Eds.), *Perspectives on Cognition and Action in Sport* (pp. 59-73). Hauppauge: Nova Science.

Scholich, M. (1993). Lauf-ABC – Fehler und Korrekturen. *Leichtathletiktraining, 4* (5-6), 17-26.

Schrader, A. (2010). „Kleine" Übungen mit großer Bedeutung. *Leichtathletiktraining, 21* (4), 4-13.

Schrader, A. (2012). ABC-Übungen als koordinative Herausforderung. *Leichtathletiktraining, 23* (9-10), 26-31.

Schrader, A. (2013). Laufen und Sprinten auf Rasen. *Leichtathletiktraining, 24* (6), 34-38.

Seeg. M. (2013). Kugelstoßen in der Schule. *Sportunterricht, 62* (12), 372-376.

Seeger, A. & Bernhart, J. (2012). Vom Hoch- zum Tiefstart. *Leichtathletiktraining, 23* (4), 4-13.

Stein, R. (1993). Verbesserung der Schnelligkeit. *Leichtathletiktraining, 4* (5-6), 33-35.

Szymanski, B. (1997a). Die Situation ist die Frage – die Bewegung ist die Antwort. *Sportpsychologie, 4,* 21-25.

Szymanski, B. (1997b). *Techniktraining in den Sportspielen – bewegungszentriert oder situationsbezogen*. Hamburg: Czwalina.

Thienes, G. (2000). *Beweglichkeitstraining*. München: BLV.

Tidow, G. & Wiemann, K. (1994). Zur Optimierung der Sprintlaufs – Bewegungsanalytische Aspekte. *Leistungssport, 5,* 15-19.

Ullrich, D. (2012). Vom „Über-Laufen" zum Hürdensprint. *Leichtathletiktraining, 23* (6), 4-11.

Ullrich, D. (2016). Linien, Blöcke und Koordinationsleiter erfolgreich einsetzen. *Leichtathletiktraining, 27* (5), 30-33.

Wastl, P. & Wollny, R. (2012). *Leichtathletik in Schule und Verein. Ein Praxishandbuch für Lehrer und Trainer*. Schorndorf: Hofmann.

Weineck, J. (2019). *Optimales Training. Leistungsphysiologische Trainingslehre unter besonderer Berücksichtigung des Kinder- und Jugendtrainings* (17. Aufl.). Balingen: Spitta.

Westphal, J. (2015). Variantenreich üben mit einfachen Hilfsmitteln. *Leichtathletiktraining, 26* (9-10), 46-52.

Wickens, C. D. (1980). The structure of processing resources. In R. Nickerson & R. Pew (Eds.), *Attention and performance VIII* (pp. 239-257). Hillsdale: Erlbaum.

Wiemeyer, J. & Wollny, R. (2017). Technik und Techniktraining. In K. Hottenrott & I. Seidl (Hrsg.), *Handbuch Trainingswissenschaft – Trainingslehre* (S. 263-290). Schorndorf: Hofmann.

Wiemeyer, J. & Wollny, R. (2023). Technik und Techniktraining im Sport. Anwendungsbereiche, Methoden, Trainingsformen, Organisation, Anpassungen, Diagnostik. In A. Güllich, & M. Krüger (Hrsg.), *Bewegung, Training, Leistung und Gesundheit . Handbuch Sport und Sportwissenschaft* (S. 933-945). Heidelberg: Springer.

Wilms, M. (2015). Hürden und Hindernisse schwungvoll vorbereiten. *Leichtathletiktraining, 26* (7), 33-39.

Winter, R. & Hartmann, Ch. (2018). Die motorische Entwicklung (Ontogenese) des Menschen (Überblick). In K. Meinel & G. Schnabel (Hrsg.), *Bewegungslehre – Sportmotorik* (11. Aufl.) (S. 243-373). Aachen: Meyer & Meyer.

Wollny, R. (1993). *Stabilität und Variabilität im motorischen Verhalten. Theoretische Grundlagen und elektromyographische Überprüfung der Koordination und des Erlernens komplexer Bewegungsformen im Sport*. Aachen: Meyer & Meyer.

Wollny, R. (2002). *Motorische Entwicklung in der Lebensspanne – Warum lernen und optimieren manche Menschen Bewegungen besser als andere?* Schorndorf: Hofmann.

Wollny, R. (2022). *Bewegungswissenschaft – Ein Lehrbuch in 12 Lektionen* (5. korrigierte Aufl.). Aachen: Meyer & Meyer.

Zeitschrift Sportpädagogik. (2009). *Laufen, Springen, Werfen*. Heft 3 u. 4. B. Neumair. (Red.), Seelze: Friedrich.

Zeuner, A. (2017). Laufen, Springen, Werfen/Stoßen im Sportunterricht. Unter besonderer Berücksichtigung inhaltlicher und methodischer Schwerpunkte für die Klassen 5 – 6/7 und 7/8-10. *Sportunterricht, 66* (4), 100-105.

Zeuner, A., Hofmann, S. & Lehmann, F. (2010). *Sportiv – Leichtathletik*. Leipzig: Klett.

Zimmermann, K. (1998). Koordinative Fähigkeiten und Beweglichkeit. In K. Meinel & G. Schnabel (Hrsg.), *Bewegungslehre – Sportmotorik* (9. Aufl.) (S. 206-236). Berlin: Volk und Wissen.